北京外国语大学资助教材

U0107617

新经典德语

Meilenstein **1**

学生用书

总主编：贾文键
主　编：李　婧
副主编：詹　霞　葛囡囡
编　者：刘惠宇　吕晶珠　唐　艋　张申威

外语教学与研究出版社
北京

图书在版编目（CIP）数据

新经典德语1学生用书／李婧主编；詹霞，葛囡囡副主编；刘惠宇等编. ——
北京：外语教学与研究出版社，2023.6
　（新经典德语／贾文键总主编）
　ISBN 978-7-5213-4560-5

Ⅰ. ①新… Ⅱ. ①李… ②詹… ③葛… ④刘… Ⅲ. ①德语－高等学校－教材
Ⅳ. ①H339.39

中国国家版本馆CIP数据核字（2023）第107887号

出 版 人　王　芳
策划编辑　崔　岚　安宇光
责任编辑　李晓晴
责任校对　王远萌
封面设计　水长流文化
版式设计　高　蕾
出版发行　外语教学与研究出版社
社　　址　北京市西三环北路19号（100089）
网　　址　https://www.fltrp.com
印　　刷　河北文扬印刷有限公司
开　　本　787×1092　1/16
印　　张　26.5
版　　次　2023年6月第1版　2023年6月第1次印刷
书　　号　ISBN 978-7-5213-4560-5
定　　价　88.00元

如有图书采购需求，图书内容或印刷装订等问题，侵权、盗版书籍等线索，请拨打以下电话或关注官方服务号：
客服电话：400 898 7008
官方服务号：微信搜索并关注公众号"外研社官方服务号"
外研社购书网址：https://fltrp.tmall.com

物料号：345600001

总序

　　"新经典德语"系列教材是中国特色社会主义进入新时代，站在"两个一百年"历史交汇点上，以《普通高等学校本科专业类教学质量国家标准》和《普通高等学校本科外国语言文学类专业教学指南》为指引，以"产出导向法"为核心教学法基础，以落实立德树人为根本任务，在全国范围内组织编写的面向德语专业本科一、二年级的综合性语言教材。下面从设计理念、教材内容和主要特色三个方面对这部教材向大家进行简要介绍和说明。

一、设计理念

1. 以新时代党和国家的教育方针为指引

　　《普通高等学校教材管理办法》明确指出高校教材必须"体现党和国家对教育的基本要求"。本教材以党的十九大以来颁布的一系列纲领性文件为指引，依据《普通高等学校本科专业类教学质量国家标准（外国语言文学类）》《普通高等学校本科德语专业教学指南》中的德语专业人才培养目标和课程体系框架，遵循"新时代高教40条"、《中国教育现代化2035》《高等学校课程思政建设指导纲要》中落实立德树人根本任务、开展课程思政的明确要求，积极回应新时代我国新文科建设对人才的新需求。

2. 以学生的全面发展为中心

　　本教材将"学生的全面发展"放在中心地位：在素质上，引导学生建立正确的世界观、人生观和价值观，形成中国情怀和国际视野；在知识上，帮助学生掌握德语语言文化知识、德语国家国情知识，引导学生与中国语言文化做比较分析，在跨文化语境中构建跨文化知识框架和多元文化意识；在能力上，着重培养学生的德语运用能力、跨文化能力、思辨与创新能力和自主学习能力等关键能力。

3. 以中国特色外语教学法理论为基础

　　本教材力求克服教材编写传统中"重实践、轻理论"的弊端，从中国外语教学环境和教学实践出发，以文秋芳教授率团队创立的扎根本土、融通中外的"产出导向法"为核心理论基础。"产出导向法"融合了"教"（课程论）和"学"（二语习得）两个视角的理论精华，从教学理念、教学假设、教学流程方面对本教材的编写提供全方位指导。

二、教材内容

　　教材依托具有交际真实性的场景，把语音、词汇、语法的学习与交际任务有机结合，引领学生通过德语学习了解德语世界的多元文化并用德语对外讲述我国优秀文化，将语言知识传授、能力培养和价值塑造融为一体。

1. 宏观层面：四册总览

　　四册教材的主题和达成目标基本情况如下：

	主题	达成目标
第一册	个人与生活	学生能够用德语胜任日常生活类交际（购物、寻租、就医等），并对外简述中国相应情况（饮食文化、节庆文化等）。
第二册	社会与人生	学生能够用德语胜任生活中逻辑性较强的交流和讨论（求职、教育、媒体等），并对外讲述中国相应情况（家庭组织、自然探索等）。
第三册	发展与未来	学生能够用德语就人文、社会话题（如环保、科技等）进行中外比较和讨论。
第四册	文化与研究	学生能够用德语就较为复杂和抽象的话题（如文学艺术、学术研究）进行中外比较和思辨性讨论。

在从第一册到第四册为期两年的德语学习过程中，学生的专业知识日益丰富，能力素质逐级提升，人生境界不断升华，学生胸怀祖国，面向世界，拥抱成长，拥抱未来。

2. 中观层面：分册详情

每册教材包含四个主题模块，对应一个学期的四个自然月（16—18 教学周）；每个主题模块包含三个课程单元和一个复习拓展单元。课程单元用于新主题、新词汇、新语法的系统学习；复习拓展单元用于语言能力、文化能力和综合能力的拓展，实现形式包括语法总结与练习、阅读 / 听力拓展、综合项目实践。下面以第一册主题模块信息为例进行说明，在德文标题之后附上该部分内容的关键词：

第一册			
Modul 1 Ich und die Anderen （自我与他人）	Modul 2 Uni und Stadt （大学与城市）	Modul 3 Alltag und Kommunikation （日常交流）	Modul 4 Feste und Feiern （节日与庆典）
Vorkurs 1 Wie heißen Sie, bitte? （问候与姓名）	L1 Wir studieren Germanistik. （大学学习）	L4 Sie wünschen, bitte? （购物）	L7 Guten Appetit! （饮食习惯）
Vorkurs 2 Ich komme aus China, und du? （背景身份）	L2 Entschuldigung, wie komme ich zum Bahnhof? （城市交通）	L5 Bleiben Sie gesund! （健康与疾病）	L8 Herzlichen Glückwunsch! （庆典祝福）
Vorkurs 3 Wie ist Ihre Telefonnummer? （地址与电话）			
Vorkurs 4 Das ist meine Familie. （家庭信息）	L3 Was machst du heute? （大学生活）	L6 Wohin mit dem Bild? （居住与布置）	L9 Frohes neues Jahr! （节庆文化）
Denkstation 1 （复习拓展）	Denkstation 2 （复习拓展）	Denkstation 3 （复习拓展）	Denkstation 4 （复习拓展）

3. 微观层面：课程单元

每个课程单元基于"产出导向法"设计结构，体现"驱动—促成—评价"的教学流程，单元结构具体如下：

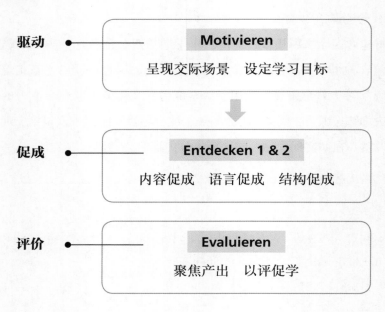

三、主要特色

1. 主题选取紧扣时代脉搏，坚持立德树人根本导向

教材主题丰富，四册的重点分别为"个人与生活""社会与人生""发展与未来""文化与研究"，从日常生活交际循序渐进过渡到专业领域交流；选材坚持科学性、思想性与时代性相统一，引导学生树立正确的世界观、人生观、价值观；教材呈现宽广的文化视角，讲授德语国家语言文化，弘扬中华优秀文化，坚定文化自信，推动文明互鉴，助力学生拥抱成长、拥抱未来，培养家国情怀，拓展国际视野。

2. 内容体系科学合理，统筹国内国际标准

教材内容体系（选篇、词汇、语法）具有突出的"系统性""连贯性""阶梯性"，编排时立足中国标准，特别是《普通高等学校本科专业类教学质量国家标准（外国语言文学类）》和《普通高等学校本科德语专业教学指南》中的总体人才培养目标，以及《高等学校德语专业德语本科教学大纲》中的具体课程和阶段能力目标，同时参考《欧

洲语言共同参考框架：学习、教学、评估》中的语言能力量表和德国歌德学院有关德语语法、词汇的具体分级建议。

3. 产出导向贯穿教学设计，学用一体实现互促共进

充分发挥"产出导向法"的优势和特色，遵循"驱动—促成—评价"的教学流程，以具有交际真实性的产出任务作为教学的起点和终点，通过精心设计的练习，引领学生"选择性"学习直接服务于产出目标的词汇、语法和篇章组织，学中用，用中学，实现学用无缝对接、互促共进。

4. 容量、难度设计灵活，满足不同教学需求

教材在容量和难度递进方面必须设计灵活，充分考虑到不同院校之间的需求差异。本系列教材每册包含四个教学模块，每个模块最后设有复习拓展单元，可供各院校根据学生水平差异和课时情况选择性使用；课程单元中每个环节的练习难度也循序渐进；配套教师手册中就关键内容（如产出活动设计）给出差异化方案，供各院校按需选取。

教材编写团队精通德语专业本科基础阶段教学，具有丰富的教材编写经验，学术积淀深厚，学术成果丰富，具有良好的学术声誉。其中第四册主编孔德明教授为教育部高等学校外国语言文学类专业教学指导委员会德语专业教学指导分委员会副主任委员、全国德语专业四级考试中心主任，第三册主编李媛教授为教育部高等学校外国语言文学类专业教学指导委员会德语专业教学指导分委员会委员、全国德语教师发展中心负责人，第一册主编李婧副教授和第二册主编詹霞副教授曾担任使用近二十年的《当代大学德语》的核心编者，具有丰富的教学和教材编写经验，多年来一直参加文秋芳教授的"产出导向法"工作坊，对这一具有中国特色的教学法理论有着全面了解和精深的认识。

《新经典德语》系列教材纸质版的问世，是教材编写团队的第一步工作，接下来将逐步开发阅读、听力等辅助教材，同时充分利用现代信息技术，建设线上教学资源库，包括电子教材、电子教案、音视频、课程题库、教学案例、拓展资料、授课录像、实训录像等。

我们为《新经典德语》系列教材起了一个德语名，叫 Meilenstein，汉语意思是"里程碑"。我们赋予这个名称的涵义有二：一是呼应"新经典"这个系列，这是德语基

础阶段教材编写工作在新时代背景下新的里程碑；二是寓指学生的成长，Meilenstein 1，Meilenstein 2，Meilenstein 3，Meilenstein 4，不仅是四册教材的排序，更是学生一步步成长的标志。

教材的编写得到了教育部高等教育司、北京市教育委员会、教育部高等学校外国语言文学类专业教学指导委员会和国家教材委员会外语学科专家委员会的精心指导。2021 年 11 月，作为北京外国语大学唯一重点规划教材获得立项支持；2022 年 9 月，获评北京高等教育"本科教学改革创新项目"重点项目。在此，我们向对教材编写工作给予宝贵支持的领导和专家表示衷心的感谢！

敬请全国广大德语专业师生在使用过程中对教材和教学资源的不足之处批评指正，我们一定认真听取，充分吸纳，努力改正。编写团队将踔厉奋发，永不止步，为推动我国德语专业水平的进一步提升，为推动我国和德语国家人民的人文交流，为构建人类命运共同体的伟大事业，做出无愧于时代的贡献！

贾文键　教授　博士

国务院学位委员会外国语言文学学科评议组召集人

教育部高等学校外国语言文学类专业教学指导委员会副主任委员、

德语专业教学指导分委员会主任委员

2023 年 6 月 1 日

　　《新经典德语》系列教材第一册面向高等学校德语专业零起点本科学生，适用于第一学年第一学期的德语综合课程，共有四个主题模块（Modul）：主题模块1聚焦语音教学，包含四个课程单元（Vorkurs）和一个复习拓展单元（Denkstation）；主题模块2、3、4均设有三个课程单元（Lektion）和一个复习拓展单元（Denkstation）。每个课程单元由"驱动"（Motivieren）、"促成"（Entdecken）和"评价"（Evaluieren）三个板块组成，课时数为10—14学时。

1. Motivieren

　　该板块围绕单元主题，图文并茂，呈现真实的交际场景，凸显单元产出任务的"潜在交际价值"，通过引导学生尝试产出，知困知不足，从而激发学习兴趣，助力学生有的放矢地从"促成"中进行选择性学习。

2. Entdecken

　　包括 Entdecken 1 和 Entdecken 2 两个部分。每个部分包含词汇（Wörter）、语法（Grammatik）和课文（Text）三项具体内容：

Wörter

　　选取与单元主题相关的重点词汇和语言项目，紧扣"形""义""用"，通过循序渐进的练习，促进学生对词汇和语言项目的充分感知、深度加工和实践运用，为接下来的语法、课文学习和达成单元产出任务奠定坚实基础。

Grammatik

围绕单元主题，依托短小精练的导入语篇，呈现语法特点，引导学生自主探索、发现和掌握重要语法规则，主动建构语法知识并活用于交际场景，帮助学生将语法由"学习目标"变为"产出工具"，将惰性知识转化为积极的产出能力。

Text

为学生提供反映单元主题的语篇，呈现核心语言和文化知识，拓展主题内容。文章选材注重思想性、人文性、时代性和多元性，重视主题的时代发展特征和文化背景特点，在世界文化多样性背景下既展现德语国家文化，也反映中国文化。助力学生拓展国际视野，涵养家国情怀，将知识、技能、思辨和价值观引领融为一体。

课文后的练习遵循"产出导向法""促成"引导环节的"精准性""渐进性""多样性"设计原则，分步化解困难，从内容观点、语言表达和语篇结构三个方面帮助学生进行积累提升，精准对接评价环节的单元产出任务，实现学用结合。

3. Evaluieren

评价包括口头产出与书面写作两种形式。"始于产出，终于产出"，实现学习闭环，既呼应单元开篇"驱动"环节的任务场景，又对单元主题做进一步延伸和探索，引导学生有意识地运用所学内容，组织思想，表达观点，解决实际问题，实现知行合一，学用一体。

本册在编写过程中，从国家级规划教材《当代大学德语》的主题和语法框架中受益匪浅；此外，本册采用的中华民族优秀传统文化语篇选自《大中华文库》系列图书中的《诗经（汉德对照）》《唐诗选（汉德对照）》《宋词选（汉德对照）》，在此谨致谢忱。

Inhaltsverzeichnis

Modul 4   Feste und Feiern

Wir lernen Deutsch.

1 **Das Abc-Lied**（字母歌）

🎧 Hören Sie und singen Sie mit.（听歌曲并一起唱。）

Das Abc-Lied（字母歌）

2 **Deutsches Alphabet**（德语字母表）

Schreiben Sie.（书写。）

大写	小写	字母读音	大写	小写	字母读音
A	a	[a:]	P	p	[pe:]
B	b	[be:]	Q	q	[ku:]
C	c	[tse:]	R	r	[ɛr]
D	d	[de:]	S	s	[ɛs]
E	e	[e:]	T	t	[te:]
F	f	[ɛf]	U	u	[u:]
G	g	[ge:]	V	v	[fao]
H	h	[ha:]	W	w	[ve:]
I	i	[i:]	X	x	[Iks]
J	j	[jɔt]	Y	y	[Ypsilɔn]
K	k	[ka:]	Z	z	[tsɛt]
L	l	[ɛl]	Ä	ä	[ɛ:]
M	m	[ɛm]	Ö	ö	[ø:]
N	n	[ɛn]	Ü	ü	[y:]
O	o	[o:]	ß	ß	[ɛstsɛt]

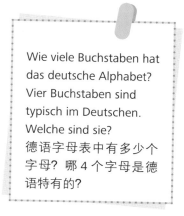

Wie viele Buchstaben hat das deutsche Alphabet? Vier Buchstaben sind typisch im Deutschen. Welche sind sie?
德语字母表中有多少个字母？哪 4 个字母是德语特有的？

Im Unterricht

 Hören Sie!

 Kreuzen Sie an!

 Lesen Sie!

 Ordnen Sie zu!

 Schreiben Sie!

 Öffnen Sie das Buch!

 Buchstabieren Sie!

 Schließen Sie das Buch!

Wie heißen Sie, bitte?

sich begrüßen und verabschieden | sich und andere mit Namen vorstellen |
nach Namen fragen | Personen aus verschiedenen Ländern mit Namen
anreden | sich entschuldigen

Motivieren

1 **Abkürzungen**

🎧 **1** Hören Sie und markieren Sie den betonten Buchstaben.（听录音并标出重读的
字母。）

2 Ordnen Sie die Abkürzungen den folgenden Kategorien zu.（将缩写按下列范
畴分类。）

- BRD   • UN   • WHO   • USA
- CHN   • AAA   • DAAD   • WWF

Länder	Organisationen

2 **Namen**

🎧 **1** Hören Sie und sprechen Sie nach.（听录音跟读。）

Anita Kuhn	Lukas Schmidt	Yang Fang
Hans Mai	Anna Kant	Gabi Kittmann
Maria Bode	Thomas Puck	Finn Zimmermann

2 Schreiben Sie die Vornamen und
Familiennamen.（写出名和姓。）
Vornamen: _____
Familiennamen: _____

3 Schreiben Sie die Jungennamen und
Mädchennamen.（写出男生名和女
生名。）
Jungennamen: _____
Mädchennamen: _____

Wie ist der Unterschied
zwischen chinesischen und
deutschen Namen?
中国人名和德国人名有哪
些不同?

3 **Kennenlernen im Deutschkurs**

Sie sind zum ersten Mal in einem Deutschkurs. Sie wollen andere Kursteilnehmer begrüßen und sich vorstellen. Was sagen Sie? （第一次上德语课，需要和其他同学打
招呼，进行自我介绍。要怎么说？）

Vokabeln

der **Name** -n	姓名	das **Mädchen** -	少女，女孩
der **Vorname** -n	名，名字	das **Deutsch**	德语
der **Familienname** -n	姓，姓氏	der **Kurs** -e	课程；讲座
der **Junge** -n	少男，男孩		

🎧 1 Begrüßen

1 **Hören Sie und schreiben Sie.**（听录音填空。）

2 **Lesen Sie und verbinden Sie.**（阅读并连线。）

_____, Herr Bode.
_____, Frau Bieber.

_____, Jonas.
_____, Thomas.

_____, Mengmeng.
_____, Hui.

_____, Herr Kittmann.
_____, Herr Kuhn.

🎧 2 Verabschieden

1 **Hören Sie und schreiben Sie.**（听录音填空。）

2 **Hören Sie und sprechen Sie nach.**（听录音跟读。）

Auf Wiedersehen, Herr Bode.
_____, Frau Gao.

Tschüss, Lena.
_____, Mia.

In verschiedenen deutschsprachigen Ländern hört man unterschiedliche Grußformen, z. B. *Servus* (in Österreich) und *Grüezi* (in der Schweiz).
在不同德语国家，能听到不一样的打招呼方式，例如 *Servus*（奥地利）和 *Grüezi*（瑞士）。

Grüezi!

Hallo!

Servus!

T1 Ich heiße ...

 3 **Hören Sie den Text und füllen Sie die Lücken.**（听课文填空。）

Li Tao kommt in Deutschland an und meldet sich bei dem Einwohnermeldeamt.

Beamtin: Guten Tag.

Li Tao: Guten Tag.

Beamtin: Ihren Pass bitte!

Li Tao: Bitte schön.

Beamtin: Danke schön. Wie heißen Sie?

Li Tao: Ich heiße _____.

Beamtin: Wie bitte? Wie ist Ihr Name?

Li Tao: _____.

Beamtin: Herr Tao ...

Li Tao: Entschuldigung, _____ ist mein Vorname und _____ ist mein Familienname.

Beamtin: Oh, Entschuldigung.

4 Li Tao hat verschiedene Möglichkeiten, sich vorzustellen.（李涛自我介绍时有多种表达方式。）

_____		heiße	Li Tao.
Mein	_____	_____	Li Tao.
Mein Familienname		_____	Li.
Mein Vorname		_____	Tao.

5 Hören Sie und sprechen Sie nach.（听录音跟读。）

● Hallo, ich heiße Maria Bode. Und Sie? Wie heißen Sie?

□ Ich heiße Lukas Schmidt. Und wie ist Ihr Name?

▲ Mein Name ist Anna Kant. Und Sie?

> Wie heißen Sie?
> Wie ist Ihr Name?

> Ich heiße …
> Mein Name ist …

6 Variation（替换练习）

a) Thomas Puck/Li Tao

● **Guten Tag**, ich heiße Thomas Puck.

□ Und ich heiße Li Tao, guten Tag.

• Hans Mai / Anna Kant	• Gabi Kittmann / Xu Meng
• Gu Hong / Finn Zimmermann	• Yang Fang / Lukas Schmidt

b) Anita Kuhn (Frau)

- Wie heißen Sie?
- ☐ Mein Name ist **Kuhn**.
- Wie bitte? Wie ist Ihr Name?
- ☐ **Anita Kuhn**.
- Guten Tag, **Frau Kuhn**.

• Li Tao (Herr)	• Anna Kant (Frau)	• Anton Bamm (Herr)
• Gu Hong (Frau)	• Hans Mai (Herr)	• Gabi Kittmann (Frau)

7 **Praxis（实践）**

Formulieren Sie Fragen und Antworten. Variieren Sie die Tageszeiten.

Guten Morgen, wie heißen Sie?

Guten Morgen, ich heiße …

Guten Abend, ich heiße …

Auf Wiedersehen!

Vokabeln

der **Herr** -en	先生	**ich**	我
die **Frau** -en	夫人；妇女	**heißen**	名叫，叫做
gut	好	**Ich heiße …**	我叫……
der **Morgen** -	早晨，早上	**Ihr, Ihre**	您的
der **Tag** -e	（一）天；白天	der **Pass** ¨e	护照
der **Abend** -e	傍晚；晚上	**Sie**	您
Hallo!	嗨！你好！	**Danke schön!**	谢谢！
Guten Morgen!	早上好！	**Wie heißen Sie?**	您叫什么名字？
Guten Tag!	您好！	**Wie bitte?**	您说什么？
Guten Abend!	晚上好！	**Wie ist Ihr Name?**	您的名字是？
Auf Wiedersehen!	再见，再会！	die **Entschuldigung** -en	原谅，抱歉
Tschüss!	再见，回见！		

Entdecken 2

1 **Heißen Sie …? Sind Sie …?**

🎧 **1** **Hören Sie und sprechen Sie nach.** （听录音跟读。）

- ● Guten Tag, heißen Sie Yang Fang?
- □ Ja, ich bin Yang Fang.
- ● Guten Tag, Frau Fang.
- □ Nein, ich bin nicht Frau Fang,
  ich bin Frau Yang.
- ● Oh, Entschuldigung.

- ● Guten Tag, sind Sie Li Ping?
- □ Nein, ich heiße Li Tao.
- ● Oh, Entschuldigung.

2 **Variieren Sie die beiden Dialoge. Benutzen Sie die folgenden Namen.** （将上文两个对话中的姓名分别替换为下列姓名。）

- • Ichiro Sato[1]
- • Lukas Schmidt
- • Gu Hong
- • Chloe Masson
- • Peter Meier
- • Kim Minhee[2]

🎧 **T2** **Wer ist das?**

Li Tao trifft im Kursraum einige Kommilitoninnen und Kommilitonen.

A: Hallo, ich bin Li Tao. Und du?
B: Hallo, Tao. Ich heiße Lukas.
A: Freut mich. Wer ist das?
B: Das ist Anton.
A: Tag, Anton. Freut mich.
C: Tag, Tao. Freut mich.

---

[1] Ichiro Sato ist ein japanischer Name. Ichiro ist ein männlicher Vorname und Sato ist der Familienname.

[2] Kim Minhee ist ein koreanischer Name. Kim ist der Familienname und Minhee ist ein weiblicher Vorname.

A: Entschuldigung, bist du Maria?

D: Nein, ich bin Marie.

A: Oh, Entschuldigung, Marie! Ich bin Li Tao.

D: Hallo, Tao, freut mich. Das ist Mia und das ist Tao.

A: Hallo, Mia.

E: Hallo, Tao.

2 Hören Sie den Text und antworten Sie.（听课文回答。）

Wie heißen die Gesprächsbeteiligten? （对话者分别叫什么名字？）

A. _____   B: _____   C: _____

D: _____   E: _____

3 Füllen Sie die Lücken.（填空。）

a) Guten Tag, ich _____ Lukas. Das _____ Li Tao und das _____ Marie.

b) Hallo, _____ Name ist Yang Fang. Yang ist _____ Familienname und Fang ist _____ Vorname.

4 Variation （替换练习）

a) Lina / Marie

● Entschuldigung, bist du **Lina**?

□ Nein, ich bin **Marie**.

● Oh, Entschuldigung.

> • Max / Anton • Mia / Ida • Gabi Kittmann / Anna Kant • Gu Hong / Yang Fang

b) Gabi / Uta

● Das ist **Gabi** und das ist **Uta**.

□ Tag, **Gabi**! Freut mich.

▲ Hallo, **Uta**! Freut mich.

> • Thomas / Finn • Hans / Li Tao • Lukas Schmidt / Gu Hong • Mia / Anna

5 **Duzen oder siezen?**（用 du 还是用 Sie ？）

📖 Redemittel //

Informell	Formell
Tao, Maria	Herr Li, Frau Gao
Wie heißt _____?	Wie heißen _____?
Wie ist dein Name?	_____?
Bist du Maria?	_____ Sie Frau Gao?
Heißt du Maria?	_____ Gao Ming?
Tschüss.	Auf _____.

6 **Praxis**（实践）

Fragen Sie in Ihrer Gruppe nach den Namen. Sagen Sie „*Entschuldigung*" oder „*Verzeihung*", wenn Sie sich getäuscht haben. （分组询问其他同学的姓名。如果弄错他人的名字请说"对不起"。）

Das kenne ich:

		Verb	
Aussagesatz 陈述句	Ich	heiße	Yang Fang.
	Mein Name	ist	Li Tao.
W-Frage 补充疑问句	Wie	heißen	Sie?
	Wer	ist	das?
Ja-Nein-Frage 判断疑问句		Heißen	Sie Li Tao?
		Sind	Sie Yang Fang?

Vokabeln

Heißen Sie …?	您叫……吗?	**Wer ist das?**	这是谁?
Sind Sie …?	您是……吗?	**das**	这
ja	是	**das ist …**	这是……
nein	不	**wer**	谁
der **Kursraum** ¨e	教室	**du**	你
die **Kommilitonin** -nen	大学女同学	**dein, deine**	你的
der **Kommilitone** -n	大学同学；大学男同学	**Bist du …?**	你是……吗?
Freut mich!	很高兴! 很乐意!		

🎧 1 Vokaldiktat（元音听写）

- G_t_n T_g, _hr_n P_ss b_tt_.
- □ B_tt_ sch_n.
- W_ _ h_ _ß_n S_ _?
- □ _ch h_ _ ß_ Gu Hong.
- W_ _ b_tt? W_ _ _st _ _r N_m_?
- □ Gu Hong.
- D_nk_.

2 Schreiben Sie Dialoge.（写对话。）

a) gutentagsindsieclaudiahofmann _____, _____?

jaichbinclaudiahofmann _____, _____.

freutmichichbinmariabode _____, _____.

fraubodefreutmich _____, _____.

b) hallobistdumia _____, _____?

neinichbinlina _____, _____.

entschuldigunglinaichbinlukasunddasistanton

_____, _____. _____.

hallolukashalloanton _____, _____. _____,

3 Kennenlernen im Deutschkurs

Begrüßen Sie sich und stellen Sie sich vor, dann fragen Sie nach den Namen von anderen in Ihrem Kurs (Kommilitoninnen oder Kommilitonen, Lehrerinnen und Lehrer).
（请和大家打招呼并进行自我介绍，然后询问其他同学和老师的名字。）

Vokabeln

die **Lehrerin** -nen	女教师	der **Lehrer** -	教师；男教师

Phonetik

<table>
<tr><th colspan="3">Vokale</th></tr>
<tr><th>Laute</th><th>Buchstaben</th><th>Beispiele</th></tr>
<tr><td>[aː]</td><td>a, aa, ah</td><td>Abend, Saal, Bahn</td></tr>
<tr><td>[a]</td><td></td><td></td></tr>
<tr><td>[iː]</td><td></td><td></td></tr>
<tr><td>[ɪ]</td><td></td><td></td></tr>
<tr><td>[uː]</td><td></td><td></td></tr>
<tr><td>[ʊ]</td><td></td><td></td></tr>
<tr><td>[ə]</td><td></td><td></td></tr>
</table>

<table>
<tr><th colspan="3">Konsonanten</th></tr>
<tr><th>Laute</th><th>Buchstaben</th><th>Beispiele</th></tr>
<tr><td>[p]</td><td></td><td></td></tr>
<tr><td>[b]</td><td></td><td></td></tr>
<tr><td>[t]</td><td></td><td></td></tr>
<tr><td>[d]</td><td></td><td></td></tr>
<tr><td>[k]</td><td></td><td></td></tr>
<tr><td>[g]</td><td></td><td></td></tr>
<tr><td>[m]</td><td></td><td></td></tr>
<tr><td>[n]</td><td></td><td></td></tr>
</table>

🎧1 Vokale

[aː]

a   Abend[3], Name[4], Tafel, Tag[5]

aa   Saal[6], Maat, Naab, Waage

ah   Fahne[7], Bahn, mahnen, Naht

脚注见下页

[a]   a   Kamm[8], Mann, Lampe[9], Land, Tante, an, ab, das

🎧 **1** **Welches Wort hören Sie? Kreuzen Sie an.**（听录音，标出听到的是哪个词。）

☐ Bahn   ☐ Staat   ☐ Kahn   ☐ Wahn   ☐ Maat   ☐ raten
☐ Bann   ☐ Stadt   ☐ kann   ☐ wann   ☐ matt   ☐ Ratten

[i:]   i   Igel, Mine, Kino, Tiger
        ie   wie, Miete, schließen, Papier
        ih   ihn, ihm, ihr, ihnen

[I]   i   bitte, Zimmer, dick, Milch, ich, in, bis

---

³ 元音字母自成一个音节时读长音。
⁴ 在开音节（以元音结尾的音节）中，元音字母读长音。
⁵ 元音后只有一个辅音字母时，该元音一般读长音。
⁶ 元音字母重叠时读长音。
⁷ 元音在字母 h 前读长音，h 不发音。
⁸ 元音之后的辅音字母重叠时，该元音读短音。
⁹ 元音字母之后有两个或两个以上的辅音时，该元音读短音。

🎧 **2** Welches Wort hören Sie? Kreuzen Sie an.（听录音，标出听到的是哪个词。）

| ☐ bieten | ☐ Miete | ☐ Kiepe | ☐ ihnen | ☐ ihn | ☐ ihm |
| ☐ bitten | ☐ Mitte | ☐ Kippe | ☐ innen | ☐ in | ☐ im |

| [u:] | u | Uta, Bude, du, gut, nun, Buch |
| | uh | Kuh, Uhr, Stuhl, Huhn, Ruhe |

| [ʊ] | u | dumm, Puppe, Mutti, und, Kunde, husten, Bus |

🎧 **3** Hören Sie und schreiben Sie [u:] oder [ʊ].（听录音，区分标注元音是 [u:] 还是 [ʊ]，写出相应音标。）

a) Schulbus   [   ][   ]
b) guter Flug   [   ][   ]
c) Hunger und Durst   [   ][   ]
d) bunte Blumen   [   ][   ]
e) ein krummer Hund   [   ][   ]

🎧 **4** Hören Sie und sprechen Sie nach. Achten Sie bei den markierten Vokalen darauf, ob sie kurz oder lang sind.（听录音跟读，区分标注元音是长音还是短音。）

Die Vernachlässigte.	**子衿**（节选）
Gehest nun im blauen Kragen,	青青子衿，
Und mein Herz will schier verzagen.	悠悠我心。
Darf ich auch zu dir nicht gehn,	纵我不往，
Konntest du denn nichts mir lassen sagen?	子宁不嗣音？

 [ə]   e   Dame[10], Brille, Tage, antworten, fragen, beginnen[11], gefallen, Gebiet

🎧 2 Konsonanten

[p]

p	Panda, Punkt, Lampe, Pumpe
pp	Pappe, Mappe, Suppe
b	gelb[12], Dieb, liebt

[b]

b	Biene, Bild, Abend, Gabe
bb	Ebbe, Hobby

🎧 **5**   **Welches Wort hören Sie? Kreuzen Sie an.（听录音，标出听到的是哪个词。）**

☐ Paar   ☐ packen   ☐ Oper   ☐ Kiepe   ☐ Dieb   ☐ taub
☐ Bar   ☐ backen   ☐ Ober   ☐ Liebe   ☐ Diebe   ☐ Taube

[t]

t	Tag, Tisch, gut, mit
tt	Bett, Fett, Mitte, bitte
th	Theater, Thema, Theke
dt	Stadt, Schmidt
d	Mund[13], Bild, und, mied

---

[10] 字母 e 在非重读词尾中读 [ə]。
[11] 字母 e 在非重读前缀 be-、ge- 中读 [ə]。
[12] b 位于词尾及音节尾或其后没有元音时发清音 [p]。
[13] d 位于词尾及音节尾或其后没有元音时发清音 [t]。

d	Dame, Daten, baden, dein, du
dd	Pudding

[d]

---

6 **Hören Sie und ordnen Sie die Wörter den entsprechenden Kategorien zu.**
（听录音，将单词分别填入对应音标的框内。）

• tanken	• dick	• Mittwoch	• Theorie	• Seide
• duzen	• Bad	• Kinder	• Schmidt	• Boden

[t]		[d]	

k	Kind, Kanne, Karte, kein
ck	dick, backen, packen, nicken
g	Tag[14], Flug, mag, biegt

[k]

g	Geige, Gummi, Magen, gut, gab
gg	Bagger, Flagge

[g]

---

7 **Hören Sie und schreiben Sie *k* oder *g*.**
（听录音，在下列单词中填写 *k* 或 *g*。）

__unst, __arten, trin__en, bie__en, Zuc_er

---

[14] g 位于词尾及音节尾或其后没有元音时发清音 [k]。

8 **Hören Sie und sprechen Sie nach.**（听录音跟读。）

Dieb – Diebe	lieb – lieben	loben – lobt
Feld – Felder	Neid – neiden	werden – wird
Weg – Wege	mag – Magen	liegen – liegt

[m]	**m**	Mund, Mappe, Mann, ihm
	mm	immer, Kamm, dumm, Damm

[n]	**n**	Nummer, nein, Wand, antworten
	nn	Kanne, innen, dann, kann

9 **Was hören Sie? Kreuzen Sie an.**（听录音，标出听到的是哪个音。）

	a)	b)	c)	d)	e)	f)
[m]	☐	☐	☐	☐	☐	☐
[n]	☐	☐	☐	☐	☐	☐

3 Silben 音节

Silben 音节	由一个元音或一个元音加上一个或几个辅音构成
Einsilbige Wörter 单音节词	Tag[15], Uhr, Kamm, Dieb, Finn, Schmidt
Mehrsilbige Wörter 多音节词	A|bend, U|ta, Na|me, We|ber Ar|bei|ter, Hei|del|berg, Wie|der|seh|en
In mehrsilbigen Wörtern trägt nur eine Silbe den Akzent, die anderen Silben sind ohne Akzent. Bei den Wortakzenten werden die langen Vokale mit (_) und die kurzen mit (.) markiert. 多音节词中只有一个音节重读，其他音节都不重读。重读音节中，下横线表示长音，圆点表示短音。	

---

[15] 字母下的横线表示长音，圆点表示短音。

Wörter und Silben

1 **Wie viele Silben haben die folgenden Wörter? Markieren Sie und zählen Sie.**
（下列单词有几个音节，划分并数一数。）

🎧 2 **Welche Silbe wird akzentuiert? Hören Sie und kreuzen Sie an.**
（哪个音节重读？听录音选择。）

	○●	●○	○●○	●○○	○○●○	○●○○
Dan|ke		✕				
Entschuldigung						
Papier						
antworten						
Berlin						
heißen						
Chinesisch						
Computer						
buchstabieren						

4 Wortakzent | 词重音 |

Normale Wörter 常规德语词	heißen, Name, Anna	Akzent meist auf der ersten Silbe 重音多在第一个音节上
Wörter mit unbetonten Präfixen *be-, er-, ent-, ge-, ver-, emp-, zer- usw.* 带有非重读前缀的词	Entschuldigung, beginnen	Akzent meist auf der zweiten Silbe 重音多在第二个音节上

Vergleichen Sie: Auf Wiedersehen! Wiederholen Sie bitte!

（续表）

| Buchstabenwörter
字母缩略词 | a) DAA**D**, US**B**, E**U**

b) **U**-Bahn, **S**-Bahn | a) Bei Buchstabenwörtern: Akzent auf dem letzten Buchstaben 字母缩略词，重音在最后一个字母上
b) Bei Buchstabe + Wort: Akzent auf dem einzelnen Buchstaben 字母和词组成的缩略词，重音在字母上 |

11 Hören Sie und markieren Sie bei dem Wortakzent mit (_) lange und mit (.) kurze Vokale. Ordnen Sie die Wörter den passenden Kategorien zu. （听录音，在下列单词上标出重音，下横线表示长音，圆点表示短音。将单词分类填入下表中。）

• Abend	• Gebiet	• AG	• Morgen	• empfehlen	• USA	• Tafel
• U-Boot	• Besuch	• PKW	• antworten	• erklären	• SPD	• Fenster
• Zimmer	• versuchen	• Brille	• Tasche	• zerlegen	• CDU	• fragen

Normale Wörter	Wörter mit unbetonten Präfixen	Buchstabenwörter

5 Sprechmelodie und Satzakzent ｜语调和句重音｜

Aussagesatz 陈述句	Ich heiße Lukas **Schmidt**. (↓) Sie kommt aus der **Schweiz**. (↓)	Beim Aussagesatz fällt die Sprechmelodie am Satzende. Der Satzakzent liegt in der Regel auf dem letzten Wort. 陈述句的语调为降调。句重音一般落在最后一个词上。
W-Frage 补充疑问句	Wie **heiß**en Sie? (↓) Wie **heißt** das? (↓)	Bei der W-Frage fällt die Sprechmelodie meist am Satzende. Der Satzakzent liegt oft auf dem Verb. 补充疑问句多为降调。句重音常落在动词上。
Ja-Nein-Frage 判断疑问句	Bist du **An**na? (↑) Heißt das auf Deutsch **Ta**fel? (↑)	Bei der Ja-Nein-Frage steigt die Sprechmelodie am Satzende. Der Satzakzent liegt in der Regel auf dem letzten Wort. 判断疑问句为升调。句重音一般落在最后一个词上。

🎧 12 Hören Sie und sprechen Sie nach. Markieren Sie die Sprechmelodie und den Satzakzent.（听录音跟读，标出语调和句重音。）

a) ● Guten Morgen, wie heißen Sie? (　)

　　□ Guten Morgen, mein Name ist Jonas Bode. (　)

b) ● Sind Sie Frau Kant? (　)

　　□ Ja, ich heiße Anna Kant. (　)

c) ● Wer ist das? (　)

　　□ Das ist Herr Schmidt. (　)

d) ● Wie heißt das? (　)

　　□ Das heißt Lampe. (　)

　　● Heißt das auf Deutsch Buch? (　)

　　□ Nein, das heißt auf Deutsch Heft. (　)

2

Ich komme aus China, und du?

nach dem Befinden fragen | über Länder, Städte, Sprachen sprechen |
über die Herkunft sprechen | nach der Herkunft fragen | Getränke
bestellen

Motivieren

1 **Länder und Städte**

1 **Länder**

a) Hören und schreiben Sie die Ländernamen.（听录音写国家名。）

b) Verbinden Sie die Ländernamen im Deutschen und im Englischen.
（将同一个国家的德语名和英语名进行配对。）

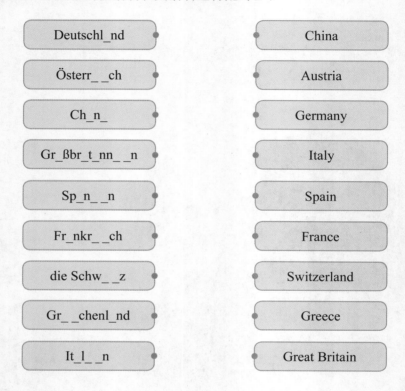

Deutschl_nd	China
Österr_ _ch	Austria
Ch_n_	Germany
Gr_ßbr_t_nn_ _n	Italy
Sp_n_ _n	Spain
Fr_nkr_ _ch	France
die Schw_ _z	Switzerland
Gr_ _chenl_nd	Greece
It_l_ _n	Great Britain

2 **Städte**

a) Finden Sie für die Bilder die entsprechenden Länder und Hauptstädte.
（为下列图片中的建筑物找到所在的国家和首都。）

b) Hören Sie und markieren Sie den Wortakzent in den Städtenamen.
（听录音并标出城市名词的重音。）

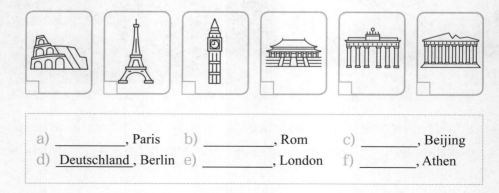

a) _____, Paris   b) _____, Rom   c) _____, Beijing

d) _Deutschland_, Berlin   e) _____, London   f) _____, Athen

2 Woher kommen Sie? Woher kommst du?

1 **Füllen Sie die Lücken.** （填空。）

Lukas

Ich bin Lukas Schmidt. Ich komme aus Deutschland, aus Frankfurt. Und woher kommen Sie?

Ich heiße Cloe Masson und komme aus der Schweiz, aus Genf. Und woher _____ Sie?

Chloe

Ich _____ Xu Meng und komme aus China, aus Chengdu. Woher kommst du?

Xu Meng

Ich _____ Marie. Ich _____ aus Frankreich, ___ Paris. Und woher _____ du?

Marie

📖 **Redemittel** //

Woher kommen Sie?

Woher kommst du?

Deutschland – aus Deutschland

die Schweiz – aus der Schweiz

die USA – aus den USA

2 **Variation**（替换）

- Mia Schmidt, Stuttgart, Deutschland
- Judith Meier, New York, die USA
- Sachiko Sato, Tokyo, Japan
- Anthony Romano, Rom, Italien

- Yang Fang, Shanghai, China
- Kim Minhee, Seoul, Südkorea
- Abella López, Madrid, Spanien

3 Sprachen aus der ganzen Welt

1 Hören Sie und ordnen Sie zu.（听录音配对。）

Französisch	Hallo!
Deutsch	Hello!
Chinesisch	こんにちは!
Japanisch	Bonjour!
Italienisch	你好!
Englisch	Ciao!

2 Hören Sie und sprechen Sie nach.（听录音跟读。）

Grüezi! Ich komme aus der Schweiz. Ich spreche Deutsch, Französisch und Englisch. Und du?

您好！ Ich komme aus China. Ich spreche Chinesisch, Englisch und ein bisschen Deutsch. Und Sie?

4 Treffen auf Einladung vom AAA

Auf Einladung vom Akademischen Auslandsamt (auch AAA genannt) treffen Sie neue Studentinnen und Studenten aus aller Welt in einem Café und reden miteinander. Was sagen Sie? (你受大学外事处的邀请在咖啡馆和来自世界各地的新同学见面并聊天。你会说什么？)

Vokabeln

das **Land** ⁻er	国家	
die **Stadt** ⁻e	城市	
die **Hauptstadt** ⁻e	首都	
kommen (+Dir)	来	
aus +Dat	从……来	
Woher kommen Sie?	您是哪里人？	
Woher kommst du?	你是哪里人？	
das **Chinesisch**	汉语	
das **Japanisch**	日语	
das **Italienisch**	意大利语	
das **Englisch**	英语	
das **Französisch**	法语	
sprechen +A	说	
ein bisschen	少量，少许，一点儿	
Deutschland	德国	

Österreich	奥地利
China	中国
Großbritannien	大不列颠
Spanien	西班牙
Paris	巴黎
Rom	罗马
Berlin	柏林
London	伦敦
Athen	雅典
Frankfurt	法兰克福
die **Schweiz**	瑞士
Genf	日内瓦
das **Akademische Auslandsamt**	（大学）外事处

Entdecken 1

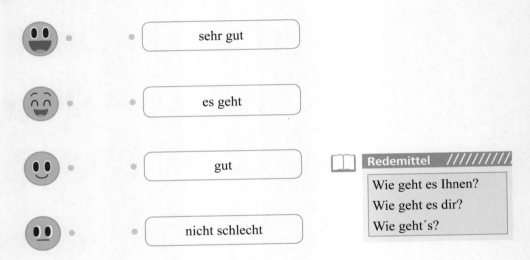

🎧 **1** **Hören Sie und sprechen Sie nach.** (听录音跟读。)

● Guten Tag, Herr Bode. Wie geht es Ihnen?
□ Danke, gut. Und Ihnen?
● Danke, auch gut.

● Hallo, Emilia, wie geht es dir?
□ Danke, sehr gut, Emilia. Und wie geht es dir?
● Danke, auch gut.

🎧 **2** **Hören Sie und ordnen Sie zu.** (听录音完成配对。)

sehr gut

es geht

gut

nicht schlecht

📖 **Redemittel** //////////

Wie geht es Ihnen?
Wie geht es dir?
Wie geht´s?

🎧 **3** **Wie geht's?**

Sie hören drei Begrüßungen in normalem Deutsch. Vieles verstehen Sie noch nicht, aber Sie können verstehen, wie es den Sprechern geht. Kreuzen Sie an. (听三组互相问候的对话。有许多地方你可能还听不懂，但能听懂对话中每个人的情况如何。请在合适的选项上打叉。)

Dialog	1		2		3	
sehr gut	A	B	A	B	A	B
gut	A	B	A	B	A	B
nicht schlecht	A	B	A	B	A	B
es geht	A	B	A	B	A	B

T1 Woher kommt ihr?

A: Hallo, Marie, wie geht's?

B: Danke, gut, Lukas. Und dir?

A: Danke, auch gut. Marie. Das sind Tao und Meng.

B: Hallo, Tao, hallo, Meng, freut mich. Ich bin Marie. Ich komme aus Frankreich, aus Paris. Ich lerne hier Deutsch. Und woher kommt ihr?

C: Wir kommen aus China. Ich bin aus Xi'an.

D: Und ich komme aus Chengdu.

A: Was trinkt ihr? Trinkt ihr Kaffee oder Tee?

B: Kaffee, bitte.

C / D: Wir trinken Tee.

A: Zweimal Kaffee und zweimal Tee, bitte.

4 Wer sind die Gesprächsbeteiligten und woher sind sie?（说话人是谁？来自哪里？）

A ist _____.

B ist _____ aus _____.

C ist _____ aus _____.

D ist _____ aus _____.

5 Hören Sie und sprechen Sie nach.（听录音跟读。）

● Hallo, ich komme aus Deutschland. Und ihr? Woher kommt ihr?

□ Wir kommen aus der Schweiz.

● Ich lerne hier Deutsch. Und ihr? Was lernt ihr?

□ Wir lernen hier auch Deutsch.

● Ich trinke Kaffee. Und ihr? Was trinkt ihr?

□ Wir trinken Tee.

ich	lerne
du	lernst
Sie	lernen
er / sie / es	lernt
wir	lernen
ihr	lernt
Sie	lernen
sie	lernen

6 **Füllen Sie die Lücken.**（填空。）

a) ● Guten Morgen, Frau Dahms. Wie geht es _____?

□ Guten Morgen, Herr Bode. Danke, gut. Und wie geht es _____?

● Danke, _____ geht.

b) ● Hallo, _____ bin aus China. Woher kommt _____?

□ _____ kommen aus Österreich.

c) ● Tag, Marie. Das _____ Felix und Paul.

□ Tag, Felix. Tag, Paul. Ich _____ Marie und komme aus Frankreich. Ich lerne hier Deutsch. _____ ihr auch Deutsch?

● Ja, wir _____ auch Deutsch.

d) ● Was trinkt _____?

□ _____ trinken Kaffee.

● _____ auch.

Vokabeln

Wie geht es Ihnen/dir?	您 / 你好吗？	**trinken** (+A)	喝
auch	也	**ihr**	你们
sehr	很	**wir**	我们
es geht	还行，还可以	**was**	什么
nicht	不	der **Kaffee (auch Kaffee)** nur Sg	咖啡
schlecht	坏的	**oder**	或者
lernen (+A)	学习	der **Tee** -s meist Sg	茶
hier	这里	**zweimal**	两份；两次

1 **Wer ist das? Woher kommt er / sie?**

- Lu Xun
- Wolfgang Mozart
- Florence Nightingale（南丁格尔）
- Karl Marx
- Li Qingzhao

T2 Was trinken wir?

 2 **Hören Sie den Text und füllen Sie die Lücken.（听课文填空。）**

Yang Fang: Entschuldigung, ist hier noch frei?

Dennis: Ja, bitte. Nehmen Sie bitte Platz! Sind Sie auch Studentin hier?

Yang Fang: Ja, ich heiße Yang Fang und komme aus China. Und Sie?

Dennis: Ich heiße Dennis Smith. Ich komme aus Kanada, aus Montreal.

...

Yang Fang: Chloe, hier! Das ist Dennis Smith. Er kommt aus Kanada, aus Montreal. Und das ist Chloe Masson. Sie kommt aus der Schweiz, aus Genf.

Dennis: Guten Tag, Frau Masson.

Chloe: Bonjour, Herr Smith. Sprechen Sie auch _____?

Dennis: Ja. Ich spreche _____ und _____. Ich lerne jetzt _____.

Chloe: Ich spreche _____, _____ und auch _____.

Yang Fang: Was trinken wir?

Chloe: Ich trinke Kaffee.

Dennis: Ich auch.

Yang Fang: Zweimal Kaffee und einmal Wasser, bitte.

---

3 **Schreiben Sie die Sätze richtig.**（写出正确的句子。）

dasistchloemasson.siekommtausderschweiz,ausgenf.siesprichtfranzösisch,deutschundenglisch.

_____

_____

dasistdennissmith.erkommtauskanada,ausmontreal.erspricht-französischundenglisch.

_____

_____

dasistyangfang.siekommtauschina.sielerntdeutsch.

_____

_____

4 **Sprechen und lernen**

Bilden Sie Sätze.（造句。）

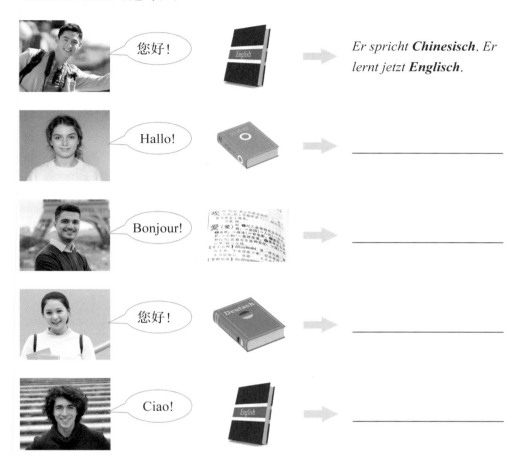

*Er spricht **Chinesisch**. Er lernt jetzt **Englisch**.*

5 **Formulieren Sie Fragen.**（写出问句。）

Beispiel:

Woher kommt er?   Er kommt aus Deutschland.

a) _____   Wir kommen aus Österreich.

b) _____   Gut, danke. Und Ihnen?

c) _____   Es geht. Und dir?

d) _____   Ich heiße Yang Fang.

e) _____   Ja, ich bin Yang Fang.

f) _____   Wir trinken Kaffee.

g) _____   Ja, ich spreche Französisch.

h) _____   Er trinkt Kaffee.

Ich komme aus China, und du?   **33**

Das kenne ich:

kommen			trinken			lernen		
Ich	komme	aus China.	**Ich**	trinke	Tee.	**Ich**	lerne	Deutsch.
Du	kommst	aus China.	**Du**	trinkst	Tee.	**Du**	lernst	Deutsch.
Sie	kommen	aus China.	**Sie**	trinken	Tee.	**Sie**	lernen	Deutsch.
Er / Sie / Es	kommt	aus China.	**Er / Sie / Es**	trinkt	Tee.	**Er / Sie / Es**	lernt	Deutsch.
Wir	kommen	aus China.	**Wir**	trinken	Tee.	**Wir**	lernen	Deutsch.
Ihr	kommt	aus China.	**Ihr**	trinkt	Tee.	**Ihr**	lernt	Deutsch.
Sie	kommen	aus China.	**Sie**	trinken	Tee.	**Sie**	lernen	Deutsch.
Sie	kommen	aus China.	**Sie**	trinken	Tee.	**Sie**	lernen	Deutsch.

Vokabeln

Ist hier noch frei?	这里有人吗?	**jetzt**	现在
Nehmen Sie bitte Platz!	请坐!	**Kanada**	加拿大
der **Student** -en	大学生；男大学生	**Montreal**	蒙特利尔
die **Studentin** -nen	女大学生		

Evaluieren

🎧 **1** **Hören und ergänzen Sie.**（听录音填空。）

Lieber Daniel,

ich _____ jetzt in Heidelberg und lerne Deutsch. Der Deutschkurs ist super. Die
Deutschlehrerin _____ Emilia Brandt. Sie _____ aus Köln. Die Studenten im
Deutschkurs _____ aus aller Welt: aus China, aus Spanien, aus der Schweiz und aus
der Türkei. Mein Freund Li Tao _____ aus China und _____ nett. Er _____
Chinesisch, Englisch und lernt jetzt Deutsch.

Viele Grüße!

Tobias

2 **Schreiben Sie die Sätze richtig und bilden Sie dann einen Dialog.**
（先写句子，再组成对话。）

a) _____ (du / heißt / wie / ?)

b) _____ (trinken / wir / Kaffee / .)

c) _____ (ihr / was / trinkt / mich / freut / . / ?)

d) _____

(Name / mein / Maria / ist / . / bin / ich / Italien / aus / du / und / , / ?)

e) _____ (mich / freut / .)

f) _____

(Paul / ich / und / komme / bin / Frankreich / aus / . / ist / das / er / und / Tom / aus / den /
kommt / USA / .)

3 **Treffen im Café**

Auf Einladung vom AAA treffen Sie mit Ihrer Freundin oder Ihrem Freund andere Stu-
denteninnen und Studenten aus der ganzen Welt. Sie stellen Ihre Freundin oder Ihren
Freund vor, z. B. Name, Herkunft, Sprache usw. Dann trinken Sie zusammen etwas.
Spielen Sie diese Szene. （你和你的朋友应邀参加大学外事处组织的咖啡馆聚会，
与来自世界各地的大学生相聚。你介绍你的朋友，例如叫什么名字、是哪里人、
说什么语言等，然后大家一起喝东西。请表演这个场景。）

Vokabeln

aus aller Welt	来自世界各地	die **Herkunft** ̈-e	出身；来源，来历
nett	友好的，和蔼可亲的	**zusammen**	一起，一同
Viele Grüße!	祝好！	**Heidelberg**	海德堡
der **Freund** -e	朋友；男性朋友	**Köln**	科隆
die **Freundin** -nen	女性朋友	die **Türkei**	土耳其

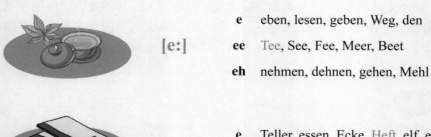

Phonetik

Vokale		
Laute	Buchstaben	Beispiele
[e:]		
[ɛ]		
[ɛ:]		
[ae]		
[o:]		
[ɔ]		
[ao]		

Konsonanten		
Laute	Buchstaben	Beispiele
[f]		
[v]		
[s]		
[z]		
[ts]		
[ʃ]		
[tʃ]		

🎧 1 Vokale

	[e:]	e	eben, lesen, geben, Weg, den
		ee	Tee, See, Fee, Meer, Beet
		eh	nehmen, dehnen, gehen, Mehl
	[ɛ]	e	Teller, essen, Ecke, Heft, elf, es
		ä	Bälle, Männer, Kälte, Hände

[ɛ:]

ä	Käse, Bär, Käfer, Läden, Täler, Häfen
äh	Fähre, wählen, nähen, zählen

[ae]¹

ei	Ei, Eis, schreiben, mein, kein
ai	Mai, Mais, Kai

1 **Hören Sie und sprechen Sie nach.** （听录音跟读。）

beten – bäten – betten – beide
Feder – Väter – Vetter – Weite
Fee – Fähre – fern – Feier

2 **Welches Wort hören Sie? Kreuzen Sie an.** （听录音，标出听到的是哪个词。）

☐ Beet	☐ den	☐ wen	☐ Kehle	☐ stehlen	☐ Wesen
☐ Bett	☐ denn	☐ wenn	☐ Keller	☐ stellen	☐ wessen
☐ Met	☐ geben	☐ Seele	☐ Rede	☐ Feder	☐ neben
☐ mäht	☐ gäben	☐ Säle	☐ Räte	☐ Väter	☐ nähen
☐ mir	☐ bieten	☐ liebt	☐ liegt	☐ nie	☐ gießen
☐ mehr	☐ beten	☐ lebt	☐ legt	☐ nee	☐ geben
☐ Pille	☐ bitten	☐ dick	☐ Binder	☐ nicken	☐ Mitte
☐ Pelle	☐ betten	☐ Deck	☐ Bänder	☐ necken	☐ Mette

---

¹ 复合元音 [ae] [ao] 和 [ɔø] 都发长音。

🎧 **3** **Hören Sie und schreiben Sie [e:], [ə] oder [ɛ].** （听录音，区分标注元音是 [e:]、[ə] 还是 [ɛ]，写出相应音标。）

a) Alles leeres Gerede.   [　][　][　][　][　][　]
b) Neue Besen kehren gut.   [　][　][　][　][　]
c) Esel essen Nesseln nicht.   [　][　][　][　][　][　]

	[o:]	**o** oben, Foto, Boden, Hof, O̱bst
		oo Boot, Moor, Moos
		oh ohne, wohnen, Bohnen, Kohl
	[ɔ]	**o** offen, Sonne, Koffer, Bonn, kommen, oft, Osten, o̱b, vo̱n
Große Mauer	**[ao]**	**au** aus, auf, Auto, Haus, Mauer, kaufen, bauen, faul

🎧 **4** **Welches Wort hören Sie? Kreuzen Sie an.** （听录音，标出听到的是哪个词。）

☐ voll   ☐ hoffen   ☐ komm   ☐ Pocken
☐ faul   ☐ Haufen   ☐ kaum   ☐ pauken

☐ Schuss   ☐ Fluss   ☐ Kunde   ☐ muss
☐ schoss   ☐ floss   ☐ konnte   ☐ Most

🎧 **5** **Hören Sie und schreiben Sie [o:] oder [ɔ].** （听录音，区分标注元音是 [o:] 还是 [ɔ]，写出相应音标。）

a) O̱bst und Kartoffeln holen   [　][　][　]

b) M**o**ntags geschl**o**ssen!   [   ] [   ]

c) K**o**mmt er **o**ft?   [   ] [   ]

d) W**o** w**o**hnen Sie?   [   ] [   ]

6 **Hören Sie und sprechen Sie nach. Achten Sie auf [ae] und [ao].**（听录音
跟读，注意复合元音 [ae] 和 [ao]。）

Rätselhaft[2]	**蒹葭**（节选）
Das Rohr und Schilf wird völlig blau,	蒹葭苍苍，
Zum Reife wird der helle Tau[3].	白露为霜。
Und den ich meine, jener Mann,	所谓伊人，
Er ist in dieses Flusses Au.	在水一方。

∩2 Konsonanten

[f]

f	Feld, Fenster, Frage, Tafel
ff	Koffer, Affe, hoffen, offen
ph	Phase, Phon**e**tik, Phänom**e**n
v	Vater[4], Volk, viel, vier, v**o**n
	Mot**i**v, Dativ

---

[2] 原译本中为 Räthselhaft，教材中按新正字法加工为 Rätselhaft。

[3] 原译本中为 Thau，教材中按新正字法加工为 Tau。

[4] v 在德语词中读清音 [f]，如 Vater。v 在外来语词中，在元音前发 [v]，如 Vase；在词尾则发 [f]，
如 Motiv。

[v]

w Welt, Wagen, wo, wie, was, wie, Antwort, zwei, Zwiebel

v Vase, Visum, Villa, Klavier

7 **Was hören Sie? Kreuzen Sie an.**（听录音，标出听到的是哪个音。）

	Wein	Fall	Vieh	Wetter	passiv	Phantasie	Klavier	öffnen
[f]	☐	☐	☐	☐	☐	☐	☐	☐
[v]	☐	☐	☐	☐	☐	☐	☐	☐

[s]

s Eis, Haus, das, Fenster⁵, Westen

ss Tasse, wissen, Nuss, Schloss

ß Maße, Fuß, weiß

[z]

s See, Soße, Sonne, sagen, sie, lesen, Musik, Hose, Rose

[ts]

z Zug, Zucker, Zoo, Herz, tanzen

tz Netz, Platz, Katze, putzen

ts nichts, rechts, Geschäftsmann

ds abends, nirgends, Landsmann

t(ion) Nation, Lektion, Aktion

---

⁵ s 在元音前读浊音 [z], 如 sie，lesen；在元音后或辅音前读清音 [s], 如 Haus，Fenster。

8 **Was hören Sie? Kreuzen Sie an.** （听录音，标出听到的是哪个音。）

	Fass	Lektion	Weizen	Spaß	suchen	morgens	Bootsfahrt	Sohn
[s]	☐	☐	☐	☐	☐	☐	☐	☐
[z]	☐	☐	☐	☐	☐	☐	☐	☐
[ts]	☐	☐	☐	☐	☐	☐	☐	☐

9 **Hören Sie und schreiben Sie *s*, *ß* oder *z*.** （听录音，在下列单词中填写*s*、*ß* 或*z*。）

__eit, Mei__en, rei__en, __ürich, __ommer, __al__burg, au__en, Wie__e

sch	Schule, schade, schon, Schweiz, Tisch, Tasche, Wäsche, Hirsch
s(t)[6]	Stuhl, Student, Stadt, Straße stehen, verstehen, bestehen
s(p)	Spanien, Sport, spät, Sprache, sprechen, versprechen

10 **Hören Sie und schreiben Sie *ss* oder *sch*.** （听录音，在下列单词中填写 *ss* 或 *sch*。）

__al, Wa__er, Ma__ine, __nee, ha__en, Flu__

11 **Hören Sie und Ordnen Sie die Wörter den entsprechenden Kategorien zu.** （听录音，将单词填入对应的框内。）

• Post	• Staat	• besprechen	• Aspekt	• Spiegel
• ist	• studieren	• Wespe	• gestehen	• kosten

---

[6] s(t)- 和 s(p)- 在词首或词干开头时读 [ʃt] 和 [ʃp]，否则仍读 [st] 和 [sp]。

[ʃt] [ʃp]	[st] [sp]

 [tʃ]   **tsch**   Deutsch, tschüss, Rutsch, Dolmetscher, klatschen

3 Lange und kurze Vokale 长元音和短元音

长元音	1. Vokal bei offener Silbe	du, Vater, Dame, _____ _____
	2. Doppelvokal(buchstaben)	See, Zoo, _____
	3. i + _____	wie, Miete, _____
	4. Vokal(buchstabe) + _____	Nähe, nehmen, _____
	5. Vokal(buchstabe) + ein Konsonanten(buchstabe)[7]	Mut, Hof, _____
短元音	1. Vokal(buchstabe) + doppelte Konsonanten	bitte, Anna, _____
	2. Vokal(buchstabe) + zwei oder mehrere Konsonanten	Kant, Pumpe, _____

Vokale vor *ch*: ịch, dọch, họch, Bụch, Tụch, Sprạche

---

[7] 元音后只有一个辅音字母，一般读长音；但在少数词中也会读短音，如 ẹs, dạs, ạn, ịn, ọb, vọn。

12 Markieren Sie bei dem Wortakzent mit (_) lange und mit (.) kurze Vokale. Ordnen Sie die Wörter in die obige Tabelle ein. （听录音，在下列单词上用下横线和圆点标出重读元音是长音还是短音，并分别填入上表中。）

• Tafel	• Heft	• Uhr	• Bild	• Lampe	• wohnen	• gut
• Papier	• Wand	• Fenster	• Stuhl	• Zimmer	• fragen	• schließen
• Cola	• Milch	• Kaffee	• Tee	• buchstabieren		• Ihnen
• Staat	• Russland	• kommen	• trinken	• Tag		

13 Hören Sie und sprechen Sie nach. Achten Sie darauf, ob die Vokale lang oder kurz sind. （听录音跟读，区分元音是长音还是短音。）

Mama	Mama
Nähe geben	Wärme geben
Auf dem Arm	In ihrem Arm
In die Augen blicken	Neben ihr im Bett
Vertrautheit	Geborgenheit

4 Wortakzent II 词重音 II

Manche Wörter 少数德语词	woher, zusammen	Akzent auf der zweiten Silbe 重音在第二个音节上
Verben auf *-ieren* 以 *-ieren* 结尾的动词	studieren	Akzent gewöhnlich auf -ieren 重音通常在 *-ieren* 上
Fremdwörter 外来词	a) Student, Universität, Lektion b) Familie, Kollegin	Akzent meist auf der letzten oder vorletzten Silbe 重音多在最后一个音节或者倒数第二个音节上
Zusammensetzungen 复合词	Familienname, Klassenzimmer	Akzent gewöhnlich auf dem ersten Wort 重音通常在第一个词的重音上

Hören Sie und markieren Sie bei dem Wortakzent mit (_) lange und mit (.) kurze Vokale. Ordnen Sie die Wörter zu.（听录音，在下列单词上标出重音，下横线表示长音，圆点表示短音。将单词分类填入下表中。）

• Labor	• wohin	• Bibliothek	• Germanistik	• Familienfoto
• Berlin	• fotografieren	• Computer	• heran	• buchstabieren
• Adresse	• Studienkollege			

Manche Wörter	Verben auf -ieren	Fremdwörter	Zusammensetzungen

5 Sprechmelodie und Satzakzent II 语调和句重音 II

Imperativsatz **命令句**	Lesen Sie bitte den **Text**. (↓) Nehmen Sie bitte **Platz**. (↓)	Bei Imperativsätzen fällt die Sprechmelodie am Satzende. Der Satzakzent liegt in der Regel auf dem letzten Wort. 陈述句用降调。句重音一般落在最后一个词上。
Nachfrage **反问**	Ich komme aus China. Und (woher kommen) **Sie**? (↑) Danke, gut. Und (wie geht es) **Ih**nen? (↑)	Bei Nachfragen steigt die Sprechmelodie am Satzende. Der Satzakzent liegt auf dem letzten Wort. 反问用升调。句重音落在最后一个词上。
Doppelfrage (Frage mit *oder***)** **选择疑问句（句中有** *oder***）**	Trinken Sie Kaffee (↑) oder **Tee**? (↓) Kommen Sie aus Wien (↑) oder aus **Ber**lin? (↓)	Bei Doppelfragen fällt die Sprechmelodie am Satzende, aber die Melodie steigt vor *oder*. Der Satzakzent liegt auf Wörtern nach *oder*. 选择疑问句用降调，但在 *oder* 之前的句子用升调。全句重音落在 *oder* 之后的词上。

（续表）

	Herr Li, (→) kommen Sie aus China? Ja, (→) ich komme aus China (→) und studiere jetzt hier.	Im Satz bleibt die Sprechmelodie normalerweise gleich, auch nach Komma oder nach der Anrede oder vor *und* bei Aufzählungen. 在句子中间用平调，如在逗号后、称呼后或表示并列列举的 *und* 前。
Im Satz 句中		

🎧 **15** **Hören Sie und sprechen Sie nach. Markieren Sie die Sprechmelodie und den Satzakzent.（听录音跟读，标出语调和句重音。）**

a) ● Hallo, ( ) Yang Fang, ( ) wie geht es dir? ( )

   □ Dank, ( ) gut, ( ) und dir? ( )

   ● Auch gut. ( ) Was trinkst du? ( ) Trinkst du Kaffee ( ) oder Tee? ( )

   □ Tee. ( ) Und was trinkst du? ( )

   ● Ich nehme einmal Kaffee. ( )

b) ● Herr Li, ( ) nehmen Sie bitte Ihr Buch ( ) und lesen Sie den Text. ( )

   □ Wie bitte? ( ) Sprechen Sie bitte langsam! ( )

   ● Nehmen Sie bitte Ihr Buch ( ) und lesen Sie den Text! ( ) Lesen Sie bitte laut ( ) und deutlich! ( )

Wie ist Ihre Telefonnummer?

Zahlen von 0 bis 100 nennen und verstehen | Adressen und Telefon-
nummern angeben und danach fragen | Angaben zur Person erfragen
und machen | Anmeldungsgespräche führen | Anschriften in verschiedenen
Ländern vergleichen

Zahlen

0 null			
1 eins	11 elf	21 einundzwanzig	31 einunddreißig
2 zwei	12 zwölf	22 zweiundzwanzig	32 zweiunddreißig
3 drei	13 dreizehn	23 dreiundzwanzig	...
4 vier	14 vierzehn	24 vierundzwanzig	40 vierzig
5 fünf	15 fünfzehn	25 fünfundzwanzig	50 fünfzig
6 sechs	16 sechzehn	26 sechsundzwanzig	60 sechzig
7 sieben	17 siebzehn	27 siebenundzwanzig	70 siebzig
8 acht	18 achtzehn	28 achtundzwanzig	80 achtzig
9 neun	19 neunzehn	29 neunundzwanzig	90 neunzig
10 zehn	20 zwanzig	30 dreißig	100 (ein)hundert

1 **Zahlen 0 bis 10**

1 **Hören Sie und sprechen Sie nach.** （听录音跟读。）

0, 1, 2, 3, 4, 5, 6, 7, 8, 9, 10

2 **Hören Sie, setzen Sie die passenden Vokale ein und lesen Sie laut.** （听录音，将下列元音补充到横线处，并大声朗读。）

• ei	• ie	• eu	• u	• e	• a	• ü

n__ll   ___ns   zw___   dr___   v___r   f__nf

s__chs   s__ben   __cht   n___n   z__hn

3 **Hören Sie und schreiben Sie die Zahlen zu den Wörtern.** （听录音，写出下列单词对应的阿拉伯数字。）

_____ sechs   _____ eins   _____ zehn   _____ zwei

_____ sieben   _____ fünf   _____ vier   _____ drei

_____ null   _____ neun   _____ acht

4 **Schreiben Sie die Wörter richtig.** （写出下列单词的正确形式。）

SENI __eins__   NESEBI _____   RIED _____   THAC _____

WEIZ _____   REVI _____   NUNE _____   HENZ _____

Andere Länder, andere Handzeichen
不同的国家，不同的手势

Wie zählt man auf Deutsch, Chinesisch, Englisch, Japanisch usw. mit den Händen?
Wie zählt man in Ihrer Heimat mit den Händen?
在德国、中国、英美国家和日本表示数字 0 至 10 的手势是什么？在你的家乡，大家是怎样用手势表示数字的？

0 null	1 eins	2 zwei	3 drei	4 vier	5 fünf

6 sechs	7 sieben	8 acht	9 neun	10 zehn

2 Zahlen 11 bis 100

1 **Hören Sie, schreiben Sie die Zahlen zu den Wörtern und lesen Sie laut.** (听录音，写出下列单词对应的阿拉伯数字并大声朗读。)

13 → dreizehn

31 → einunddreißig

100 → einhundert

elf ___11___	zwölf ___12___	dreizehn _____
sechzehn _____	siebzehn _____	zwanzig _____
einundzwanzig _____	zweiundzwanzig _____	dreißig ___30___
einunddreißig _____	vierzig _____	fünfzig _____
sechzig _____	siebzig _____	(ein)hundert ___100___

!

Was fällt Ihnen auf? Die meisten Zahlen werden regelmäßig gebildet.
Ziffer: _____*drei, vier*_____,
Ziffer + *zehn*: _____,
Ziffer + *-zig/-ßig*: _____,
Ziffer + *und* + Ziffer + *-zig/-ßig*: _____
Einige Zahlen werden unregelmäßig gebildet:
___*elf, zwölf, sechzehn* ...___

2 **Schreiben Sie die Wörter zu den Zahlen aus und lesen Sie laut.** （写出下列数字对应的单词并大声朗读。）

12 _____
31 _____
45 _____
67 _____
82 _____

21 _____
36 _____
54 _____
76 _____
99 _____

3 **Zahlenpaare**

Welche Zahlen hören Sie? Kreuzen Sie an. Lesen Sie beide Zahlen laut. （听到了什么数字？在正确的选项上画 ×，大声朗读这些数字。）

a) ☐ 13   ☐ 30   b) ☐ 24   ☐ 42   c) ☐ 16   ☐ 60
d) ☐ 79   ☐ 97   e) ☐ 80   ☐ 18   f) ☐ 91   ☐ 19

Schreiben Sie die Ziffern 1-9 auf Zettel. Bilden Sie unterschiedliche Paare. （在小纸条上写下数字 1 至 9，然后与同学组成不同的数字组合。）

4 **Rechnen Sie.** （计算。）

Beispiel: *4 + 7 = 11*

● *Wie viel ist* vier *plus* sieben?

☐ *Vier **plus** sieben **ist gleich** elf.*

+ plus	– minus
× mal	÷ durch
= ist gleich	

3 + 9, 16 ÷ 4, 5 × 8, 21 − 17, ...

3 Zahlen im Leben

1 **Telefonnummern**

Welche Nummer hören Sie? Kreuzen Sie an.（听到了哪些数字？在正确的选项上画 ×。）

a) ☐ 8 3 9 6 7 4   b) ☐ 5 2 0 4 1 9   c) ☐ 6 0 9 4 5 4   d) ☐ 7 4 2 9 3 8
   ☐ 8 3 9 7 6 4   ☐ 5 2 9 4 1 0   ☐ 6 9 0 5 4 5   ☐ 7 4 3 9 2 8

Hören und schreiben Sie die Telefonnummern.（听录音，写出电话号码。）

a) _____   b) _____

c) _____   d) _____

2 **Lesen Sie die Zahlen in den Bildern unten. Was für Zahlen sind das? Ordnen Sie die Zahlen den richtigen Kategorien zu.**（阅读下图中的数字，它们分别代表什么意思？从下面文本框中选择正确的类型匹配。）

• Hausnummer	• Uhrzeit	• Handynummer	• Alter
• Postleitzahl	• Datum	• Telefonnummer	

Imkerei Müller

🏠 Rosenstr. 12 • 80214 München
📞 0176 | 345 4321
☎ Tel. 030 6495038
✉ E-Mail: müller@web.de

Hurra, ich werde 6!

Einladung
zu meiner Geburtstagsfeier

Am: 10. 05
Um: 14. 30 Uhr
Wo: Berlinstraße 56
   89335 München

Dein Lukas

4 **Anmeldung**

Jetzt beginnen Sie das Studium in Deutschland. Sie müssen viele Formulare ausfüllen, z. B. für die Anmeldung beim Einwohnermeldeamt oder für die Kontoeröffnung bei einer Bank. Welche persönlichen Daten brauchen Sie dafür? Wie sagen Sie alles auf Deutsch?（初到德国需要填写各类表格，如在居民登记处办理居住登记手续或在银行开立账户。如何用德语提供个人信息呢？）

Anmeldung
Vorname   Name   Geburtstag
Straße   Hausnummer
PLZ   Wohnort
Telefon   Mobil
E-Mail
Datum, Unterschrift

Vokabeln

das **Alter** nur Sg	年龄	**acht**	八
die **Adresse** -n	地址	**neun**	九
das **Telefon** -e [auch: ˈteːləfoːn]		**zehn**	十
	电话	**elf**	十一
die **Nummer** -n	编号，号，号码	**zwölf**	十二
die **Telefonnummer** -n	电话号码	**hundert**	百
die **Zahl** -en	数，数字	**wie viel**	多少
null	零	das **Haus** ̈-er	房屋
eins	一	die **Hausnummer** -n	门牌号码
zwei	二	das **Handy** -s [ˈhɛndi]	手机
drei	三	die **Handynummer** -n	手机号码
vier	四	die **Postleitzahl** -en	邮政编码
fünf	五	das **Datum** Daten	日期
sechs	六	die **Uhrzeit** -en	（用钟表时刻表示
sieben	七		的）时间

1 Anschriften international

Wo stehen die entsprechenden Informationen? Verbinden Sie.（相应信息的位置在哪里？连线匹配。）

		接收局号码：
收件人	☐☐☐☐☐ 详细地址：＿＿＿＿＿＿＿ ＿＿＿＿＿＿＿＿＿ ＿＿＿＿＿＿＿＿＿ 姓名：＿＿＿＿＿＿＿ 电话：＿＿＿＿＿＿＿	内装何物及数量	收寄人员名章

PLZ	Straße	Hausnummer

Name	Stadt / Ort	Land

Empfänger

＿＿＿＿＿＿＿＿＿＿＿＿＿＿＿＿＿＿＿＿＿＿＿＿＿＿

＿＿＿＿＿＿＿＿   ＿＿＿＿＿＿＿＿＿＿＿＿＿＿
                    Tel.

＿＿＿＿＿＿＿＿＿＿＿＿＿＿＿＿＿＿＿＿＿＿＿＿＿＿
Straße und Hausnummer

＿＿＿＿＿＿＿＿   ＿＿＿＿＿＿＿＿＿＿＿＿＿＿
Postleitzahl   Ort

＿＿＿＿＿＿＿＿＿＿＿＿＿＿＿＿＿＿＿＿＿＿＿＿＿＿
Bestimmungsland

Landeskunde

In Deutschland schreibt man gern auf Reisen Postkarten an Verwandte und Freunde. Wie ist es in China?

德国人外出旅行时喜欢给亲人朋友寄送明信片，中国人的习惯是什么呢？

2 Wo wohnen Sie? Wie ist Ihre Adresse?

1 Spielen Sie Dialoge.（表演对话。）

● Herr Köhler, wo wohnen Sie?

□ Ich wohne in München.

● Wie ist **Ihre** Adresse?

□ **Meine** Adresse ist Hauptstraße 14, 80331 München.

Peter Schröder
Salzstr. 46
69117 Heidelberg
Deutschland

Maria Zöller
Marsstr. 4
10245 Berlin
Deutschland

Herrn
Johannes Köhler
Hauptstr. 14
80331 München
Deutschland

2 Fragen Sie im Kurs und benutzen Sie „du".（同学间相互询问住址，注意使用人称 du。）

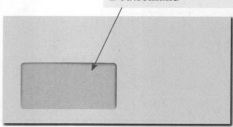

Anna, wo **wohnst du**?

Ich wohn**e** in ...

Felix, wie ist **deine** Adresse?

Meine Adresse ist ...

T1 Anmeldung beim Einwohnermeldeamt

3 **Hören Sie den Text und füllen Sie das Formular aus.** （听课文并填写表格信息。）

Li Tao ist beim Einwohnermeldeamt zur Anmeldung.

Li Tao: Guten Tag, ich heiße Li Tao, Li ist mein Familienname.

Beamtin: Guten Tag, Herr Li. Nehmen Sie bitte Platz! Woher kommen Sie?

Li Tao: Aus China, aus Xi'an.

Beamtin: Und wo wohnen Sie jetzt?

Li Tao: Hier in Heidelberg.

Beamtin: Wie ist Ihre Adresse, bitte?

Li Tao: Mozartstraße 16, 69117 Heidelberg.

Beamtin: Noch einmal bitte, sprechen Sie bitte langsam!

Li Tao: Mozartstraße 16, 69117 Heidelberg.

Beamtin: Danke. Und wie alt sind Sie?

Li Tao: Ich bin 23 Jahre alt.

Beamtin: Haben Sie Telefon?

Li Tao: Ja, meine Handynummer ist 153972136.

Beamtin: Haben Sie auch E-Mail?

Li Tao: Ja, meine E-Mail-Adresse ist tao@4712.net.de.

Beamtin: Danke, Herr Li. Auf Wiedersehen.

Li Tao: Auf Wiedersehen.

> **Imperativ (Sie-Form)**
> Nehmen Sie bitte Platz!
> Sprechen Sie bitte langsam / laut / leise / deutlich!

Anmeldung	
Familienname	Li
Vorname	
Herkunft (Land)	
Straße / Hausnummer	
Postleitzahl / Ort	
Alter	
Telefon	
E-Mail-Adresse	

4 **Füllen Sie die Lücken.** （填空。）

Herr Li spricht: „Ich _____ aus Xi'an und _____ jetzt in Heidelberg. _____ Adresse ist Mozartstraße _____, _____ Heidelberg. Ich _____ 23 Jahre alt. Ich _____ Telefon und meine _____ ist _____. Ich habe auch _____ und meine E-Mail-Adresse ist _____."

Aussprache

Hören Sie und sprechen Sie nach. Achten Sie auf die Betonung.（听录音跟读，注意句重音。）

Mein **Na**me	ist Ma**ri**a.	→	Mein **Na**me ist Ma**ri**a. (↓)
Ich **kom**me	aus **Ita**lien.	→	Ich **kom**me aus I**ta**lien. (↓)
Er **wohnt**	in Ber**lin**.	→	Er **wohnt** in Ber**lin**. (↓)

6 **Anmeldung beim Studentenwerk**

Ordnen Sie zu und bilden Sie dann einen Dialog.
（匹配问答，然后做对话。）

> **Imperativ (Sie-Form)**
> Buchstabieren Sie bitte!

- Wie ist Ihr Familienname?
- Wo wohnen Sie?
- Wie ist Ihre Postleitzahl?
- Wie schreibt man das? Buchstabieren Sie bitte!
- Und wie ist Ihre E-Mail-Adresse?
- Woher kommen Sie?
- Danke, Frau Tanaka. Auf Wiedersehen.
- Und wie ist Ihr Vorname?
- Haben Sie Telefon?
- Wie alt sind Sie?

- □ T-a-n-a-k-a.
- □ Auf Wiedersehen.
- □ Hier in München, Blumenstraße 4.
- □ Minako: M-i-n-a-k-o.
- □ 80331.
- □ Tanaka.
- □ 32.
- □ Aus Japan.
- □ Ja, meine Telefonnummer ist 089 63822392.
- □ Meine E-Mail-Adresse ist minako@5691.de.

Vokabeln

die **Straße** -n	街，街道，公路	**wie alt?**	多大年龄？
der **Ort** -e	地方，地点	**alt**	老的
wo	哪里，在何处	das **Jahr** -e	年；年龄，岁
wohnen +Sit₁	住	die **E-Mail** -s ['iːmeːl]	电子邮件
die **Anmeldung** -en	报名，登记	das **Studentenwerk** -e	大学生服务中心
das **Einwohnermeldeamt** ¨er	户籍管理处	**schreiben** (+A/über Akk)	写出，写下
nehmen +A	拿，取	**man**	人；人们
der **Platz** ¨e	座位；广场	**buchstabieren** (+A)	（用字母）拼出
langsam	慢的		

1 Wichtige Telefonnummern

Hören und schreiben Sie. (听录音填写相应数字。)

	Polizei	Feuerwehr	Rettungswagen

China	110		
Deutschland			
Österreich			
Schweiz			
Liechtenstein			

2 Wie ist Ihre / deine Telefonnummer, bitte?

1 **Aussprache: Schritt für Schritt. Üben Sie.** (语音练习：根据提示，逐步练习句子重音。)

... Telefonnummer?	... 39 48 76.
↓	↓
... Ihre Telefonnummer?	... ist 39 48 76.
↓	↓
Wie ist Ihre Telefonnummer?	Meine Telefonnummer ist 39 48 76.

2 **Fragen Sie im Kurs und schreiben Sie auf.** （在班里互相询问电话号码，并记
录下来。）

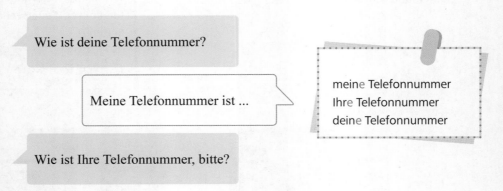

Wie ist deine Telefonnummer?

Meine Telefonnummer ist ...

meine Telefonnummer
Ihre Telefonnummer
deine Telefonnummer

Wie ist Ihre Telefonnummer, bitte?

3 **Wie ist die Telefonnummer von ...? Seine / Ihre Telefonnummer ist ...**

● *Wie ist die Telefonnummer von Peter Schröder in Heidelberg?*
□ ***Seine*** *Telefonnummer ist 0251 38 47 13 86.*

● *Wie ist die Telefonnummer von Lena Völker in Köln?*
□ ***Ihre*** *Telefonnummer ist 0421 46 70 17.*

🕮 DasTelefonbuch
Alles in einem

JETZT WERBEN >

Einfach finden was Sie suchen

| Wer/Was | Wo | ✦ | FINDEN |

Johannes Schröder Hauptstr. 14, 80331 München 📞 089 26 66 06	**Finn Schäfer** Hofweg 21, 22085 Hamburg 📞 06788 97 09 56
Anna Neubauer Wielandstr. 17, 60318 Frankfurt 📞 0361 5 62 51 96	**Peter Köhler** Salzstr. 46, 69117 Heidelberg 📞 0251 38 47 13 84
Maria Völker Einhardstr. 11, 50937 Köln 📞 0421 46 70 18	**Lena Zöller** Marsstr. 4, 10245 Berlin 📞 030 2 92 52 62

T2 | Wie ist seine Adresse? Wie ist ihre Telefonnummer?

🎧 4 **Hören Sie den Text und füllen Sie die Lücken.**（听课文填空。）

Dialog 1

Li Tao ist beim Studentenwerk und fragt nach den Kontaktinformationen vom Hausmeister.

Li Tao: Entschuldigen Sie bitte, wo _____ Herr Kreuzer? Wie ist seine Adresse?

Angestellte: Plöck _____, _____ Heidelberg.

Li Tao: Entschuldigung, wie bitte? Bitte langsam.

Angestellte: _____ Adresse ist Plöck _____, _____ Heidelberg.

Li Tao: Danke. Und hat er Telefon?

Angestellte: Ja, seine Telefonnummer ist _____.

Li Tao: Wiederholen Sie bitte noch einmal!

Angestellte: _____.

Li Tao: Danke. Auf Wiedersehen.

Angestellte: Auf Wiedersehen.

Dialog 2

Alex ist auf einer Party und fragt nach den Kontaktinformationen von einer Studentin.

Alex: Hallo, Emilia, wie geht es dir?

Emilia: Hallo, Alex, mir geht es ganz gut. Und dir?

Alex: Danke, auch gut.

...

Yang Fang: Hi, Emilia.

Emilia: Hi, Fang.

...

Alex: Sag mal, wer ist das?

Emilia: Yang Fang aus China. Sie studiert auch hier.

Alex: _____ sie Telefon?

Emilia: Ja, natürlich.

Alex: Und wie ist _____ Telefonnummer?

Emilia: _____ Handynummer ist _____.

Wie ist Ihre Telefonnummer?   **59**

Alex: Wiederhole bitte noch einmal!

Emilia: _____.

Alex: Danke. Wie ist ihre E-Mail-Adresse?

Emilia: Ich weiß nicht. Frage sie mal!

Imperativ (Sie-Form)	Imperativ (Du-Form)
Sagen Sie mal!	Sag(e) mal!
Fragen Sie bitte!	Frag(e) bitte!
Buchstabieren Sie bitte!	Buchstabiere bitte!
Wiederholen Sie bitte noch einmal!	Wiederhole bitte noch einmal!

5 ## Füllen Sie die Lücken.（填空。）

Herr Kreuzer _____ in Heidelberg. _____ Adresse ist Plöck _____, _____ Heidelberg. Und seine Telefonnummer ist _____. Yang Fang _____ in München. Sie _____ Telefon. _____ Telefonnummer ist _____.

6 ## Verstehen Sie die Zahlen?

1 **Hören Sie und füllen Sie die Lücken.**（听录音填空。）

Peter Müller	Laura Schmidt
Bachweg _____	Mozartstraße _____
_____ Bremen	_____ Stuttgart
Tel.: _____	Tel.: _____

Oskar Weber	Bernd Fischer
Goethegasse _____ _____ Hannover Tel.: _____	Berliner Straße _____ _____ Potsdam Tel.: _____

2. **Spielen Sie Dialoge wie T2 und benutzen Sie die Informationen von Peter Müller und Laura Schmidt. Erzählen Sie über Oskar Weber und Bernd Fischer wie in Ü5.** （根据 Peter Müller 和 Laura Schmidt 的个人信息，模仿课文表演对话。仿照练习 5，口述 Oskar Weber 与 Bernd Fischer 的个人信息。）

🎧 **7** **Wer ist da, bitte?**

Hören Sie und sprechen Sie nach. Spielen Sie weitere Dialoge. （听录音跟读。利用替换信息继续表演对话。）

Beispiel:

● Schmidt.

□ Wer ist da, bitte?

● Schmidt.

□ Ist da nicht Hoffmann, 32 36 20?

● Nein, hier ist 32 66 20.

□ Oh, Entschuldigung!

● Macht nichts.

- Martin Fischer 43 56 89 / Heinz Weber 43 56 99
- Franz Schäfer 92 61 73 / Maria Klein 92 33 28
- Paula Kurz 96 85 59 / Otto Lehmann 96 55 67
- Jakob Lang 77 36 42 / Linda Schneider 77 63 41

Das kenne ich:

Satzstruktur

W-Fragen				Aussagen		
W-Wort	Verb	Subjekt-ergänzung		Subjekt-ergänzung	Verb	Andere Ergänzungen
Wie	heißen	Sie?	→	Ich	heiße	Eva Schmidt.
Wer	ist	das?	→	Das	ist	Herr Puck.
Woher	kommen	Sie?	→	Ich	komme	aus China.
Wo	wohnen	Sie?	→	Ich	wohne	in Bern.
Wie	ist	Ihre Telefonnummer?	→	Meine Telefonnummer	ist	026 53 79 84.

Vokabeln

sein, seine	他的	**ganz**	挺，尚，蛮
ihr, ihre	她的	**studieren** (+A)	上大学（学习）；
fragen +A (+nach Dat)	问，提问		（在大学）学习；
der **Hausmeister** -	房屋管理员		研究
wiederholen (+A)	重复；复习	**Macht nichts!**	没关系! 没事儿!
die **Party** -s	聚会		

Evaluieren

1 ## Vokaldiktat （元音听写）

Das ist Adisa. _r k_mmt _ _s fr_k_. _r st _ _n_ndzw_nz_g J_hr_ _lt. _r w_hnt j_tzt _n H_ _d_lb_rg. _r spr_cht _ngl_sch _nd D_ _tsch. S_ _n _ dr_ss _ _st G_ _th_str_ß_ s_ _b_n. S_ _n T_l_f_nn_mm_r _st v_ _r – n_ll – n_ _n – s_chs – f_nf – _ cht – zw_ _ – v_ _r.

2 ## Schreiben Sie den Text richtig. （写出正确的短文。）

dasistklarawilliams.siekommtausgroßbritannien.siewohntindeutschland,infrankfurt.
ihreadresseisthauptstraße72,65936frankfurt.ihree-mail-adresseistneu,ihree-mail-
adresseistklara@4712.net.de.sieist32jahrealt.

3 ## Rollenspiel: Anmeldung im Akademischen Auslandsamt (AAA)

Spielen Sie die Szene mit Hilfe des Formulars und der Dialogskizze.
（根据表格和对话流程图表演该场景对话。）

Anmeldung	
Vorname	*Pablo*
Familienname	*Puente*
Land	*Spanien*
Alter	*28*
Adresse	*Ahornstraße 69*
	99084 Erfurt
Telefon	
E-Mail-Adresse	

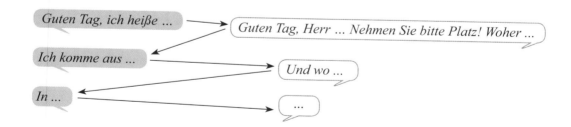

Guten Tag, ich heiße …

Guten Tag, Herr … Nehmen Sie bitte Platz! Woher …

Ich komme aus …

Und wo …

In …

…

Vokabeln

neu	新的

Phonetik

Vokale		
Laute	Buchstaben	Beispiele
[ø:]		
[œ]		
[ɔø]		

Konsonanten		
Laute	Buchstaben	Beispiele
[ç]		
[j]		
[x]		
[r]		
[ɐ]		
[l]		
[h]		

🎧 1 Vokale

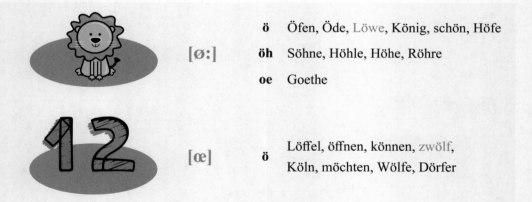

	ö	Öfen, Öde, Löwe, König, schön, Höfe
[ø:]	öh	Söhne, Höhle, Höhe, Röhre
	oe	Goethe

[œ]	ö	Löffel, öffnen, können, zwölf, Köln, möchten, Wölfe, Dörfer

🎧 **1** **Welches Wort hören Sie? Kreuzen Sie an.**（听录音，标出听到的是哪个词。）

☐ Öfen ☐ lösen ☐ Hörer ☐ mögen ☐ dösen ☐ Löwe
☐ öffnen ☐ löschen ☐ Hörner ☐ möchten ☐ Dörfer ☐ Löffel

☐ Hefe   ☐ Meere   ☐ Tee   ☐ Ohr   ☐ schon   ☐ holen
☐ Höfe   ☐ Möhre   ☐ Töne   ☐ Öhr   ☐ schön   ☐ hören

☐ Helle   ☐ fällig   ☐ kennen   ☐ Stock   ☐ Volk   ☐ Gott
☐ Hölle   ☐ völlig   ☐ können   ☐ Stöcke   ☐ Völker   ☐ Götter

[ɔø] eu Eule, euer, teuer, neun, heute, Teufel, Europa

äu Häuser, Säule, Bäume, Räume

🎧 **2** **Hören Sie und schreiben Sie [ae], [ao] oder [ɔø].**（听录音，区分标注元音是 [ae]、[ao] 还是 [ɔø]，写出相应音标。）

a) Rauschen der Bäume   [   ] [   ]
b) ungläubiges Staunen   [   ] [   ]
c) Glück bedeutet zweierlei.   [   ] [   ] [   ]
d) Freundschaft spannt euch ein.   [   ] [   ] [   ]

🎧 2 Konsonanten

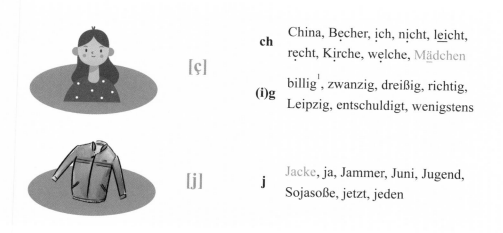

ch China, Becher, ich, nicht, leicht, recht, Kirche, welche, Mädchen

[ç]

(i)g billig[1], zwanzig, dreißig, richtig, Leipzig, entschuldigt, wenigstens

[j] j Jacke, ja, Jammer, Juni, Jugend, Sojasoße, jetzt, jeden

---

[1] ig 在词尾（如 billig）或者辅音前（如 entschuldigt）读 [iç]；但 ig 后有元音时（如 entschuldigen），g 仍读 [g]。

🎧 **3** **Welches Wort hören Sie? Kreuzen Sie an.**（听录音，标出听到的是哪个词。）

☐ Kirche ☐ Löcher ☐ Männchen ☐ Herrchen
☐ Kirsche ☐ Löscher ☐ Menschen ☐ herrschen

🎧 **4** **Hören Sie und sprechen Sie nach.**（听录音跟读。）

König – Königin   zwanzig – Zwanziger   wenig – wenige
dreißig – Dreißiger   ewig – ewige   wichtig – wichtige

[çən]   Zeichen, sprechen, Mädchen, Männchen, riechen, rächen

[x]   ch[2]   acht, Sprache, Tochter, hoch, doch, suchen, machen, auch

🎧 **5** **Hören Sie und sprechen Sie nach.**（听录音跟读。）

nicht – Nacht   Dolch – doch   Buch – Bücher   Nacht – Nächte
Licht – lacht   schlecht – Schlacht   Tochter – Töchter   Dach – Dächer

🎧 **6** **Hören und sprechen Sie nach. Achten Sie auf [ç] [x] [ʃ].**（听录音跟读，注意 [ç] [x] [ʃ]。）

Einzug der Braut zur Vermählung   桃夭（节选）

Der Pfirsichbaum steht jugendschön,   桃之夭夭，

In seiner Blüten[3] Überzahl,   灼灼其华。

Die Jungfrau zieht zur Hochzeit ein;   之子于归，

Die waltet wohl[4] in Haus und Saal.   宜其室家。

---

[2] ch 在元音 [a] [o] [u] [au] 之后读 [x]；在其他元音和辅音之后读 [ç]。

[3] 原译本中为 Blüthen，教材中按新正字法加工为 Blüten。

[4] 原译本中为 wol，教材中按新正字法加工为 wohl。

		Fahrrad, Radio, rot, Probe, rufen,
[r]⁵	**r**	Regen, Reis, riesig, Frau
		Kurs⁶, Wirt, kurz, fort, Berg
	rr	Barren, Herren, Herr
	rh	Rhetorik, Rhythmus, Rheuma

		Tor, Uhr, Tier, vier, leer, Meer, wer
[ɐ]⁷	**r**	Kinder, Sommer, sauber, Bauern
	(e)r	erklären, verkaufen, zerlegen

---

7 **Üben Sie.**（拼读练习。）

[r] vor [a:]	Rabe	Rat	Rahmen
[r] vor [o:]	roh	Rose	rosa
[r] vor [u:]	Ruhe	Ruhm	Ruder
[r] vor [e:]	Reh	Rede	Rebe
[r] vor [i:]	Riese	Riemen	Rita
[r] vor [ae]	Reibe	Reise	reiten
[r] vor [ao]	Raum	Raub	raus
[r] vor [ɔø]	Räume	reuen	betreuen

8 **Hören Sie und sprechen Sie nach.**（听录音跟读。）

das Tier – die Tiere
das Haar – die Haare
der Lehrer – die Lehrerin
der Läufer – die Läuferin

stören – gestört
hören – gehört
lehren – gelehrt
diktieren – diktiert

---

⁵ [r] 为辅音（发颤音），用小舌或舌尖发音均可。
⁶ r 在短元音后也发辅音 [r]，但有元音化倾向。
⁷ r 在长元音之后且位于词尾时要元音化，如 Uhr, Tor，发音与元音 [a] 相似，但声调较为低沉。在非重读后缀 -er, -ern 中以及非重读前缀 er-, ver-, zer- 中也要元音化。另，如果元音化 r 后面出现元音，则 r 的发音又变为辅音，如 Tor – Tore, Uhr – Uhren, Arbeiter – Arbeiterin。

🎧 **9** **Welches Wort hören Sie? Kreuzen Sie an.**（听录音，标出听到的是哪个词。）

☐ Gericht	☐ Sport	☐ dort	☐ Kuren
☐ Gedicht	☐ Spott	☐ Docht	☐ Kuchen

☐ Herr	☐ Spurt	☐ Hirt	☐ fort
☐ Heer	☐ Spur	☐ hier	☐ vor

[l]

l	Lampe, lesen, loben, Luft, Blei, Plan, faul, kalt, Mantel, Tafeln, Gabeln
ll	null, hell, Ball, alle, Halle, Welle

🎧 **10** **Hören Sie und schreiben Sie _l_, _n_ oder _r_.**（听录音，在下列单词中填写 _l_、_n_ 或 _r_。）

a) Am Ni__ __ebt ein k__eines K__okodi__.

b) Das Sa__z wü__zt das Schma__z.

c) Ein __eben oh__e __iebe ist wie eine Glocke oh__e Hammer.

d) Sch__eidersche__e sch__eidet scha__f.

e) Junger Fau__enzer, a__ter Bett__er.

> Junger Faulenzer, alter Bettler.
> 少壮不努力，
> 老大徒伤悲。

[h]

h	Haus, Hose, Hut, Hund, hier, haben, heißen, hoffen, hell

🎧 **11** **Welches Wort hören Sie? Kreuzen Sie an.**（听录音，标出听到的是哪个词。）

☐ alt	☐ Ende	☐ in	☐ eilen	☐ oft	☐ ihr
☐ halt	☐ Hände	☐ hin	☐ heilen	☐ hofft	☐ hier

3 Akzentgruppen 重音组

Sinnvolle Wortgruppen werden auch Akzentgruppen genannt. Innerhalb einer Akzentgruppe wird keine Pause eingelegt. Eine Akzentgruppe hat nur einen Akzent, meistens auf dem letzten Wort. Artikel, Präpositionen usw. werden normalerweise nicht betont.
由若干个词组成的语意单位，称为重音组。朗读时，重音组内部不能断开，重音组只有一个重音，大多在最后一个词上，冠词、介词等一般不重读。

Mit Artikelwörtern	ein **Fo**to, das **Zim**mer, mein **Buch**
Mit Präpositionen	aus der **Schweiz**, in **Deutsch**land, an der Universi**tät** *in **Hei**delberg*
Mit Namen und Anreden	Anna **Kant**, Herr **Bo**de, Doktor **Löff**ler, *Herr **Kreu**zer*
Mit *und, oder*	Tische und **Stüh**le, heute oder **mor**gen

12 **Markieren Sie die Akzentgruppen. Welches Wort wird betont? Ordnen Sie die Akzentgruppen in die obigen Kategorien ein.（画出重音组。哪个词重读？将重音组分类填入上表中。）**

a) Herr **Kreu**zer wohnt in **Hei**delberg.

b) Mein Bruder studiert an der Universität.

c) Jonas Bode kommt aus Deutschland.

d) Frau König wohnt bei ihren Eltern.

e) Lukas und Ella sprechen laut und deutlich.

f) Wo ist die Bibliothek?

4 Sprechpause 停顿

In kurzen Sätzen macht man besonders bei schnellem Sprechen keine Pause. Zwischen Sätzen und in längeren Sätzen werden Pausen gemacht. 德语短句中不停顿，语速快时尤其如此。句子之间和长句中要停顿。	Das ist Jonas. Heißen Sie Yang Fang? Guten Tag, / ich heiße Li Tao.
Zwischen Sätzen (nach Punkt, Fragezeichen, Ausrufezeichen, Doppelpunkt usw.) macht man eine längere Pause. (//) 句子之间（句号、问号、感叹号、冒号等之后）停顿较长，用 // 表示。	Das ist Herr Kreuzer. // Er wohnt in Heidelberg. Wer ist das? // Ist sie auch Studentin hier?
Nach Komma oder vor *und* macht man eine kurze Pause. (/) 逗号之后或者 *und* 之前停顿较短，用 / 表示。	Ich frage / und Sie antworten. Li Tao kommt aus China / und studiert in Heidelberg. *Danke*, / gut, / und Ihnen?

🎧 **13** **Hören Sie T1. Achten Sie auf die Pausen und sprechen Sie nach.**
（听课文 1，注意停顿并跟读。）

    Li Tao: Guten Tag, / ich heiße Li Tao, / Li ist mein Familienname.

Beamtin: Guten Tag, Herr Li. // Nehmen Sie bitte Platz! // Woher kommen Sie?

    Li Tao: Aus China, / aus Shanghai.

Beamtin: Und wo wohnen Sie jetzt?

    Li Tao: Hier in Heidelberg.

Beamtin: Wie ist Ihre Adresse, bitte?

    Li Tao: Mozartstraße 16, / 69117 Heidelberg.

Beamtin: Noch einmal bitte, / sprechen Sie bitte langsam!

    Li Tao: Mozartstraße 16, / 69117 Heidelberg.

Beamtin: Danke. // Und wie alt sind Sie?

    Li Tao: Ich bin 23 Jahre alt.

Beamtin: Haben Sie Telefon?

    Li Tao: Ja, / meine Handynummer ist 153972136.

Beamtin: Haben Sie auch E-Mail?

    Li Tao: Ja, / meine E-Mail-Adresse ist tao@4712.net.de.

Beamtin: Danke, / Herr Li. // Auf Wiedersehen!

    Li Tao: Auf Wiedersehen!

Das ist meine Familie.

eine Familie vorstellen | Berufe angeben und danach fragen | Angaben
zum Familienstand machen | über Hobbys sprechen | Personen aus
verschiedenen Ländern in Kurzporträts vorstellen

Das ist meine Familie:

die Großeltern

der Opa / die Oma

der Opa / die Oma

die Eltern

g) die_____

a) der_____   b) die_____

h) der _____

c) der_____   die Kinder   d) die_____

e) der_____

f) die_____

die Geschwister

Familienmitglieder

1 **Sehen Sie das Bild oben an und hören Sie. Wählen Sie die gehörten Bezeichnungen aus dem Kasten und setzen Sie diese in die passenden Lücken ein.**
（仔细阅读上页图，听录音，并从下面的文本框中将听到的家庭成员单词挑选出来，填入上图中的正确位置。）

• Vater	• Tochter	• Sohn	• Mutter	• Bruder
• Tante	• Großmutter	• Onkel	• Schwester	• Großvater

Was sind die familiären Formen von „Großvater"
und „Großmutter"? Finden Sie es heraus und achten
Sie auf den Wortakzent.
Was bedeuten „Tante" und „Onkel"?

Plural
meine Eltern
deine Großeltern

2 **Schreiben Sie.** （填写缺少的单词。）
die Eltern (Pl): *der Vater*   die Geschwister (Pl):_____
die Kinder:_____   die Großeltern (Pl):_____

3 **Ordnen Sie die Wörter zu.** （将单词分类填入下表。）

männlich	weiblich	Plural
der Opa		*die Großeltern*

4 **Hören Sie und sprechen Sie nach. Markieren Sie mit (_) lange und mit (.) kurze Vokale.**

der Vater	die Tochter	die Mutter	der Sohn
die Schwester	der Bruder	die Tante	der Onkel
die Geschwister	die Eltern	die Großeltern	das Kind

Das ist meine Familie.   **73**

D_s s_nd m__n Gr_ß_lt_rn.
S__ w__n_n_n M_nch_n.

D_s s_nd m__n__lt_rn.
M__n V_t_r h__ßt D__t_r M_ll_r _nd k_mmt __s
D_ss_ld_rf.
M__n M_tt_r M_j_ k_mmt __s_nd__n.

D_s b_n_ch.
_nd d_s s_nd m__n_ G_schw_st_r,
m__n Br_d_r T_m _nd m__n_ Schw_st_r S_sch_.
W_r w__n_n_n K_ln.

3 **Mein Familienfoto**

Ihre deutsche Kommilitonin Tina besucht Sie in Ihrem Studentenwohnheim und sieht Ihr Familienfoto auf dem Schreibtisch. Sie zeigen Tina das Familienfoto und erzählen über Ihre Familie. Spielen Sie die Szene. （德国同学 Tina 来学生宿舍做客，看到你书桌上摆放的全家福照片。你向她展示照片并介绍家人情况。表演这个情景。）

Vokabeln

die **Familie** -n	家庭	der **Onkel** -	伯父；叔父；舅父；姑丈；姨丈
der **Vater** ⁻	父亲		
die **Tochter** ⁻	女儿	die **Schwester** -n	姐妹
der **Sohn** ⁻e	儿子	der **Großvater** ⁻	祖父；外祖父
die **Mutter** ⁻	母亲	die **Eltern** Pl	父母
der **Bruder** ⁻	兄弟	die **Geschwister** Pl	兄弟姐妹
die **Tante** -n	姑母；伯母；舅母；婶婶；姨母	das **Kind** -er	孩子
		die **Großeltern** Pl	祖父母；外祖父母
die **Großmutter** ⁻	祖母；外祖母	**haben** +A	有；拥有

74 Vorkurs 4

1 **Berufe und Tätigkeiten**

1 **Ordnen Sie den Bildern die Wörter zu.**（将下列单词与图片匹配。）

• der Techniker • die Ärztin • der Geschäftsmann • die Hausfrau
• der Rentner • die Sekretärin • der Lehrer • die Schülerin

Philipp Müller

Judith Euler

Michael Bode

Alex Puck

Sophie Kittmann

Stefan Keun

Julia Schmidt

Sabine Fischer

2 **Berufsbezeichnungen. Setzen Sie die passenden Wörter ein. Wie ist die Regel?**
（职业名称：填入合适的单词。其中的规律是什么？）

der *Lehrer* _____

der _____

der _____

die _____

die *Studentin* _____

die _____

Feminine Berufsbezeichnungen haben
meistens die Endung _____.

der Hausmann – die Hausfrau
der Arzt – die Ärztin

3 Berufe raten: Hören Sie die Szenen und setzen Sie jeweils den passenden Beruf ein.（猜职业：听情景录音，从上题中选出合适的职业名词填到横线上。）

a) _____

b) _____

c) _____

d) _____

e) _____

f) _____

g) _____

h) _____

der Vater	mein Vater
das Kind	mein Kind
die Mutter	meine Mutter
die Eltern	meine Eltern

4 Pronomen-Würfelspiel: Was machen Sie / sie beruflich? Würfeln Sie und fragen Sie in Gruppen.（人称代词骰子游戏：您 / 他们从事什么职业？掷骰子并在组内相互提问。）

📖 **Redemittel** //

nach dem Beruf fragen	seinen Beruf nennen
Was sind Sie / bist du (von Beruf)?	Ich bin Lehrerin / ...
Was ist Ihr / dein / euer Beruf?	Ich bin ... von Beruf.
Und was seid ihr (von Beruf)?	Wir sind Techniker / ...

● Was sind Herr und Frau Müller von Beruf?

☐ Sie arbeiten nicht mehr, **sie sind** Rentner.

● Hallo, Vera und Tina, was **seid ihr** von Beruf?

☐ **Wir sind** Schülerinnen.

Ich bin ...

Er ist ...

Sie ist ...

Sie sind ...

T1 Herr Bode zeigt ein Familienfoto.

Holger Bode ist Geschäftsmann. Er kommt aus Berlin und arbeitet jetzt in Shanghai. Gao Ming ist Germanistin. Sie ist seine Dolmetscherin. Sie und ihr Mann Tang Pei kommen aus Sichuan. Sie leben und arbeiten in Shanghai. Herr Bode zeigt Frau Gao ein Familienfoto.

Gao: Ist das Ihre Frau?

Bode: Ja, sie heißt Elisabeth und ist von Beruf Ärztin.

Gao: Ah, und das sind Ihre Kinder. Wie alt sind sie?

Bode: Ja, das sind unsere Tochter Maria und unser Sohn Jonas. Er ist 21 Jahre alt und Maria ist schon 25. Sie sind Studenten.

Gao: Was studieren sie?

Bode: Jonas studiert in München Germanistik und lernt jetzt in Beijing Chinesisch. Seine Schwester studiert in Hamburg Medizin.

Gao: Und wer ist das?

Bode: Das ist meine Mutter. Mein Vater lebt nicht mehr. Wo leben Ihre Eltern, Frau Gao?

Gao: Sie leben in Chongqing. Mein Vater ist Techniker und schon 60 Jahre alt. Und meine Mutter ist Sekretärin. Sie ist 59. Mein Bruder lebt auch dort. Er ist 15 Jahre alt und noch Schüler.

Das ist meine Familie.   **77**

2 Die Homepage von Familie Bode

🎧 1 **Was wissen Sie über die Familie Bode? Hören Sie den Text und vervollständigen die Tabelle.**（您了解 Bode 一家的哪些信息？听课文录音，并补充下图中的个人信息。）

Herzlich willkommen bei Familie Bode!			
Herzlich willkommen	Unsere Feste	Fotos	Kontakt

Ich, Holger
Mein Alter: _____

Mein Beruf: _____
Mein Wohnort: _____

Elisabeth, meine Frau
Alter: _____

Beruf: _____
Wohnort: _____

_____, unsere Tochter

Alter: _____

Beruf : _____
(studiert Medizin)
Wohnort: _____

_____, unser Sohn

Alter: _____

Beruf: _____
(Fach: _____)
Wohnort: _____

2 **Erzählen Sie aus der Ich-Perspektive über die Familie Bode.**（用第一人称视角，口述 Bode 先生的家庭成员信息。）

● *Ich heiße Holger Bode und komme aus ...*
□ *Mein Name ist Elisabeth Bode und ich habe 2 Kinder, ...*
  ...

3 Gao Ming zeigt ein Familienfoto. （高明展示一张全家福照片。）

Gao Ming ist _____. Sie und ihr Mann Tang Pei kommen aus _____. Sie _____ und arbeiten in _____. Ihre Eltern leben in _____. Ihr Vater ist _____ und _____ Jahre alt. Ihre Mutter ist _____ und _____ Jahre alt. Sie hat noch einen Bruder. Ihr Bruder ist _____ und _____ Jahre alt.

4 **Variation**（替换练习）

Bruder / Arzt

- Was ist **dein Bruder** von Beruf?
- □ **Mein Bruder** ist **Arzt**.
- Und wo wohnt **er**?
- □ **Er** lebt in Shanghai.

- Schwester / Ärztin
- Mann / Lehrer
- Kinder / Schüler
- Sohn / Geschäftsmann
- Großeltern / Rentner
- Eltern / Dolmetscher
- Tochter / Geschäftsfrau
- Frau / Technikerin

Schwester / 28 / Dolmetscherin

- Alex und Anna, wie alt ist **eure Schwester**?
- □ **Sie** ist **28** Jahre alt.
- Und was ist **sie** von Beruf?
- □ **Unsere Schwester** ist **Dolmetscherin**.

- Onkel / 32 / Lehrer
- Mutter / 68 / Hausfrau
- Vater / 52 / Arzt
- Tante / 39 / Ärztin
- Tochter / 27 / Technikerin
- Sohn / 24 / Student
- Bruder / 36 / Geschäftsmann
- Großvater / 76 / Rentner

5 **Meine Familie**（我的家庭）

Zeigen Sie oder malen Sie Familienfotos. Erzählen Sie über Ihre Familie.（展示家人照片或自己手绘的家人图片，口头介绍家庭成员信息。）

Vokabeln

der **Beruf** -e	职业
... **ist von Beruf** ...	某某的职业是……
der **Techniker** -	技术员
die **Ärztin** -nen	女医生
der **Geschäftsmann** ...leute	商人
die **Hausfrau** -en	家庭主妇
der **Rentner** -	退休人员
die **Sekretärin** -nen	女秘书
die **Schülerin** -nen	女（中、小）学生
arbeiten	劳动，工作
die **Germanistin** -nen	女日耳曼学学者

die **Dolmetscherin** -nen	女译员
zeigen+A(+D)	给……看，展示
das **Fach** ¨-er	专业
das **Familienfoto** -s	全家福照片；家庭合影
unser, unsere	我们的
euer, eure	你们的
die **Germanistik** nur Sg	日耳曼学
die **Medizin** nur Sg	医学
nicht mehr	不再

Entdecken 2

1 Familienstand

Hören Sie und schreiben Sie die Wörter richtig.（听录音，将下列音节组成正确的单词并填到横线上。）

a) Manfred ist _____ (wet-wit-ver) und hat eine Tochter. Seine Frau lebt nicht mehr.

c) Hans und Eva sind nicht mehr glücklich. Sie sind _____ (schie-den-ge).

b) Anita und Thomas sind Frau und Mann. Sie sind _____ (hei-ver-tet-ra).

d) Otto hat noch keine eigene Familie. Er ist _____ (dig-le).

2 Hobbys

1 Verbinden Sie.（图文连线。）

fotografieren	lesen	reisen	Tennis spielen
joggen	schwimmen	tanzen	Musik hören

2 **Kettenübung: Was ist Ihr / dein Hobby? Was machen Sie / machst du gern?**
（询问彼此的兴趣爱好，接龙问答。）

> ● Frau Euler, was ist Ihr Hobby?
> □ Mein Hobby ist Fotografieren.
>   Herr Meyer, was machen Sie gern?
> ▲ Ich schwimme gern.
> ...

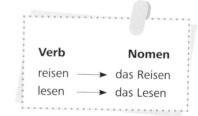

Verb	Nomen
reisen ⟶	das Reisen
lesen ⟶	das Lesen

> ● Fabian, was ist dein Hobby?
> □ Mein Hobby ist Reisen. Und was machst du gern, Maria?
> ▲ Ich höre gern Musik.
> ...

3 **Berichten Sie im Kurs.**（说说看同学们各有哪些兴趣爱好。）

Fabian Meyer hat zwei Hobbys: Schwimmen und Reisen. Maria Euler fotografiert gern und hört auch gern Musik. Das sind ihre Hobbys. ...

🎧 **3** **Hören Sie den Text und füllen Sie die Lücken.**（听课文填空。）

T2 Kurzporträts: Leute, Leute

Li Wei und Wang Na leben in Xi'an. Li Wei ist 46 Jahre alt, Wang Na ist 44. Sie sind schon 20 Jahre verheiratet und haben zwei Kinder. Ihr Sohn Li Tao studiert jetzt in Heidelberg Germanistik, ihre Tochter Li Min ist noch Schülerin. Li Wei ist Ingenieur von Beruf. Er _____ und _____ gern. Wang Na arbeitet als Ärztin und ihre Hobbys sind _____ und _____, und sie _____ auch gern _____.

Anna ist Studentin aus Deutschland. Sie ist 21 Jahre alt und ledig. Sie kommt aus Hamburg und studiert jetzt in Chongqing Sinologie. Chinesisch ist nicht leicht, aber sie lernt gern Chinesisch. Anna _____ gern und _____ sehr gut _____. Das sind ihre Hobbys. Sie spricht drei Fremdsprachen: _____, _____ und ein bisschen Japanisch.

4 **Lesen Sie und korrigieren Sie die Sätze.**
（读课文并修改下面句子中的错误。）

a) Li Wei ist 46 Jahre alt und reist gern.

b) Wang Na arbeitet als Sekretärin und wohnt in Beijing.

c) Li Tao studiert jetzt in Hamburg Medizin.

d) Anna ist verheiratet und studiert in Heidelberg Sinologie.

e) Anna spielt sehr gut Tischtennis und spricht vier Fremdsprachen perfekt.

5 **Das bin ich!**

🎧1 **Hören Sie zwei Kurzporträts und ergänzen Sie die Steckbriefe.** （听两段个人自画像录音，补充下面的个人简介信息。）

STECKBRIEF 1

Name: Barbara Völler _____

Herkunft: _____

Wohnort: _____

Alter: _____

Beruf: _____

Familienstand: _____

Kinder: _____

Hobbys: Singen, _____

Sprachen: Italienisch, _____

STECKBRIEF 2

Name: Jochen und Nicole Moser ___

Herkunft: _____

Wohnort: _____

Alter: _____

Beruf: _____

Familienstand: _____

Kinder: _____

Hobbys: _____

Sprachen: Nicole-Französisch, ____

_____

2 **Fragen Sie und antworten Sie zu zweit mit den Informationen aus den Steckbriefen.**（两人一组，根据个人简介的信息互相问答。）

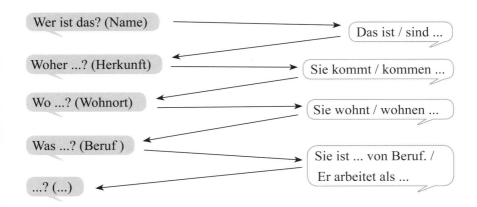

3 **Schreiben Sie je einen Text über Barbara Völler und Familie Moser.**（撰写两篇小短文，分别介绍 Barbara Völler 和 Moser 一家。）

Das ist Barbara Völler. Sie ist ...

Das sind Jochen und Nicole Moser. Sie kommen ...

Das kenne ich:

Wie ist das in Ihrer Sprache? Gibt es *der*, *das*, *die*?

1 Typisch deutsch: *der*, *das*, *die*

Schreiben Sie die Wörter in die Tabelle wie im Beispiel.（将文本框中的单词分类整理，填入下表。）

- Kaffee
- Eltern
- Hobby
- Tante
- Bruder
- Geschwister
- Techniker

- Adresse
- Telefon
- Onkel
- Kind
- Mutter
- Schüler
- Ärztin

- Studentin
- Lehrer
- Vater
- Schwester
- Sekretärin
- Rentner
- Großeltern ...

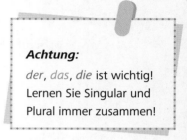

Achtung:

der, *das*, *die* ist wichtig! Lernen Sie Singular und Plural immer zusammen!

Maskulinum	Neutrum	Femininum	Plural
der Vater, ¨	das Kind, -er	die Mutter, ¨	die Eltern

2 Konjugation

Setzen Sie die richtigen Verbformen ein.（在下表中填写动词的正确形式。）

heißen			arbeiten		
Ich	_____	Holger Bode.	**Ich**	arbeite	als Ärztin.
	Heißt	**du** Thomas?	Wo	arbeitest	**du?**
Wie	heißen	**Sie?**		_____	**Sie** in München?
Wie	_____	**er / sie / es?**	**Er / Sie / Es**	_____	nicht mehr.
Wir	heißen	Hans und Eva.	Wir	arbeiten	jetzt in Shanghai.
Wie	_____	**ihr?**		Arbeitet	**ihr** auch hier?
	Heißen	**Sie** Meier?		Arbeiten	**Sie** jetzt?
Wie	_____	**sie?**	Wo	_____	**sie?**

sein			haben			sprechen		
Ich	bin	verheiratet.	**Ich**	_____	eine Frage.	**Ich**	spreche	Deutsch.
Was	sind	**Sie** von Beruf?		Haben	**Sie** Telefon?		Sprechen	**Sie** bitte laut!
	_____	**du** aus Berlin?		_____	**du** Telefon?		Sprichst	**du** Chinesisch?
Wer	_____	**er / sie / es?**	**Er / Sie / Es**	_____	**eine** Schwester.		_____	**er / sie / es** laut?
Wir	sind	Studenten.	**Wir**	haben	eine Tochter.	**Wir**	_____	Englisch.
	_____	**ihr** Studenten?		Habt	**ihr** heute Schule?	**Ihr**	sprecht	gut Deutsch.
	Sind	**Sie** aus China?		Haben	**Sie** Fragen?		Sprechen	**Sie** bitte leise!
Was	_____	**sie?**		_____	**sie** Kinder?	**Sie**	_____	laut und deutlich.

Vokabeln

der **Familienstand** nur Sg	婚姻状况		**tanzen**	跳舞
verwitwet	丧偶的		die **Musik** nur Sg	音乐
geschieden	离异的		**hören**	听
verheiratet	已婚的		das **Porträt** -s [pɔrˈtrɛː]	肖像；人物描绘
ledig	未婚的		das **Kurzporträt** -s	简短的人物描绘
das **Hobby** -s	业余爱好		die **Leute** Pl	人，人们
fotografieren	拍照，照相		der **Ingenieur** -e [ɪnʒeˈni̯øːɐ̯]	工程师
lesen	读		die **Fremdsprache** -n	外语
reisen	旅行		die **Sinologie** nur Sg	汉学
das **Tennis** nur Sg	网球		das **Tischtennis** nur Sg	乒乓球
spielen	玩		**perfekt**	完美无缺的，出色
joggen	慢跑			的，极好的，精湛
schwimmen	游泳			的

1 Diktat

Hören Sie den Text viermal und schreiben Sie. Vergessen Sie die Satzzeichen nicht!
（听写：听短文录音四遍，写下全文。注意：不要忘记标点符号！）

2 Schreiben Sie den Text richtig.（写出正确的短文。）

dasistveronikaschmidt.siekommtausderschweiz.sielebtjetztindeutschland,inmünch en.sieist23jahrealtundstudiertmedizin.sieistnichtverheiratetundhateinenfreund.ihr ehobbyssindreisenundjoggen,siespieltauchgerntennis.

3 Tandempartner gesucht!

Sie suchen eine Tandempartnerin oder einen Tandempartner und hängen eine Anzeige ans Schwarze Brett. Schreiben Sie den Steckbrief und die Anzeige fertig.（你想在大学校园中寻找一位语伴，为此需要在校园宣传栏中张贴一则寻友广告。补全个人简介信息，并完成撰写寻友广告。）

Hallo!

Mein Name ist _____

_____

_____

_____

_____

Möchtest du dein Chinesisch üben?

Dann schreib mir! Meine E-Mail-

Adresse ist _____.

Viele Grüße und bis bald!

_____

STECKBRIEF	
Name:	_____
Alter:	_____
Wohnort:	_____
Herkunft:	_____
Hobbys:	_____
Sprachen:	_____
E-Mail-Adresse:	_____

Vokabeln

der **Tandempartner** -	语伴；男语伴	die **Anzeige** -n	广告
die **Tandempartnerin** -nen	女语伴	**Bis bald!**	一会儿见！

Phonetik

Vokale

Laute	Buchstaben	Beispiele
[y:]		
[ʏ]		

Konsonanten

Laute	Buchstaben	Beispiele
[ŋ]		
[pf]		
[ks]		
[kv]		

🎧 1 Vokale

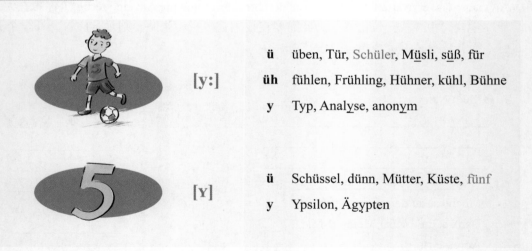

[y:]
- ü üben, Tür, Schüler, Müsli, süß, für
- üh fühlen, Frühling, Hühner, kühl, Bühne
- y Typ, Analyse, anonym

[ʏ]
- ü Schüssel, dünn, Mütter, Küste, fünf
- y Ypsilon, Ägypten

🎧 **1** **Hören Sie und schreiben Sie [y:] oder [ʏ].（听录音，区分标注元音是 [y:] 还是 [ʏ]，写出相应音标。）**

a) Zürich, München, Nürnberg, Thüringen, Münster　[　][　][　][　][　]

b) Frühstück, Hühnerbrühe, Glücksgefühl　[　][　][　][　][　][　]

c) Je mehr Blüten, desto weniger Früchte.　[　][　]

🎧 **2** **Hören Sie und sprechen Sie nach. Achten Sie bei den markierten Vokalen darauf, ob sie kurz oder lang sind.** （听录音跟读，区分标注元音是长音还是短音。）

Wehmut (Nach der Melodie Wang jiang nan)	**望江南·多少恨**
Wieviel Wehmut gespürt,	多少恨，
im Traum der gestrigen Nacht!	昨夜梦魂中；
Es war wie in alten Zeiten:	还似旧时游上苑，
Er hat mich zurück in die Gärten geführt,	车如流水马如龙，
in denen als Kaiser ich einst gewohnt.	花月正春风。
Die Wagen rauschten wie Wasser vorbei,	
die Rosse stürmten wie Drachen einher,	
überall Blüten, dazu der Mond	
und just im Frühlingswind.	

🎧 **3** **Welches Wort hören Sie? Kreuzen Sie an.**
（听录音，标出听到的是哪个词。）

☐ Tier	☐ Biene	☐ liegen	☐ sieden	☐ Miete	☐ spielen
☐ Tür	☐ Bühne	☐ lügen	☐ Süden	☐ müde	☐ spülen
☐ Kiste	☐ Mitte	☐ Binde	☐ missen	☐ wissen	☐ First
☐ Küste	☐ Mütter	☐ Bünde	☐ müssen	☐ wüsste	☐ Fürst

Hören Sie die deutschen Familiennamen und schreiben Sie *ü* oder *u*.
（听录音，在下列德语姓氏中填写 *ü* 或 *u*。）

M__ller   Br__nner   Kr__ger   Sch__lz   K__hn   Sch__bert   G__nther

🎧2 **Konsonanten**

[ŋ]	**ng**	Finger, Hunger, Mangel, Englisch, Ring, lang, singen, Zeitung, Prüfung
	n(k)	Bank, Schrank, Enkel, Onkel, dunkel, danken, schenken, winken, links

🎧 **5** **Hören Sie und sprechen Sie nach.**（听录音跟读。）

jung – Junge   Zeitung – Zeitungen
eng – Enge   Übung – Übungen
Ring – Ringe   Meinung – Meinungen

🎧 **6** **Welches Wort hören Sie? Kreuzen Sie an.**
（听录音，标出听到的是哪个词。）

☐ Wanne	☐ rinnen	☐ Männer	☐ Spanne	☐ Tannen	☐ sinnen
☐ Wange	☐ ringen	☐ Menge	☐ Spange	☐ tanken	☐ singen

🎧 **7** **Hören Sie und schreiben Sie *ng* oder *nk*.**（听录音，在下列单词中填写 *ng* 或 *nk*。）

Ba__   la__   Kli__el   tri__en   E__el   Lösu__

[pf]	**pf**	Pferd, Pfau, Pfund, Pfeil, Apfel, Kupfer, Kampf, Kopf

8 Was hören Sie? Kreuzen Sie an. （听录音，标出听到的是哪个音。）

	a)	b)	c)	d)	e)	f)	g)	h)	i)
[f]	☐	☐	☐	☐	☐	☐	☐	☐	☐
[p]	☐	☐	☐	☐	☐	☐	☐	☐	☐
[pf]	☐	☐	☐	☐	☐	☐	☐	☐	☐

[ks]

chs sechs, wachsen, Fuchs, wechseln

x Ta̜xi, Text, Axt, Ma̜x, Marx

(c)ks Ko̱ks, Ke̱ks, Knicks

9 Welches Wort hören Sie? Kreuzen Sie an.
（听录音，标出听到的是哪个词。）

☐ Fuß ☐ Test ☐ West ☐ fliehst ☐ Hessen ☐ alles
☐ Fuchs ☐ Text ☐ wächst ☐ fliegst ☐ hexen ☐ Alex

[kv] **qu** Quadra̱t, Quelle, Quittung, Quote, Qualitä̱t, quer, quälen

🎧 10 Hören Sie und sprechen Sie nach. （听录音跟读。）

a) Die Enten quaken.

b) Die Frösche quarren.

c) Die Schweine quieken.

🎧 3 Konsonantenverbindungen （辅音组合）

[pl]   [bl]   [kl]   [gl]   [fl]   [kn]

🎧 11 Hören Sie und sprechen Sie nach. （听录音跟读。）

Plan	Blut	Klasse	gleich	Fleisch	Knabe
Platz	Blatt	Kleid	Glocke	fliegen	Knie
Plus	blau	Knabe	Glas	Flagge	knicken

🎧 12 Welches Wort hören Sie? Kreuzen Sie an. （听录音，标出听到的是哪个词。）

☐ Blatt	☐ Blei	☐ blank	☐ klauben	☐ kleiden	☐ Klimmen
☐ platt	☐ Pleite	☐ Planke	☐ glauben	☐ gleiten	☐ glimmen

☐ gleiten	☐ Glas	☐ blieben	☐ bleibt	☐ klingen	☐ Klang
☐ geleiten	☐ Gelass	☐ belieben	☐ beleibt	☐ gelingen	☐ gelang

[pr]	[br]	[tr]	[dr]	[kr]	[gr]	[fr]

13 **Hören Sie und sprechen Sie nach.**（听录音跟读。）

Preis	Brief	Traum	drei	Kran	groß	froh
prima	breit	Tritt	draußen	Krug	Gras	Frau
Probe	braten	treiben	Drache	Krieg	grau	Frieden

14 **Welches Wort hören Sie? Kreuzen Sie an.**（听录音，标出听到的是哪个词。）

☐ Brief	☐ bricht	☐ braten	☐ prächtig
☐ berief	☐ Bericht	☐ beraten	☐ berechtigt

☐ Gräte	☐ Grad	☐ Grippe	☐ Kraft
☐ Geräte	☐ gerade	☐ Geripppe	☐ gerafft

[ʃr]	[ʃl]	[ʃm]	[ʃn]	[ʃw]	[ʃtr]	[ʃpr]

15 **Hören Sie und sprechen Sie nach.**（听录音跟读。）

Schrank	Schloss	Schmutz	Schneider	schwül	Strauß	Sprache
schreiben	schlau	schmal	Schnaps	Schweiß	Straße	Spreu
Schraube	Schlaf	Schmerz	Schnee	schwer	Streik	Spruch

16 **Welches Wort hören Sie? Kreuzen Sie an.**（听录音，标出听到的是哪个词。）

☐ fällt	☐ reicht	☐ herb	☐ warnst
☐ Fels	☐ reist	☐ Herz	☐ warst
☐ fällst	☐ reichst	☐ Herbst	☐ warnt

17 **Konsonantendiktat**（辅音听写）

Hören Sie die Ortsnamen und ergänzen Sie die fehlenden Buchstaben.

Po__ __ | __am, Wo__ __ __ | __urg, Schwa__ __ | __ald, Lind|ho__ __ __,
Mö__ __ __ |__orf

4 Hauptakzent und Nebenakzent 主重音和次重音

In längeren Sätzen und beim langsamen Sprechen gibt es mehrere Satzakzente: einen
Hauptakzent (▁) und einen oder mehrere Nebenakzente (▁).
当语句较长，或说话语速较慢时，一个句子中可以有多个句重音：一个主重音 (▁)，
一个或多个次重音 (▁)。
Der Hauptakzent liegt oft am Satzende. Dadurch werden Wörter mit neuen und wichtigen
Informationen hervorgehoben. Meistens sind es Ergänzungen zu einem Verb.
主重音多在句尾，以突出句中包含新信息或重要信息的词语，通常为动词的补足语。
Der Satzakzent liegt meistens auf Sinnwörtern (Substantiven, Verben, Adjektiven, Adverbien), nämlich auf den Silben, die den Wortakzent der entsprechenden Wörter tragen.
句重音多落在名词、动词、形容词或副词等实词上，且落在其重音音节上。

Holger **Bo**de ist Ge**schäfts**mann.
Seine **Schwes**ter studiert in Hamburg Medi**zin**.
Sie **le**ben in **Chong**qing.

Er kommt aus Ber**lin** und arbeitet jetzt in **Shang**hai.
Ihr Sohn **Li** Tao studiert jetzt in Heidelberg Germa**nis**tik, ihre Tochter **Li** Min ist noch
Schülerin.

 18 **Hören Sie T2. Achten Sie auf den Haupt- und Nebenakzent.** （听课文 2
录音，注意主重音和次重音。）

Anna ist Studentin aus Deutschland. Sie ist 21 Jahre alt und ledig. Sie kommt aus Hamburg und studiert jetzt in Chongqing Sinologie. Chinesisch ist nicht leicht, aber sie lernt
gern Chinesisch. Anna reist gern und spielt sehr gut Tennis. Das sind ihre Hobbys. Sie
spricht drei Fremdsprachen: Englisch, Chinesisch und ein bisschen Japanisch.

5 Kontrastiver Akzent 对比重音

A. Satzakzent bei einem Gegensatz

Wenn der Sprecher einen Gegensatz ausdrücken will, kann fast jedes Wort den Hauptakzent tragen.

如果想强调某一对立性内容，句子的重音几乎可以落在任何一个词上。

Seine Schwester studiert in Hamburg Medizin. (nicht meine)

Seine **Schwes**ter studiert in Hamburg Medizin. (nicht Bruder)

Seine Schwester stu**diert** in Hamburg Medizin. (nicht unterrichtet)

Seine Schwester studiert **in** Hamburg Medizin. (nicht bei)

Seine Schwester studiert in **Ham**burg Medizin. (nicht in München)

Seine Schwester studiert in Hamburg Medi**zin**. (nicht Germanistik)

B. Satzakzent bei einem Gegensatzpaar

Wenn im Satz ein Gegensatzpaar genannt wird, so werden beide Wörter akzentuiert. Den Hauptakzent trägt das bejahte Wort.

如果句子中出现一组对立词，那么这两个词都需要重读，但主重音要落在被肯定的词上。

Er wohnt in **Hei**delberg, nicht in Ber**lin**.

Die Uni ist **klein**, aber **schön**.

Sie haben keinen **Sohn**, sondern eine **Toch**ter.

19 **Lesen Sie die Fragen und markieren Sie in der Antwort den entsprechenden Satzakzent.**（根据提问，在回答中标出相应的重音。）

Frau König arbeitet jetzt in Berlin.

a) Wer arbeitet jetzt in Berlin?

b) Wo arbeitet Frau König?

c) Wann arbeitet Frau König in Berlin?

d) Was macht Frau König jetzt in Berlin?
   Arbeitet sie oder studiert sie?

e) Arbeitet jetzt Frau König oder Herr König in Berlin?

20 **Markieren Sie den Hauptakzent und Nebenakzent.**
（标出主重音和次重音。）

a) Li Wei und Wang Na haben zwei Kinder, nicht drei.

b) Wang Na arbeitet als Ärztin, nicht als Arzthelferin.

c) Li Wei tanzt nicht gern, er fotografiert gern.

d) Anna kommt nicht aus der Schweiz, sondern aus Deutschland.

e) Sie studiert Sinologie, nicht Germanistik.

f) Chinesisch ist nicht leicht, aber schön.

Denkstation 1

Papa Finger, Papa Finger, wo bist du?

Hier bin ich, hier bin ich, schau gut zu!

Papa Finger, Papa Finger, wie nennt man dich?

Der Daumen, der Daumen, das bin ich.

Familie Finger, Familie Finger, das sind wir.
Hier sind wir, hier sind wir, ganz nah bei dir.
Familie Finger, Familie Finger, das sind wir.
Wir sind die Hand, wir sind die Hand, und winken dir.

97

Behandelt man die eigenen Alten wie es
dem Alter gebührt, so wirkt dies übertra-
gend weiter auf die Alten der Nächsten;
behandelt man die eigenen Jungen wie es
der Jugend gebührt, so wirkt dies übertra-
gend weiter auf die Jungen der Nächsten.

— Mengzi (Mencius)

Nur zu Erinnerung

Dort gehen:
ein Mann, eine Frau,
zwei Kinder, ein Hund.
Man nennt das:
eine Familie.

— Hans-Peter Kraus

Oma, Mutter, Kind
und ich zusammen in einem Zimmer
niemand spricht
niemand lacht
niemand sieht einander
in die Augen
Sekunden, Minuten, Stunden
das Warten dauert ewig
gelangweilt sind wir
Oma holt ein Buch
Mutter singt
ich bin rausgegangen
als das Kind schrie
seine Schokolade
wurde gegessen
von mir

— Cyril Anne Wussow

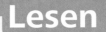

Peter Jäger und Lea Steiner kommen aus Freiburg, einer Stadt in der Schweiz, und wohnen jetzt in Bern. Sie sind beide 25, ledig. Peter studiert an der Universität Bern Sozialwissenschaft. Seine Hobbys sind Lesen und Reisen. Er spricht Deutsch, Französisch und Englisch und reist gerne durch Europa. „Auf Reisen im Ausland vermisse ich immer die Schweizer Berge", sagt Peter. Lea kommt aus einem schönen Dorf bei Freiburg. Da gibt es mehr Hùbele (Freiburger Dialekt: Kühe) als Einwohner. Sie liebt Yoga und Musik. Sie arbeitet nun an einem Kindergarten in Bern. „Bern ist eine der schönsten Städte der Welt", meint sie.

Mein Name ist Michael Huber, ich bin 22 Jahre alt und komme aus Wanfried, einer kleinen Stadt in Hessen (Deutschland). Jetzt studiere ich an der Universität Frankfurt Linguistik. Ich liebe Sprachen. An der Schule habe ich Englisch, Französisch und Latein gelernt, und jetzt besuche ich noch Sprachkurse für Russisch und Schwedisch. Meine Hobbys sind Radfahren und klassische Musik, besonders liebe ich Klaviermusik. Lehrer an der Universität – das ist mein Traum!

1 **Sammeln Sie aus den Texten die folgenden Informationen.（从课文中收集下列信息。）**

2 Länder: _____

3 Institutionen: _____

4 Städte: _____

5 Hobbys: _____

6 Sprachen: _____

2 **Formulieren Sie Fragen und Antworten.（提问或回答。）**

a) • _____ □ Aus Freiburg.

b) • Sind sie 20 Jahre alt? □ _____

c) • Was macht Peter gern in seiner Freizeit? □ _____

d) • _____ □ Sie ist Kindergärtnerin.

e) • _____ □ Er studiert Linguistik.

f) • Welche Sprachen spricht Michael? □ _____

Formen Sie um.（改写短文。）

> *Ich heiße Peter Jäger und komme aus Freiburg, einer Stadt in der Schweiz.*

> *Das ist Michael Huber aus Wanfried.*

4 **Rollenspiel**

Peter, Lea und Michael treffen sich zum ersten Mal in einem Café. Übernehmen Sie ihre Rollen und spielen Sie diese Szene.（Peter、Lea 和 Michael 第一次见面，约在咖啡馆喝咖啡。扮演他们的角色，表演这个场景。）

Vokabeln

	Bern	伯尔尼
die	**Sozialwissenschaft** -en	社会科学
	Europa	欧洲
das	**Ausland** nur Sg	外国；国外
	vermissen +A	惦记，挂念
der	**Berg** -e	山
	sagen +A	说，讲；告诉
	schön	漂亮的；好的
das	**Dorf** ̈-er	村庄，乡村
	bei +D	在……附近，靠近；在某人处
die	**Kuh** ̈-e	母牛；奶牛
der	**Einwohner** -	居民，住户
das/der	**Yoga** nur Sg	瑜伽
die	**Welt** nur Sg	世界
	meinen	认为，觉得

	Hessen	黑森（州）
die	**Linguistik** nur Sg	语言学
	lieben +A	爱
die	**Schule** -n	学校（中小学）
das	**Latein**	拉丁语，拉丁文
der	**Sprachkurs** -e	语言课程，语言班
das	**Russisch**	俄语
das	**Schwedisch**	瑞典语
	klassisch	古典时期的
das	**Klavier** -e	钢琴
der	**Traum** ̈-e	梦；梦想
die	**Freizeit** nur Sg	空闲时间，业余时间
die	**Kindergärtnerin** -nen	幼儿园女老师，女保育员

G1 Personalpronomen und Possessivartikel im Nominativ（人称代词与物主冠词第一格）

1 Vervollständigen Sie die Tabelle.（补充下列表格。）

Personal-pronomen	ich	du	er	es	sie	wir	ihr	sie	Sie	
m		mein		sein		ihr		euer		Ihr	*Lehrer.*
n	*Das ist*	dein		sein		unser			ihr		*Buch.*
f		deine	seine			ihre	uns(e)re			Ihre	*Adresse.*
Pl	*Das sind*	meine		seine				eu(e)re	ihre		*Fotos.*

2 Verbinden Sie.（连线匹配。）

1. **Herr Homm** ist Techniker.

2. **Li Hua und ihr Mann** leben in Nanjing.

3. Herr Homm fragt seine Frau am Telefon: „Wo seid **ihr**, du und Lukas?"

4. **Das Kind** ist erst drei Jahre alt.

5. Frau Li sagt zu Herrn Homm: „Lernen **Sie** doch Chinesisch!"

6. „Hört **Tina** gern Jazz?", fragt Paul.

7. **Sophie** studiert schon.

8. „Telefonierst **du** mit Max?"

a) **Es** geht noch nicht zur Schule.

b) „Nein, **sie** hört gern Popmusik."

c) „Sind **Sie** meine Lehrerin?", fragt Herr Homm.

d) **Er** ist aus Köln und arbeitet jetzt in Nanjing.

e) „**Wir** sind im Supermarkt."

f) **Sie** kommen aus Hangzhou und haben zwei Kinder.

g) „Nein, **ich** spreche mit Hans."

h) **Sie** wohnt in Bern.

3 Ein Treffen der Bandmusiker

Setzen Sie die passenden Possessivartikel ein. (填入正确的物主冠词。)

Hi, Leute, das ist _____ Freund Thomas. Endlich kommt er auch nach Zürich!

Hallo!

Hi!

Das ist _____ Band, Vera, Marcus, Sara.

Hallo!

Ich heiße auch Tommy. _____ Familie kommt aus England.

_____ Vater ist Engländer, aber _____ Mutter Österreicherin.

Hallo!

_____ Vater arbeitet jetzt in Zürich.

Ach, _____ Sachen sind das!

Spielst du auch ein Instrument?

Ja, dort hinten steht _____ Gitarre. Spielen wir _____ oder _____ Lieder zusammen?

G2 Konjugation im Präsens: *sein, haben, regelmäßige Verben*（动词现在时变位：*sein*、*haben*、规则变化动词）

Infinitiv		Unregelmäßige Verben		Regelmäßige Verben		
		I	II	I	II	III
		sein	haben	leben	antworten	heißen
Sg. 1. Pers.	ich	bin	habe	lebe	antworte	heiße
Sg. 2. Pers.	du	bist	hast	lebst	antwortest	heißt
	Sie	sind	haben	leben	antworten	heißen
Sg. 3. Pers.	er / sie / es	ist	hat	lebt	antwortet	heißt
Pl. 1. Pers.	wir	sind	haben	leben	antworten	heißen
Pl. 2. Pers.	ihr	seid	habt	lebt	antwortet	heißt
	Sie	sind	haben	leben	antworten	heißen
Pl. 3. Pers.	sie	sind	haben	leben	antworten	heißen

- 绝大部分规则变化动词按 I 类 *leben* 变位：
  如 *wohnen, sagen, studieren, buchstabieren, entschuldigen, gehen, kommen, fragen* ……
- 动词词干以 t，d（如 *arbeiten*，*baden*）或以辅音 +m / n（如 *öffnen*，*rechnen*，*regnen*）结尾的动词按 II 类 *antworten* 变位：
  如 *arbeiten, baden, bilden, bitten, finden, warten, öffnen, rechnen, zeichnen, regnen* ……
- 动词词干以 s，ß，z，tz，x，chs 结尾的动词（如 *tanzen*，*übersetzen*）按 III 类 *heißen* 变位：
  如 *reisen, sitzen, tanzen, übersetzen, mixen* ……

4 **Ordnen Sie zu.**（将人称和变位动词进行匹配。）

Maria	du	ihr	es

Anton	wir	der Arzt	ich

Tim und Julia	Sie (höflich)

a) _____ spielst

b) _____Maria, ihr_____ übt

c) _____ schreibe

d) _____ arbeitet

e) _____ fragen

f) _____ reist

g) _____ hören

h) _____ telefoniere

i) _____ machst

j) _____ tanzen

5 **Setzen Sie die passenden Formen von *haben / sein* ein.**（填入 *haben / sein* 的正确形式。）

a) ● Entschuldigung bitte, _____ Sie Herr Schmidt aus Bern?

   □ Ja, das _____ ich.

b) Sag mal, wo _____ du denn? Ich warte hier schon eine Stunde.

c) ● Kinder, wo _____ ihr mein Handy? Ich finde es nicht.

   □ Mama, wir _____ dein Handy nicht. Vielleicht _____ Papa es.

d) ● Hallo, Leute. Das _____ Thomas und Anna, und ich _____ Sebastian.

   Und wer _____ ihr?

   □ Wir _____ Helga und Judith.

e) ● _____ Martina schon da?

   □ Nein, noch nicht.

f) Schatz, unser Auto ist kaputt. Was machen wir jetzt? _____ du einen Plan B?

6 **Setzen Sie die passenden Verben ein.** （填入正确的动词。）

| heißen (×2) | sein (×3) | leben (×2) |

| studieren (×2) | reisen (×2) | joggen (×2) |

| lieben (×2) | hören (×2) | haben (×2) |

| antworten | warten |

Sophia chattet. Sie stellt sich vor und hat viele Fragen.

Neue Nachricht   _ ✗ ×

An: tandem.cafe@gxy.de

Kopie:

Betreff: Deutsch lernen

Von:

Hey, ich _____ Sophia und _____ 19. Wie _____ du? Und wie alt
_____ du? Ich _____ in München und _____ jetzt Medizin. Wo
_____ du und was _____ du? Meine Familie und ich _____ viel.
_____ du auch viel? Ich _____ gern und _____ Klavierspielen.
_____ du auch gern und _____ du auch Klavierspielen? Außerdem
_____ ich sehr gern Jazzmusik. _____ du auch Jazzfan? Was _____
du gern? Und ich _____ zwei Haustiere, einen Hund und eine Katze.
_____ du auch Haustiere? _____ du gleich?
Ich _____!
Sophia

Senden   A 𝟘 🖼 ☺ 🔗 🗑 | ≡

G3 Verbposition und Satztypen（按动词位置划分的句子种类）

7 **Ordnen Sie die Sätze nach der Verbposition in die Tabelle ein.**（根据动词位置，将下列句子分类填写至下表中。）

- Nehmen Sie bitte Platz!
- Kommt er aus Deutschland?
- Wie geht es dir?
- Ich spreche Chinesisch.

		Verb		
Position II 动词在第二位	Ich ———	heiße ———	Yang Fang. ———	Aussagesatz 陈述句
	Woher ———	kommen ———	Sie? ———	W-Frage 补充疑问句
Position I 动词在第一位		Ist ———	das Ihre Frau? ———	Ja-Nein-Frage 判断疑问句
		Sprechen ———	Sie bitte langsam! ———	Imperativsatz 命令句

8 **In welches Schema passen die Sätze?**（下列句子如何匹配至合适的图示中？）

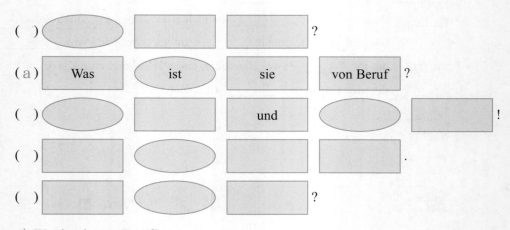

( ) ⬭ ▭ ▭ ?

(a) Was ⬭ist⬭ sie von Beruf ?

( ) ⬭ ▭ und ⬭ ▭ !

( ) ▭ ⬭ ▭ ▭ .

( ) ▭ ⬭ ▭ ?

a) Was ist sie von Beruf?

b) Haben Sie Telefon?

c) Wie alt sind Sie?

d) Peter studiert an der Universität Bern Sozialwissenschaft.

e) Hören Sie und schreiben Sie!

9 **Ordnen Sie zu und bilden Sie Sätze.**（选择正确的信息匹配，并造句。）

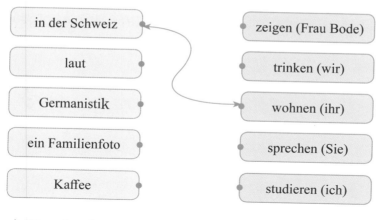

in der Schweiz	zeigen (Frau Bode)
laut	trinken (wir)
Germanistik	wohnen (ihr)
ein Familienfoto	sprechen (Sie)
Kaffee	studieren (ich)

a) Wo *wohnt ihr in der Schweiz*?

b) _____!

c) _____.

d) _____?

e) Wo _____?

10 **Identifizieren Sie Ergänzungen und Angaben.**（区分下列句子成分哪些是补足语，哪些是说明语。）

a) Herr Bode kommt aus Düsseldorf und wohnt jetzt in Shanghai.

b) Herr Bode zeigt Frau Gao ein Familienfoto.

c) Maria studiert an der Universität Hamburg Medizin.

d) Gao Mings Eltern leben jetzt in Chongqing.

e) Er spricht gut Deutsch.

f) Lernt sie in Chongqing Chinesisch?

Vokabeln

der **Supermarkt** ⸚e	超市	das **Lied** -er	歌，歌曲
der **Jazz** nur Sg [dʒɛs]	爵士音乐，爵士舞曲	die **Sache** -n	物品；事情
		warten (+auf Akk)	等候，等待
die **Band** -s [bɛnt]	乐队	der **Plan** ⸚e	计划，规划
die **Österreicherin** -nen	女性奥地利人	das **Haustier** -e	宠物
die **Gitarre** -n	六弦琴，吉他	**antworten** (+auf Akk)	回答，答复

Projekt

Porträt

Nehmen Sie ein Foto oder zeichnen Sie ein Bild von einer Person, die für Sie wichtig ist. Zeigen Sie es in der Klasse und berichten Sie über diese Person. （选择一个你觉得重要的人，向全班展示其照片或手绘图并介绍个人信息。）

Wer ist das?

Wie heißt er / sie?

Woher kommt er / sie?

Wie alt ist er / sie?

Was ist sein / ihr Hobby?

...

Wir studieren Germanistik.

Einrichtungen an der Universität benennen | nach Einrichtungen auf dem Campus fragen | den Universitätscampus in verschiedenen Ländern kennen und beschreiben | Berufe und Fachrichtungen an der Universität benennen | über Personen und ihre Tätigkeiten an der Universität sprechen

Motivieren

1 Kleines Uni-Lexikon

Kennen Sie diese Wörter? Schreiben Sie die Wörter in die Tabelle.

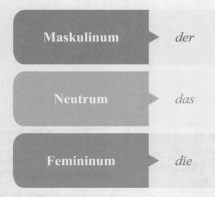

Uni·ver·si·tät [-v-] *die*; -, -en **1.** e-e Institution, an der verschiedene Wissenschaften gelehrt werden und an der Forschungen in diesen Wissenschaften gemacht werden (综合性) 大学⟨an der U. studieren, auf die/zur U. gehen 在大学学习,上大学; an der U. lehren, Dozent an der U. sein 在大学授课,任教⟩: *Er studiert Medizin an der U. Heidelberg* 他在海德堡大学医院; *Sie ist als Studentin der Rechtswissenschaften an der U. Münster immatrikuliert* 她是明斯特大学法学专业正式注册的学生 ‖ K-(复合): *Universitäts-*, *-ausbildung*, *-bibliothek*, *-buchhandlung*, *-gelände*, *-klinik*, *-laufbahn*, *-professor*, *-stadt*, *-studium* **2.** das Haus od. die Gebäude, in dem/denen e-e U. (1) ist 大学(指建筑物) ‖ *zu* (又项)**1.** **uni·ver·si·tär** *Adj*(形)

Cam·pus ['kampʊs] *der*; -, -, *mst Sg* (多用单数); die Fläche (*bes* außerhalb des Stadtzentrums), auf der die Gebäude sind, die zu e-r Universität gehören 大学校园, 大学校区

Fa·kul·tät *die*; -, -en; *Kollekt* (集合); mehrere einzelne Fächer od. Wissenschaften, die an e-r Universität zu e-r Abteilung zusammengefasst sind (大学里的) 系 ≈ Fachbereich (2) ⟨die Philosophische, Juristische, Theologische, Medizinische F. 哲学系,法学系,神学系,医学系⟩

Se·mi·nar *das*; -s, -e **1.** e-e Form des Unterrichts *bes* an Universitäten, bei der die Teilnehmer mit Referaten u. Diskussionen an e-m bestimmten Thema arbeiten (大学) 讨论课,课堂讨论 ⟨ein S. belegen 选上讨论课; an e-m S. teilnehmen 参加讨论课; ein S. durchführen, leiten, abhalten 进行,主持,举行讨论课⟩ ‖ K-(复合): *Seminar-*, *-arbeit*, *-teilnehmer*, *-zeugnis* **2.** ein Institut an e-r Universität (大学) 系,教研室; *das Germanistische S. der Universität* 大学的日耳曼语系 **3.** e-e Institution, an der Priester ausgebildet werden 神学院 ‖ -K (复合): *Priester-* ‖ *zu* (又项) **3. Se·mi·na·rist** *der*; -en, -en

o. Ä.) schnell aufspringt 使惊跳起来,把…吓得跳起来 ≈ aufschrecken; *Wild h.* 把野兽吓跑

Hoch·schu·le *die*; e-e Institution, an der man als Erwachsener wissenschaftliche Fächer studieren kann 高等学校,大学 ‖ NB(注意): ↑ *Universität*, *Fachhochschule* ‖ K-(复合): *Hochschul-*, *-abschluss*, *-absolvent*, *-bildung*, *-didaktik*, *-gesetz*, *-lehrer*, *-reform*, *-studium* ‖ *hierzu* (派生) **Hoch·schü·ler** *der*; *-*, *Hoch·schü·le·rin* *die*

In·sti·tut *das*; -(e)s, -e **1.** e-e Einrichtung (3), die sich mit der Lehre od. Erforschung e-s Fachgebietes beschäftigt 学院,院(或系),研究所; *ein I. für Meeresbiologie, für Archäologie* 海洋生物研究所,考古研究所 ‖ K-(复合): *Instituts-*, *-direktor*, *-leiter* ‖ -K (复合): *Forschungs-*, *Hochschul-* **2.** die Gebäude, in denen ein I. (1) untergebracht ist 学院,研究所(指建筑物)

Maskulinum	*der*
Neutrum	*das*
Femininum	*die*

2 Was ist das?

Ordnen Sie den Bildern die passenden Wörter zu. Bilden Sie Sätze.

| das Unterrichtsgebäude | der Hörsaal | die Mensa |
| die Bibliothek | das Studentenwohnheim | die Cafeteria |

Beispiel: *Das ist **ein** ... / **eine** ... Hier **lernt** man.*

- wohnt
- isst
- trinkt ... Kaffee
- hat ... Unterricht

3 Meine Universität

Sie machen mit Ihrer Tandempartnerin oder Ihrem Tandempartner aus Deutschland eine Uni-Tour und zeigen ihm den Campus von Ihrer Universität. Welche Einrichtungen hat Ihre Universität? Was machen Sie da? Stellen Sie Ihre Universität vor.

Vokabeln

die **Universität** -en	（综合性）大学	das **Unterrichtsgebäude** -	教学楼
der **Campus** -se/-['kampʊs]	大学校园，大学校区	die **Mensa** ...sen	（大学）食堂
die **Fakultät** -en	（大学）院；系；科	das **Studentenwohnheim** -e	学生宿舍
das **Seminar** -e	（大学）讨论课；系；教研室	die **Bibliothek** -en	图书馆
		der **Hörsaal** Hörsäle	大教室
die **Hochschule** -n	高等学校，大学	der **Unterricht** nur Sg	课，课程
das **Institut** -e	学院，院（或系）；研究所	die **Cafeteria** -s/...rien	咖啡馆
		die **Einrichtung** -en	机构；设施

W1 Wortfeld *Universität*

1 Kennen Sie die folgenden Einrichtungen? Setzen Sie die passenden Wörterein.

> • -bibliothek   • Mensa   • -wohnheim   • -amt   • -gebäude

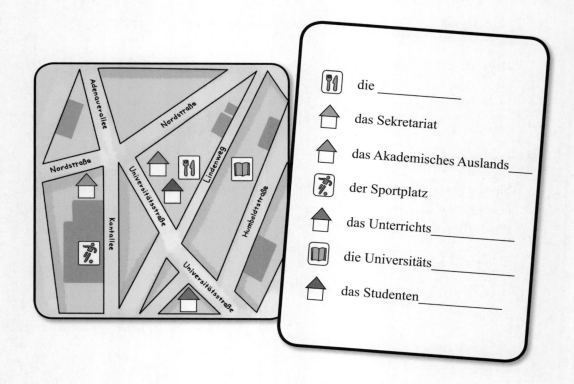

die _____

das Sekretariat

das Akademisches Auslands____

der Sportplatz

das Unterrichts_____

die Universitäts_____

das Studenten_____

Komposita
复合词
der Unterricht + das Gebäude = das Unterrichtsgebäude
der Student + das Wohnheim = das Studentenwohnheim

2 Sammeln Sie Wörter zum Wortfeld *Universität*. Sortieren Sie die Wörter und ergänzen Sie Plural.

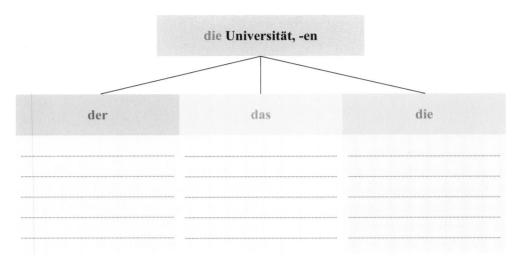

der	das	die

3 Was ist das? Das ist ...

Spielen Sie Dialoge.

Beispiel:

- Entschuldigung. Was ist das?
- Das ist **die Universitätsbibliothek**.
- Und das hier?
- Das ist **das Sekretariat**.
- Danke.
- Bitte.

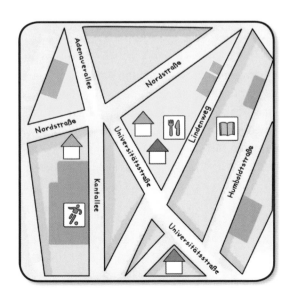

G1 Nominativ: Artikelwörter und Fragepronomen

1 Bestimmte und unbestimmte Artikel

● Entschuldigung, was ist das Gebäude hier?

□ Das ist die Universitätsbibliothek.

● Und was ist das Gebäude da?

□ Das ist eine Mensa. Wir haben drei Mensen.

● Die Mensa ist sehr modern. Sind die Gebäude dort Studentenwohnheime?

□ Ja, die Studentenwohnheime sind sehr groß.

> Lernen Sie Nomen immer zusammen mit den Artikeln!
> 学习名词时要把冠词一起记住!

Das ist <u>ein</u> Hörsaal.

_____ Hörsaal ist groß.

Das ist <u>ein</u> Gebäude.

_____ Gebäude ist die Mensa.

Das ist <u>eine</u> Mensa.

_____ Mensa ist sehr modern.

Das sind --- Studentenwohnheime.

_____ Studentenwohnheime sind sehr groß.

	Bestimmte Artikel	Unbestimmte Artikel
Maskulinum		
Neutrum		
Femininum		
Plural		

- Wir verwenden den bestimmten Artikel für (1) etwas Bestimmtes oder (2) etwas Bekanntes oder vorher Genanntes.
  定冠词用于（1）特指的、（2）已知的或前面提到过的名词之前。
- Wir verwenden den unbestimmten Artikel für etwas Unbestimmtes, Generalisierendes oder zum ersten Mal Genanntes.
  不定冠词用于泛指的或第一次提到的名词之前。

4 Setzen Sie die passenden Artikel ein und wählen Sie den richtigen Gebrauch.

a) • Ist das hier rechts _____ Studentenwohnheim (   )?

  □ Ja, _____ Studentenwohnheim (   ) ist neu. Wir wohnen hier.

b) • Ist das _____ Mensa (   )?

  □ Nein, das ist _____ Cafeteria (   ).

c) • Was ist das Gebäude?

  □ Das ist _____ Universitätsbibliothek (   ).

d) Da links ist _____ Karlsplatz (   ).

e) Das ist _____ Universität Heidelberg (   ). Hier studieren auch _____ Studenten (   ) aus China.

2 Negationsartikel *kein / keine*

5 Setzen Sie die passenden Artikel ein und vervollständigen Sie die Tabelle.

Lukas zeigt Li Tao die Universität.

Hi, Thomas. Ist das Gebäude hier _____ Unterrichtsgebäude?

Nein, das ist **kein** Unterrichtsgebäude. Das Gebäude hier ist _____ Universitätsbibliothek.

Das ist bestimmt _____ Hörsaal. Stimmt das?

Nein, das ist **kein** Hörsaal. Das ist _____ Seminarraum.

Oh, _____ Mensa ist sehr modern.

Das ist **keine** Mensa. Das ist _____ Cafeteria.

Sind Sie auch Studenten hier?

Nein, wir sind **keine** Studenten mehr. Wir arbeiten hier.

Singular	der Hörsaal	Ist das ____ Hörsaal?	Nein, das ist ____ Hörsaal.
	das Wohnheim	Ist das ____ Wohnheim?	Nein, das ist **kein** Wohnheim.
	die Mensa	Ist das ____ Mensa?	Nein, das ist ____ Mensa.
Plural	die Hörsäle	Sind das ____ Hörsäle?	Nein, das sind ____ Hörsäle.
	die Wohnheime	Sind das ____ Wohnheime?	Nein, das sind ____ Wohnheime.
	die Mensen	Sind das ____ Mensen?	Nein, das sind **keine** Mensen.

3 Fragepronomen: Frage nach dem Subjekt

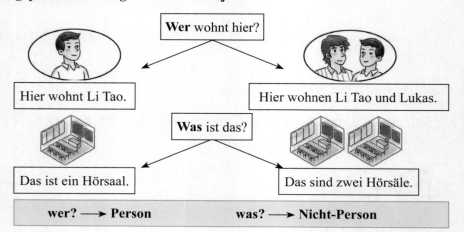

Wer wohnt hier?

Hier wohnt Li Tao.

Hier wohnen Li Tao und Lukas.

Was ist das?

Das ist ein Hörsaal.

Das sind zwei Hörsäle.

wer? ⟶ **Person**   was? ⟶ **Nicht-Person**

6 Variation

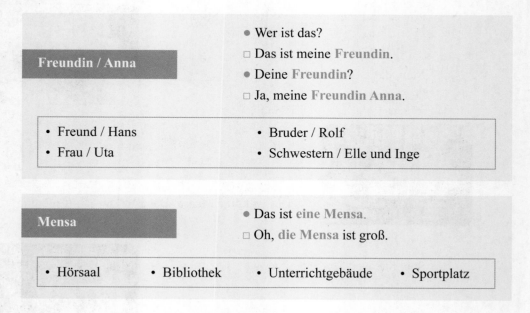

Freundin / Anna

● Wer ist das?
□ Das ist meine **Freundin**.
● Deine **Freundin**?
□ Ja, meine **Freundin Anna**.

• Freund / Hans
• Frau / Uta

• Bruder / Rolf
• Schwestern / Elle und Inge

Mensa

● Das ist **eine Mensa**.
□ Oh, **die Mensa** ist groß.

• Hörsaal   • Bibliothek   • Unterrichtgebäude   • Sportplatz

> **Schule / Universität**

- Entschuldigen Sie, ist das eine Schule?
- □ Nein, das ist keine Schule. Das ist eine Universität.

• Mensa / Cafeteria   • Hörsaal / Seminarraum • Unterrichtsgebäude / Studentenwohnheim

G2 Nullartikel

Vor der Cafeteria

Li Tao: Guten Tag, Lukas. Das ist Xu Meng. Xu Meng kommt aus China und ist auch Studentin.

Lukas: Tag, Xu Meng.

Xu Meng: Tag, Lukas. Kommst du aus Deutschland?

Lukas: Ja, ich komme aus Frankfurt.

Li Tao: Du, Lukas, hast du heute noch Unterricht?

Lukas: Nein.

Li Tao: Trinken wir jetzt zusammen Kaffee?

Lukas: Gerne.

In der Cafeteria

Li Tao: Nehmt doch Platz! Trinkt ihr Kaffee oder Tee?

Lukas: Tee, bitte.

Xu Meng: Ich auch, danke.

Li Tao: Okay, dann nehmen wir zwei Tassen Tee und eine Tasse Kaffee.

!

In den folgenden Fällen steht meistens kein Artikel:
下列情况省略冠词：

- Anreden, Eigennamen 称呼、专有名称   ➡   _____

- Nationalitäten 国籍   ➡   *Chinese, Engländer*

- Berufe 职业   ➡   *Lehrer,* _____

- unbestimmter Artikel im Plural 单数时使用不定冠词的名词的复数   ➡

- feste Wendungen 固定短语   ➡   *Platz nehmen*

- „nicht zählbare Dinge" ohne nähere Bestimmung: Stoffbezeichnungen, Gemütsbewegungen u.a. 泛指的不可数的物质名词、抽象名词、表示感觉的名词等   ➡   _____

7 **Was stimmt nicht? Korrigieren Sie.**

Das ist Universitätsbibliothek. Hier sind die Bücher und Bücherregale. Hier lernen die Studenten.

Das ist die Frau Johnson. Sie kommt aus England. Sie arbeitet jetzt in der Heidelberg und ist die Lehrerin.

Lu Ming ist ein Student und studiert an der Universität Heidelberg die Germanistik. Er trinkt gern den Kaffee.

T1 Auf dem Campus

8 **Kennen Sie die folgenden Institute? Ordnen Sie zu.**

a) Institut für Medizin   b) Institut für Physik   c) Institut für Sinologie

d) Institut für Germanistik   e) Institut für Mathematik

9 **Hören Sie den Text und füllen Sie die Lücken.**

Lukas macht mit Li Tao eine Uni-Tour.

Dialog 1

Lukas: Hier ist das Europahaus.
Li Tao: Europahaus? Was ist das?
Lukas: Das ist ein _____.

Dialog 2

Lukas: Da links ist die _____.
Li Tao: Und was ist das Gebäude da? Ist das ein _____?
Lukas: Nein, das ist kein _____. Das ist eine _____. Da gibt es auch eine _____. Ich trinke hier oft Kaffee. Dort ist das _____.
Li Tao: Wo ist das _____ für Germanistik?
Lukas: Das Germanistische _____ ist nicht hier. Es ist am Karlsplatz.

Dialog 3

Lukas: Das Gebäude hier ist das Germanistische _____.
Li Tao: Es ist sehr groß.
Lukas: Ja, oben ist die _____. Unten sind _____ und _____. Wir haben hier Unterricht.

Wir studieren Germanistik. **119**

10 **Bilden Sie Sätze.**

a) _____

(Gebäude / sein / eine / rechts / Bibliothek / das / ?)

b) _____

(da / links / sein / Unterrichtsgebäude / .)

c) _____

(sein / wo / Auslandsamt / Akademisches / das / ?)

d) _____

(kein- / sein / Unterrichtsgebäude / das / das / sein / Studentenwohnheim / ein- / , / .)

e) _____

(Seminarräume / sein / Hörsäle / da / und / unten / .)

11 **Wie ist Ihre Universität?**

Hören Sie und ordnen Sie jeder Einrichtung passende Beschreibungen zu. Stellen Sie die Universität vor.

Universität _____
Mensa _____
Studentenwohnheime _____
Institut für Germanistik _____
Bibliothek _____

• schön	• groß
• modern	• neu
• klein	• alt

Beispiel: *Die Universität ist ...*

12 **Die Universität Heidelberg**

Bringen Sie die Sätze in die richtige Reihenfolge und übersetzen Sie.

左边的建筑是大学图书馆   右边的建筑不是学生宿舍

它很大，也很美

它是大学生服务中心   日耳曼语言文学系在卡尔广场

这里是海德堡大学   那儿有系图书馆、大教室和研讨教室

我们在那儿上课

这儿也有一个咖啡馆和一个食堂

13 Rollenspiel

Sie machen mit Ihrem Tandempartner Jonas Bode eine Uni-Tour und zeigen ihm den Campus. Spielen Sie den Dialog.

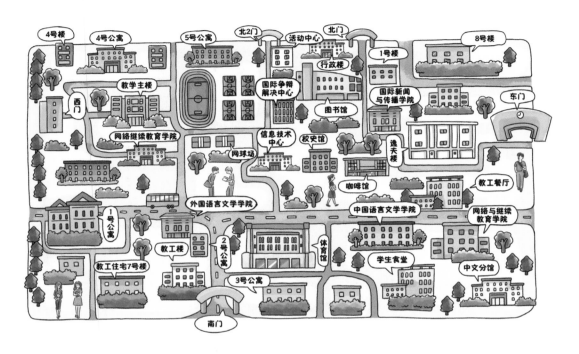

Vokabeln

das **Sekretariat** -e	秘书处；秘书办公室	die **Tasse** -n	杯（子）
der **Sportplatz** ⸚e	体育场，运动场	der **Chinese** -n	中国人；男性中国人
die **Campuskarte** -n	校园地图	der **Engländer** -	英国人；男性英国人
das **Gebäude** -	楼；建筑物	das **Bücherregal** -e	书架
da	这儿	die **Physik** nur Sg	物理学
modern	现代的，新式的	die **Mathematik** nur Sg	数学
dort	那里，那儿	die **Tour** -en [tuːɐ̯]	远足，旅行；路程
groß	大的	das **Germanistische Seminar**	
rechts	在右边		德语语言文学系，
links	在左边		日耳曼语言文学系
bestimmt	一定，肯定地	**am Kalsplatz**	在卡尔广场上
Stimmt das?	对吗？正确吗？	**oben**	上面，上方；楼上
der **Seminarraum** ⸚e	研讨课教室	**unten**	下面，底下
das **Wohnheim** -e	宿舍，寝室	**klein**	小的
heute	今天		

W2 Städtische Einrichtungen

Post
Postfiliale 401
Sandgasse 4a,
69117 Heidelberg
06221 4867210

Krankenkasse
Friedrich-Ebert-Anlage 27,
69117 Heidelberg
06221 5295618

Bank
Filiale am Universitätsplatz
Hauptstraße 131,
69117 Heidelberg
06221 5119139

1 **Wie sind die Adressen und Telefonnummern?**

Schauen Sie sich die Landkarte an und spielen Sie den Dialog weiter.

> Das ist **eine Bank**. Wie ist **ihre** Adresse und wie ist **ihre** Telefonnummer?

> **Ihre** Adresse ist ... und **ihre** Telefonnummer ist ...

2 **Was passt? Ordnen Sie zu.**

- die Krankenversicherung
- die Briefmarke
- die Bankkarte
- das Bankkonto
- der Brief
- die CampusCard
- der Studentenausweis

Studentenwerk	Krankenkasse

Post	Bank

G3 Akkusativ: Artikelwörter und Fragepronomen

- Entschuldigung, ich habe noch keinen Studentenausweis. Wo finde ich das Studentenwerk?
- ☐ Das Gebäude da ist das Studentenwerk. Da bekommst du einen Studentenausweis.

...

- Entschuldigen Sie, ich habe noch kein Bankkonto. Wo finde ich eine Bank?
- ☐ Dort gibt es eine Bank. Da bekommen Sie ein Bankkonto.

...

- Verzeihung, ich finde den Hörsaal nicht. Wo ist der Hörsaal 104?
- ☐ Dort finden Sie die Hörsäle.

es gibt + Akkusativ

	Maskulinum	Neutrum	Femininum	Plural
Nominativ	der	_____	_____	_____
Akkusativ	_____	_____	die	_____

Maskulinum	Hast du schon Nein, ich habe noch	*ein ____ / dein ____* *kein ____*	Studentenausweis? Studentenausweis.
Neutrum	Hast du schon Nein, ich habe noch	*ein ____ / dein ____* *kein ____*	Bankkonto? Bankkonto.
Femininum	Hast du schon Nein, ich habe noch	*ein ____ / dein ____* *kein ____*	Krankenversicherung? Krankenversicherung.
Plural	Hast du schon Nein, ich habe noch	*---------- / dein ____* *kein ____*	Lehrbücher? Lehrbücher.

• Beim Akkusativ werden bestimmte, unbestimmte und possessive Artikel, Personalpronomen sowie Fragepronomen flektiert.
定冠词、不定冠词、物主冠词、人称代词和疑问代词在第四格时会进行屈折变化。

3 **Was und wen sucht Yang Fang? Bilden Sie Sätze.**

WAS sucht Yang Fang?
-- Post
-- Seminarraum
-- Studentenwerk
-- Krankenkasse
-- Sportplatz
-- Institut für Germanistik

Fragepronomen
Nicht-Person: _____
Person: _____
WAS? WEN?

WEN sucht Yang Fang?
-- Deutschlehrer
-- Sekretärin
-- Herr Li
-- Helga

Beispiel: • *Was sucht Yang Fang?*
  □ *Sie sucht die Mensa.*
  ...

Nominativ: *Das ist Herr Schmidt.*
Akkusativ: *Ich suche Herrn Schmidt.*

4 **Würfelspiel: Wer sucht was?**

Würfeln Sie und üben Sie nach dem Beispiel den Akkusativ.

Würfel

· ich / mein   ·· du / dein   ·˙· er (sie) / sein (ihr)

∷ wir / unser   ∷· ihr / euer   ∷∷ sie (Sie) / ihr (Ihr)

Beispiel: *Ihr* sucht *eure Studentenausweise*.

• der Studentenausweis   • der Brief   • die Freundin
• der Deutschlehrer   • die Krankenversicherung   • die CampusCard
• das Studentenwohnheim

5 **Setzen Sie die passenden Artikel ein.**

• meine   • unser   • einen   • ihr   • seinen   • mein
• Ihre   • deine   • keinen   • unsere   • meine

a) • Was macht Li Ping da?

  □ Er sucht _____ Studentenausweis.

b) • Entschuldigen Sie bitte, wie ist _____ E-Mail-Adresse?

  □ Ich habe leider noch _____ Computer.

c) • Komm, wir gehen in die Mensa.

  □ Einen Moment bitte, ich suche schnell _____ Mensakarte.

d) • Habt ihr _____ Sportplatz?

  □ Ja, _____ Sportplatz ist sehr groß.

e) • Warum kommt _____ Lehrerin heute nicht?

  □ _____ Auto ist kaputt.

f) • Wo leben _____ Eltern?

  □ _____ Mutter wohnt in Hamburg und _____ Vater lebt nicht mehr.

● Du, Lukas, gibt es einen Brief für **mich**?

□ Nein, es gibt keinen Brief für **dich**.

...

● Gu Hong und Yang Fang, hier sind Briefe für **euch**!

□ Briefe für **uns**? Vielen Dank! Da kommt Alex. Gibt es auch einen Brief für **ihn**?

...

● Herr Meier, hier sind Briefe für **Sie**.

□ Vielen Dank, Frau Kittmann!

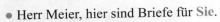

für + Akk.

Personalpronomen im Akkusativ

Nom.	ich	du	er	sie	es	wir	ihr	sie	Sie
Akk.				*sie*	*es*			*sie*	

6 **Bilden Sie Satze.**

Beispiel: **Anna** *bekommt* **ein Buch. Das Buch** *ist für* **sie**.

a) Thomas / Bankkonto

b) Li Tao und Yang Fang / Briefe

c) wir / Mensakarten

d) das Kind / Krankenversicherung

e) ich / Studentenausweis

7 **Antworten Sie.**

Beispiel: ● Bekommen Sie heute Ihr Bankkonto?

□ *Ja, ich bekomme es heute.*

a) Bekommst du morgen deinen Studentenausweis?

b) Bekommt ihr morgen eure Bankkarten?

c) Bekommst du heute deine Krankenversicherung?

d) Suchen Sie jetzt meinen Brief?

e) Sucht ihr jetzt Briefmarken?

T2 Am Germanistischen Seminar

8 **Kennen Sie diese Wörter? Ordnen Sie zu.**

GERMANISTISCHES
SEMINAR

Professor / Professorin

Dozent / Dozentin

Linguistik / Sprachwissenschaft

Assistent / Assistentin

Sekretär / Sekretärin

Literaturwissenschaft

Berufe

professor _____

lecturer _____

secretary _____

assistant _____

Fachrichtungen

linguistics _____

literature _____

9 **Hören Sie den Text und füllen Sie die Lücken.**

Li Tao macht am Tag der offenen Tür Interviews.

Dialog 1

Li Tao: Guten Tag, Frau Krings. Sie sind _____ hier. Was unterrichten Sie?

Krings: Guten Tag, Herr Li. Ja, ich bin _____ für _____. Ich mache Forschungen und gebe Unterricht für _____. Ich habe eine _____, Frau Hennings. Im _____ finden Sie _____.

Li Tao: Danke schön, Frau Krings!

Dialog 2

Li Tao: Guten Tag, Frau Hennings. Sind Sie _____ für Prof. Krings?

Hennings: Guten Tag, Herr Li. Ich bin _____ für Prof. Krings.

Li Tao: Was machen Sie?

Hennings: Prof. Krings bekommt viele Briefe und E-Mails. Ich beantworte die Briefe und die E-Mails für _____. Ich telefoniere auch sehr viel. Suchen Sie Herrn Müller? Sie finden _____ dort.

Wir studieren Germanistik.   **127**

Li Tao: Guten Tag, Herr Müller. Sind Sie auch _____?

Müller: Nein, ich bin _____. Ich gebe Unterricht für _____.

Li Tao: Wer ist das?

Müller: Das sind Frau Richter und Frau Mito. Sie sind meine _____.

Li Tao: Vielen Dank!

10 Wer macht was?

1 **Wählen Sie Wörter aus und vervollständigen Sie die folgenden Profile.**

- Unterricht für Literaturwissenschaft
- Unterricht für Sprachwissenschaft • Assistentin
- Briefe und E-Mails • Forschungen • Sekretärin

- geben • telefonieren
- haben • beantworten
- machen • bekommen

Name: *Kerstin Krings*
Beruf: _____
Was macht sie?

_____

_____

_____

_____

Name: *Anita Hennings*
Beruf: _____
Was macht sie?

_____

_____

_____

_____

Name: *Ernst Müller*
Beruf: _____
Was macht er?

_____

_____

_____

_____

2 **Füllen Sie die Lücken.**

Frau Krings ist _____ und gibt Unterricht für _____. Sie
macht auch _____. Sie _____ viele Briefe und E-Mails. Sie hat
eine _____.

3 **Stellen Sie Frau Hennings und Herrn Müller vor.**

11 **Übersetzen Sie.**

齐默尔曼先生是汉学系教授，教授文学课程。基特曼女士是他的秘书，帮助他回复信件和邮件。齐默尔曼女士是语言学教授，有两位助手。齐默尔曼女士既上课也做研究。他们的儿子汉斯•齐默尔曼在海德堡大学学习日耳曼语言文学专业。

12 **Mein Institut für Germanistik**

Wer arbeitet am Institut für Germanistik Ihrer Universität? Stellen Sie zwei bis drei Personen vor.

Vokabeln

die **Bank** -en	银行	**morgen**	（在）明天
die **Post** nur Sg	邮局	die **Sprachwissenschaft** -en	语言学
die **Krankenkasse** -n	疾病保险公司，健康保险公司	die **Literaturwissenschaft** -en	文学
die **Krankenversicherung** -en	疾病保险，健康保险	der **Dozent** -en	大学讲师；大学男讲师
das **Bankkonto** ...konten	银行户头	die **Dozentin** -nen	大学女讲师
die **CampusCard** -s	校园卡	der **Professor** Professoren	教授；男教授
die **Briefmarke** -n	邮票	die **Professorin** -nen	女教授
der **Brief** -e	信件	der **Assistent** -en	助手，助理
der **Studentenausweis** -e	学生证	die **Assistentin** -nen	女助手，女助理
die **Bankkarte** -n	银行卡	der **Sekretär** -e	书记；男书记；秘书；男秘书
finden +A	找到	**unterrichten** (+A)	授课，教课
bekommen +A	得到，收到	**machen** +A	做，干，从事
es gibt +A	有……	die **Forschung** -en	研究
suchen +A	找，寻找	**geben** +A	给；提供，供给
für +Akk	为了……；对……来说	**beantworten** +A	回答，回复
		telefonieren (+mit)	打电话，通电话

Evaluieren

1 Mein Campus

Finden Sie oder zeichnen Sie eine Campuskarte und schreiben Sie die deutschen Bezeichnungen für die einzelnen Einrichtungen auf die Karte.

2 Eine Uni-Tour

Sie machen mit Ihrer Tandempartnerin oder Ihrem Tandempartner aus Deutschland eine Uni-Tour und zeigen den Campus von Ihrer Universität. Spielen Sie die Szene.

Entschuldigung, wie komme ich zum Bahnhof?

über Fahrmöglichkeiten in verschiedenen Ländern sprechen | die Zeit angeben und erfragen (offizielle Uhrzeit) | Monate und Jahreszeiten nennen und verstehen | Fahrpläne verstehen und Gespräche am Fahrkartenschalter führen | den Weg beschreiben und nach dem Weg fragen

1 Unterwegs in München

Hören Sie vier Minidialoge und ordnen Sie zu.

Dialog _____

Dialog _____

Dialog _____

Dialog _____

2 Von München aus

Finden Sie die passende Fahrmöglichkeit für jede Situation. Begründen Sie.

Bayern-Ticket

Fernbus

ICE

Situation 1: Fünf Studenten machen einen Tagesausflug von München nach Würzburg (Bayern). Sie haben nicht viel Geld, aber viel Zeit.

Situation 2: Herr Müller ist Geschäftsmann und fährt um 8 Uhr von München nach Frankfurt. Um 14 Uhr trifft er in Frankfurt Kunden.

Situation 3: Christine und Finn studieren an der Uni München und fahren nach Heidelberg (Baden-Württemberg) zu ihren Freunden. Sie haben nicht viel Geld.

Mein Reiseplan

Sie studieren jetzt in München und besuchen mit Ihrem Kommilitonen Alex eine Freundin in Basel. Wie fahren Sie nach Basel? Mit dem Zug oder mit dem Bus? Wo kaufen Sie Tickets? Sie sprechen mit Alex über den Reiseplan. Spielen Sie den Dialog.

Vokabeln

der **Bahnhof** ⸚e	火车站	der **Kunde** -n	顾客
unterwegs	路上，途中	**Basel**	巴塞尔
der **Fernbus** -se	长途客车	die **Reise** -n	旅行
der **ICE** -s	城际特快列车	**nach** +Dat	向，到，往
der **Ausflug** ⸚e	郊游，远足	der **Zug** ⸚e	火车
viel	许多	der **Bus** -se	公共汽车
das **Geld** nur Sg	钱	das **Ticket** -s	车票，机票，船票；门票
die **Zeit** nur Sg	时间	**mit** +Dat	用，以；和……一起
treffen +A	遇见，碰到	**besuchen** +A	拜访，探望

Entdecken 1

W1 Uhrzeit (offiziell)

🎧 **1** Hören Sie die Uhrzeit und vervollständigen Sie die Tabelle.

	Offiziell（正式用法）		Offiziell（正式用法）
1.00 Uhr		8.30 Uhr	
13.00 Uhr		20.30 Uhr	
8.00 Uhr		8.39 Uhr	
20.00 Uhr		20.39 Uhr	
8.07 Uhr		8.45 Uhr	
20.07 Uhr		20.45 Uhr	
8.15 Uhr		8.52 Uhr	
20.15 Uhr		20.52 Uhr	
8.26 Uhr		9.01 Uhr	
20.26 Uhr		21.01 Uhr	

2 Wie spät ist es? Wie viel Uhr ist es?

● Entschuldigen Sie, in Beijing ist es jetzt **fünfzehn Uhr sechsunddreißig**. Wie spät ist es in **Berlin**? / Wie viel Uhr ist es in **Berlin**?

□ In **Berlin** ist es …

• Beijing / 15.36 Uhr	• Washington / 02.36 Uhr	• London / 07.36 Uhr
• Tokyo / 16.36 Uhr	• Berlin / 8.36 Uhr	

3 Wann sind wir ...?

● Verzeihung, wann sind wir in **Nanjing**?

□ Um **zwölf Uhr dreißig**.

• Guangzhou / 23.36 Uhr	• Xi'an / 19.58 Uhr	• Harbin / 0.34 Uhr
• Hangzhou / 17.13 Uhr	• Chongqing / 15.05 Uhr	• Wuhan / 11.42 Uhr

🎧 **4** **Wann passiert das?**

a) Der Unterricht beginnt um _____ .

b) Familie Bode trinkt um _____ Kaffee.

c) • Wann kommt Papa nach Hause? ▢ Um _____ .

d) • Wann fährt der Bus? ▢ Pünktlich um _____ .

e) • Wann trifft Herr Müller Kunden? ▢ Um _____ .

W2 Monate und Jahreszeiten

5 **Vervollständigen Sie die Tabelle.**

| • Mai | • November | • September | • Februar | • August | • Januar |
| • April | • Dezember | • März | • Oktober | • Juli | • Juni |

Monate	Jahreszeiten
1. _____	
2. _____	der Winter
3. _____	
4. _____	der Frühling, das Frühjahr
5. _____	
6. _____	
7. _____	der Sommer
8. _____	
9. _____	
10. _____	der Herbst
11. _____	
12. der Dezember	der Winter

China in vier Jahreszeiten

1 **Ordnen Sie die Ortsnamen den Fotos zu.**

a) Lushan	b) Wuhan	c) Beijing	d) Jiuzhaigou
e) Sanya	f) Changbaishan	g) Harbin	h) Wuyuan

2 **Wann fahren Sie wohin?**

> Im Frühling fahren wir nach ...

7 **Die 24 Sonnenjahreseinstellungen**

1 **Vervollständigen Sie die Tabelle.**

1	der Frühlingsanfang		13	der Herbstbeginn	
2	das Regenwasser		14	das Ende der Hitze	
3	das Erwachen der Insekten	惊蛰	15	der weiße Tau	白露
4	das Frühlingstagundnachtgleiche		16	das Herbsttagundnachtgleiche	
5	das helle Licht		17	der kalte Tau	
6	der Saatregen	谷雨	18	der Reiffall	霜降
7	der Sommerbeginn		19	der Winteranfang	
8	die Ährenbildung	小满	20	der mäßige Schnee	
9	die Körner mit Grannen	芒种	21	der große Schnee	
10	die Sommersonnenwende		22	das Wintersonnenwende	
11	die kleine Hitze		23	die mäßige Kälte	小寒
12	die große Hitze		24	die große Kälte	

2 **Wann haben wir was?**

> ● Wann ist der Frühlingsanfang?
> □ Der Frühlingsanfang ist im Februar.

G1 Konjugation im Präsens: Verben mit Vokalwechsel

In der Pause

Es ist 9.50 Uhr. Die Schüler machen Pause. Ella *liest* ein Buch, Felix *spricht* mit Hanna. Antonio *isst* Schokolade. Leonardo *läuft* auf dem Sportplatz und spielt Fußball. Manasa *nimmt* ihren Kugelschreiber und schreibt eine Postkarte: „Liebe Tante, wie geht es dir? ..." Finn *trifft* Freunde aus Klasse 2. Oskar fragt Lili: „*Siehst* du Frau Müller?" Lili antwortet: „Frau Müller braucht ein Wörterbuch und *fährt* mit dem Fahrrad schnell zur Bibliothek. Oh, *siehst* du, da *schläft* eine Katze?"

Infinitiv		Verben mit Vokalwechsel						Verben mit Vokalwechsel		
		lesen	sehen	nehmen	essen	sprechen	treffen	fahren	laufen	schlafen
Sg. 1. Pers.	ich	lese	sehe	nehme	esse	spreche	treffe	fahre	laufe	schlafe
Sg. 2. Pers.	du	liest	siehst	nimmst	isst	sprichst	triffst	fährst	läufst	schläfst
	Sie	lesen		nehmen		sprechen		fahren		schlafen
Sg. 3. Pers. er/sie/es		liest	sieht	nimmt	isst	spricht	trifft	fährt	läuft	schläft
Pl. 1. Pers	wir	lesen	sehen	nehmen			treffen	fahren		schlafen
Pl. 2. Pers	ihr	lest	seht	nehmt	esst	sprecht	trefft	fahrt	lauft	schlaft
	Sie	lesen	sehen		essen	sprechen	treffen	fahren	laufen	
Pl. 3. Pers	sie	lesen			essen			fahren	laufen	

- Verben mit Vokalwechsel e → i oder e → ie bei *lesen, essen, nehmen, sehen, sprechen, treffen* usw.
  德语一部分词干元音为 e 的动词构成第二、三人称单数现在时要换音，即 e 换成 i 或 ie，如 *lesen, essen, nehmen, sprechen, sehen, treffen* 等等。
- Verben mit Vokalwechsel a → ä oder au → äu bei *fahren, laufen, schlafen* usw.
  德语一部分词干元音为 a 和 au 的动词构成第二、三人称单数现在时要变音，即 a 变成 ä，au 变成 äu，如 *fahren, laufen, schlafen* 等等。

Würfelspiel

Würfeln Sie und üben Sie die Konjugation von Verben.

Beispiel:

Ein Student würfelt eine 4, zieht vier Felder vor auf das Verb *sprechen* und bildet die Form *wir sprechen*.

	Start	studieren	schlafen	lesen	nehmen
Ziel					antworten
spielen					sprechen
treffen	⚀ ich		⚃ wir		fahren
arbeiten	⚁ du		⚄ ihr		wohnen
laufen	⚂ er / sie / es		⚅ sie / sie		lernen
bekommen					heißen
suchen		finden	haben	fragen	sein
essen				sehen	

9 Wer macht was?

Beschreiben Sie die Bilder mit den passenden Wörtern.

- ein Buch lesen
- am Telefon sprechen
- einen Film sehen
- schlafen
- Freunde treffen
- Musik hören
- etwas essen
- tanzen
- hin und her laufen

Tim   Familie Schmidt   Willi

Paul   Lina   Herr Köhler

das Baby   Frau Kant   Stefan

10 **Setzen Sie die passende Form von** *nehmen*, *lesen*, *sehen*, *essen*, *treffen*, *laufen*, *fahren*, *schlafen* **ein.**

a) Li Ping _____ sein Heft und schreibt.

b) • Mama, was _____ wir heute?

   ☐ Ich weiß nicht. _____ ihr Pizza?

c) • Wann _____ du?

   ☐ Ich _____ um 22 Uhr.

d) Heute hat Anna keinen Unterricht und sie _____ im Café Freunde.

e) Frau Müller sagt: „Wer _____ den Satz? Peter, du _____ den Satz."

f) • Da ist ein Mädchen. _____ du das Mädchen?

   ☐ Nein, ich _____ das Mädchen nicht.

g) Der Bus _____ nach Berlin. _____ wir schnell! Der Bus kommt.

G2 Präpositionen mit dem Dativ

• Entschuldigen Sie, wie komme ich zum Bahnhof?

☐ Zum Bahnhof? Mit dem Bus fahren Sie 40 Minuten.

• Und wie lange fahre ich mit der U-Bahn?

☐ Eine Viertelstunde. Aber mit Ihren Taschen ist ein Taxi besser.

• Danke, dann fahre ich mit dem Taxi.

☐ Ich gehe auch zu den Taxis. Sie stehen in der Goethestraße. Wohin fahren Sie mit dem Zug?

• Zu meinen Freunden nach Bern.

	Maskulinum	**Neutrum**	**Femininum**	**Plural**
Nominativ	*der* Bus	____ Taxi	*die* U-Bahn	____ Taschen
Dativ	mit d____	mit *dem*	mit ____	mit *den*

Maskulinum	Anita fährt zu	*ein*____ / *ihr*____ / *kein*____	Freund.
Neutrum	Das Kind läuft zu	*ein*____ / *sein*____ / *kein*____	Mädchen.
Femininum	Max fährt zu	*ein*____ / *sein*____ / *kein*____	Freundin.
Plural	Fährst du zu	--------- / *dein*____ / *kein*____	Freunden?

- Die Präpositionen *aus, bei, mit, nach, von,* und *zu* usw. werden immer mit Dativ gebraucht.
不以 *-n* 结尾的复数名词在第三格时要加词尾 *-n*，但复数词尾为 *-s* 的名词除外。
- Beim Dativ werden bestimmte, unbestimmte und possessive Artikel sowie Negationsartikel, Personalpronomen und Fragepronomen flektiert. Zu dem Dativ von Personalpronomen und Fragepronomen siehe Lektion 4.
德语介词如 *aus*、*bei*、*mit*、*nach*、*von*、*zu* 等总是固定支配第三格。
- Der Dativ Plural der Nomen hat in der Regel die Endung *-n*. Eine Ausnahme bilden die Nomen mit Nominativ Plural auf *-s*. Hier ist die Endung im Dativ Plural auch *-s*.
定冠词、不定冠词、物主冠词、否定冠词、人称代词和疑问代词在第三格时都会进行屈折变化。人称代词与疑问代词第三格的介绍详见第 4 课。

11 Variation

Peter arbeitet **bei der Bank** und fährt 30 Minuten mit dem Bus **zur Arbeit**.

Lina studiert **an der Universität** und fährt 20 Minuten mit dem Fahrrad **zur Universität**.

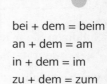

bei + dem = beim
an + dem = am
in + dem = im
zu + dem = zum
zu + der = zur

● Arbeitest du bei **der Bank**? (Post)
□ Nein, bei **der Post**.

a) Arbeitet Frau Wang bei der Post? (Bahn)
b) Arbeiten Sie beim Fernsehen? (eine Zeitung)
c) Arbeitet Herr Müller bei Mercedes? (BMW)
d) Arbeitet Frau Schmidt bei Audi? (VW)
e) Arbeitet Ihr Mann bei BASF? (Siemens)

● Studiert dein Bruder an **der Fudan-Universität**? (Tongji-Universität)
□ Nein, an **der Tongji-Universität.**

a) Arbeitet Professor Felder an der Universität Köln? (Universität Heidelberg)
b) Studiert Paula an der Uni Dresden? (Uni Leipzig)
c) Studiert seine Schwester am Institut für Sinologie? (Institut für Germanistik)
d) Arbeitet Ihr Mann an einer Schule? (Universität)
e) Arbeitet Mia an einer Hochschule? (Sprachinstitut)

12 Interviews auf der Straße: Wie komme ich zur Arbeit?

Setzen Sie *an, bei, mit* mit den passenden Artikeln ein. Dann hören Sie.

a) Wir wohnen in Heidelberg. Ich arbeite _____ Post in Darmstadt und fahre _____ Zug zur Arbeit. Meine Frau bringt unsere Kinder _____ Auto zur Schule und dann fährt sie zur Arbeit. Sie arbeitet _____ Hochschule.

b) Ich arbeite _____ Universität Wien, _____ Institut für Germanistik. Ich fahre _____ Fahrrad zum Institut. Mein Mann arbeitet _____ Zeitung. Er fährt gern _____ Straßenbahn oder geht zu Fuß zur Arbeit. Wir haben kein Auto und brauchen es auch nicht.

13 Fragen nach dem Weg

Spielen Sie weitere Dialoge.

● Entschuldigung, wie komme ich **vom Bahnhof zur Bank?**
□ Fahren Sie **mit der U-Bahn.**
● Danke.

- zu Fuß
- die U-Bahn
- das Fahrrad
- die S-Bahn
- die Straßenbahn

- das Taxi
- der Bus
- das Auto

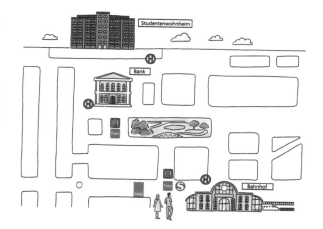

Entschuldigung, wie komme ich zum Bahnhof? **141**

T1 Ich hätte gern eine Fahrkarte nach …

14 Ordnen Sie den Bildern die passenden Wörter zu.

a) das Fenster   b) der Gang   c) die BahnCard
d) die Reservierung   e) der ICE   f) die Regionalbahn

15 Hören Sie den Text und füllen Sie die Lücken.

Yang Fang: Guten Tag. Ich hätte gern eine Fahrkarte von _____ nach _____.

Bahnbeamter: Wann fahren Sie?

Yang Fang: Morgen Mittag.

Bahnbeamter: Um wie viel Uhr fahren Sie?

Yang Fang: Um _____.

Bahnbeamter: Um _____ fährt ein ICE nach Basel.

Yang Fang: Wie lange dauert die Fahrt?

Bahnbeamter: Etwa _____ Stunden.

Yang Fang: Gut, ich nehme den ICE.

Bahnbeamter: Haben Sie eine BahnCard?

Yang Fang: Ja, BahnCard _____, 2. Klasse.

Bahnbeamter: Reserviere ich für Sie einen Sitzplatz?

Yang Fang: Ja, bitte.

Bahnbeamter: Am Fenster oder am Gang?

Yang Fang: Am Fenster, bitte. Wie viel kostet die Fahrkarte?

Bahnbeamter: Die Fahrkarte kostet _____ Euro.

Yang Fang: Hier bitte. Danke.

Bahnbeamter: Bitte. Auf Wiedersehen. Gute Reise!

16 **Füllen Sie die Lücken.**

Yang Fang _____ morgen Mittag von _____ nach _____ und kauft
jetzt eine _____. Sie hat eine _____, 2. Klasse. Der Bahnbeamte _____
für sie einen _____ am _____. Die Fahrkarte _____ 56,95 Euro. Ihr
Zug _____ um _____.

17 **Redemittel**

Was sagt der Kunde? Was sagt der Bahnbeamte? Sammeln Sie Redemittel aus dem
Dialog.

Redemittel //

	Kunde	**Bahnbeamter**
Ort und Zeit		
Kauf und Reservierung		

18 **Übersetzen Sie.**

米娅从学校搭出租车去火车站。她乘城际特快列车从斯图加特前往慕尼黑。
她预订了车窗旁边的座位。车票价格为 29.95 欧元。

🎧 **19** **Im Bahnhof.**

Li Tao ist am Fahrkartenschalter und fragt nach Zügen.

a) Welche Städtenamen und welche Zeiten hören Sie? Unterstreichen Sie sie im Fahrplan unten.

b) Schreiben Sie zu den Zügen im Fahrplan die Nummer des Dialogs.

20 **Internet-Info.**

Suchen Sie auf der Webseite (http://reiseauskunft.bahn.de/) oder in der App (DB Navigator) Zugverbindungen zwischen deutschen Städten. Informieren Sie Ihre Klasse über drei Verbindungen: Abfahrt, Ankunft, Fahrtdauer. Verstehen Sie weitere Informationen in der Reiseauskunft?

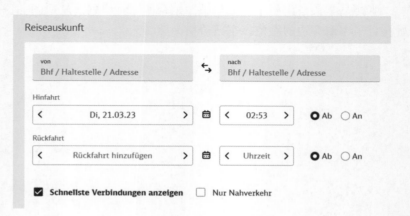

Vokabeln

Wie viel Uhr ist es?	现在几点了？
Wie spät ist es?	现在几点了？
beginnen (+A/+mit)	开始
der **Januar** -e	一月
der **Februar** -e	二月
der **März** -e	三月
der **April** -e	四月
der **Mai** -e	五月
der **Juni** -s	六月
der **Juli** -s	七月
der **August** -e	八月
der **September** -	九月
der **Oktober** -	十月
der **November** -	十一月
der **Dezember** -	十二月
die **Jahreszeit** -en	季节
wohin	到哪里去
die **Schokolade** -n	巧克力
der **Fußball** ̈e	足球
der **Kugelschreiber** -	圆珠笔
die **Postkarte** -n	明信片
das **Wörterbuch** ̈er	字典，词典
das **Fahrrad** ̈er	自行车
sehen +A	看，看见
essen (+A)	吃
fahren (+Dir)	行驶；乘车
laufen (+Dir)	跑；步行
schlafen	睡觉
der **Film** -e	电影
hin	往那边去
her	到这里来
das **Heft** -e	练习本
der **Satz** ̈e	句子

die **U-Bahn** -en	地铁
die **Tasche** -n	手提包
das **Taxi** -s	出租车
die **Arbeit** -en	劳动；工作
die **Bahn** -en	火车
die **Zeitung** -en	报纸
die **Straßenbahn** -en	有轨电车
der **Fuß** ̈e	脚
das **Fenster** -	窗户
der **Gang** ̈e	走廊，过道
die **BahnCard** -s	火车票优惠卡
die **Reservierung** -en	预约，保留
die **Regionalbahn** -en	区间列车
die **Fahrkarte** -n	车票
der/die **Bahnbeamte** (Dekl. wie Adj.)	火车站职员
der **Mittag** -e	中午
um +Akk	在……点钟
dauern +Sit	延续，历时
die **Fahrt** -en	行驶；旅行；行程
etwa	大约
die **Stunde** -n	小时；课时
reservieren +A	预订
der **Sitzplatz** ̈e	座位
kosten	值；价格为
die **Abfahrt** -en	启程，出发
die **Ankunft** ̈e	到达，抵达
die **Information** -en	信息，资料；问讯处
die **Fahrtdauer** nur Sg	行驶时间，旅途时间

Entdecken 2

W3 Lokaladverbien: *links – rechts, oben – unten, vorn – hinten, geradeaus*

1 Wo ist die Katze? Hören Sie und schreiben Sie.

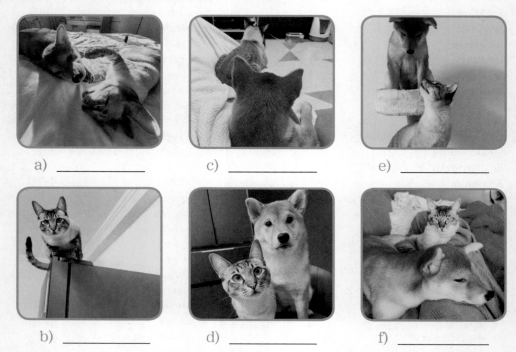

a) _____

c) _____

e) _____

b) _____

d) _____

f) _____

2 Kettenübung: Wo ist das Buch? Und wo ist die Zeitung?

● Sag mal, wo ist das Buch?

□ In der Mitte. Sag mal, wo ist die Zeitung?

▲ Links unten / Unten links. Und wo ist ...?

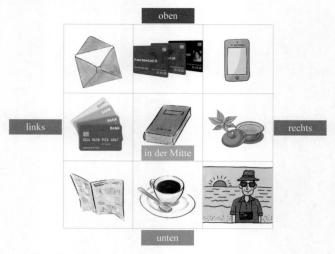

3 **Nach links, nach rechts, geradeaus**

Welcher Weg stimmt? Ordnen Sie zu.

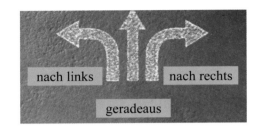

A 　　　　　　　B 　　　　　　　C

1. Gehen Sie nach rechts, dann geradeaus, dann nach links.
2. Gehen Sie geradeaus, dann nach rechts, dann nach links.
3. Gehen Sie nach links, dann geradeaus, dann nach rechts.

4 **Schreiben Sie die Sätze richtig.**

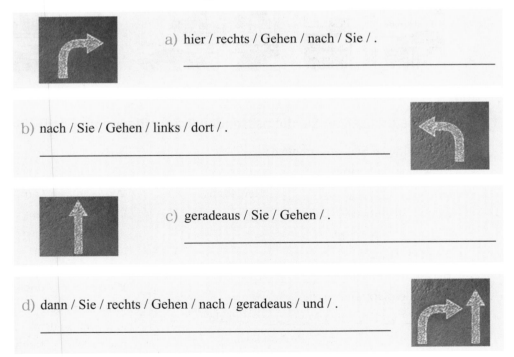

a) hier / rechts / Gehen / nach / Sie / .

b) nach / Sie / Gehen / links / dort / .

c) geradeaus / Sie / Gehen / .

d) dann / Sie / rechts / Gehen / nach / geradeaus / und / .

G3 Wegbeschreibung mit Präpositionen
in, an, auf, bis, zu

5 **Ordnen Sie zu.**

a) **An der** Kreuzung ist die Post.

b) Dann sind Sie **auf dem** Marktplatz.

c) Gehen Sie rechts **in die** Kantstraße.

d) Gehen Sie geradeaus **bis zur** Ampel.

e) Gehen Sie geradeaus **bis zur** Kreuzung.

f) Sie sind jetzt **in der** Mozartstraße.

die Kreuzung   die Ampel

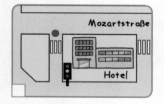 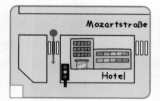 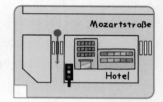

  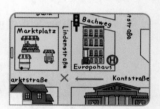

6 **Hören Sie und setzen Sie die passenden Präpositionen und Artikel ein.**

● Entschuldigen Sie, wo ist bitte das
Einwohnermeldeamt?

□ Das ist _____ _____ Bergstraße.
Fahren Sie mit der U-Bahn _____
_____ Marktplatz.

▲ Nein, es ist nicht _____ _____
Bergstraße! Es ist _____ _____
Alexanderplatz. Gehen Sie _____
_____ Kreuzung _____ links
_____ _____ Post und dann _____
_____ Ampel _____ rechts. Dann
sehen Sie das Einwohnermeldeamt.

Wo? – in / an / auf + Dativ

in der / im (in dem)
an der / am (an dem)
auf der / auf dem

Wohin? – zu / nach + Dativ

(bis) zur (zu der)
(bis) zum (zu dem)
nach + Stadt / Stadtteil /
Lokaladverbien

7 **Variation**

- Entschuldigung, wo ist die Xinhua-Buchhandlung?
- In der Wangfujing-Straße. Gehen Sie an der Ampel nach links bis zum Wangfujing-Kaufhaus. Dann sehen Sie die Buchhandlung.

- das Museum Karl-Marx-Haus, in der Brückenstraße, an der Kreuzung, bis zur Bank, das Museum
- das Chinesische Nationalmuseum, am Tiananmen-Platz, an der Kreuzung, bis zur Bushaltestelle, das Museum
- die Stadtsbibliothek, im Bachweg, an der Post, bis zur U-Bahn, die Stadtsbibliothek
- das Café, am Bahnhof, an der Post, bis zur Kreuzung, das Café

8 **Hören Sie die Wegbeschreibungen und füllen Sie die Lücken. Dann zeichnen Sie den Weg in den Plan.**

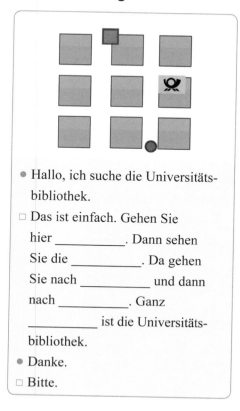

- Hallo, ich suche die Universitäts-bibliothek.
- Das ist einfach. Gehen Sie hier _____. Dann sehen Sie die _____. Da gehen Sie nach _____ und dann nach _____. Ganz _____ ist die Universitäts-bibliothek.
- Danke.
- Bitte.

- Entschuldigung, wo ist das Institut für Germanistik?
- Das Institut für Germanistik? Hier _____, dann sehen Sie die _____. Da gehen Sie nach _____ und wieder nach _____, dann nach _____ und Sie sind schon da.
- Danke schön!
- Bitte schön!

🎧 9 **Hören Sie den Text und füllen Sie die Lücken.**

Yang Fang fährt mit dem Zug zu ihrer Freundin Laura nach Basel. Laura studiert an der Universität Basel. Sie chatten jetzt mit dem Handy.

Hallo, Laura, morgen komme ich _____ Zug und bin _____ 17.47 Uhr _____ Basel.

Hey, Fang. Es tut mir sehr leid, ich habe morgen _____ 18.30 Uhr Unterricht. Wartest du ein bisschen _____ Bahnhof?

Ich komme _____ dir. Das ist kein Problem _____ mich.

O.k. Meine Adresse ist: Europahaus Zimmer 412, Lindenstraße 9. Du nimmst den Ausgang _____ Altstadt. Da gehst du _____ links _____ Bahnhofstraße _____ Ampel. _____ Ampel gehst du _____ rechts und dann geradeaus _____ Marktplatz. Da kommt gleich rechts das Europahaus.

10 Vom Bahnhof zu Laura

1 **Lesen Sie den Text und zeichnen Sie den Weg in den Plan.**

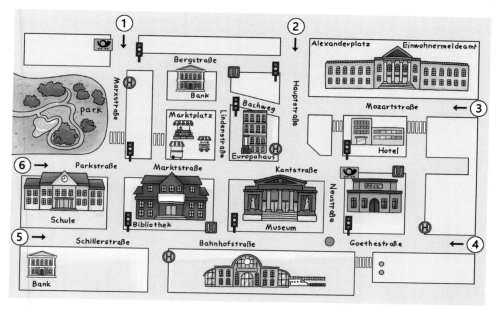

2 **Finden Sie einen anderen Weg vom Bahnhof zu Laura. Bilden Sie einen Dialog wie T2.**

11 Andere Wege zu Laura Steiner

Spielen Sie zu zweit. Würfen Sie zweimal. Das erste Mal für den Start, das zweite Mal für Anredeformen. Spielen Sie die Dialoge.

	•	••	••••	•••	•••••	•••••
	①	②	③	④	⑤	⑥
Start	Post	Alexanderplatz	Einwohnermeldeamt	Goethestraße	Bank	Parkstraße
Anredeform		du		ihr		Sie

Beispiel:

:: Start ④ → Goethestraße

•• Anredeform ② → du

● Hallo, Laura, ich bin in der Goethestraße. Wie komme ich zu dir?

□ Du gehst ...

Orientierung im Kursraum

Alle stehen im Kursraum und machen zusammen das Spiel. Fragen und antworten Sie.

Du gehst nach links und dann ...

Wie komme ich zur Tür / zum Fenster / ... ?

Vokabeln

vorn	前面	die **Buchhandlung** -en	书店
hinten	后面	das **Museum** Museen	博物馆
geradeaus	一直向前地	das **Problem** -e	问题，难题
die **Katze** -n	猫	der **Ausgang** ¨-e	出口
die **Mitte** -n	中间	die **Altstadt** ¨-e	旧城，老城区
in +Akk/Dat	在……里面	die **Tür** -en	门
auf +Akk/Dat	在……上	**am besten**	最好
bis +Akk	直到；直到……为止	der **Fahrkartenschalter** -	售票窗口
zu +Dat	到……去；向，往	**allein**	单独，一个人
der **Marktplatz** ¨-e	集市广场	**beschreiben** +A	描述
die **Ampel** -n	红绿灯	der **Weg** -e	路，道路
die **Kreuzung** -en	十字路口		

Evaluieren

1 Sie studieren in Heidelberg und machen mit zwei Freunden eine Reise. Welche Stadt gefällt Ihnen am besten? Machen Sie einen Reiseplan und kaufen Sie Fahrkarten. Spielen Sie den Dialog am Fahrkartenschalter.

2 Ein deutscher Freund besucht Sie in Ihrer Stadt. Er möchte gern allein mit der U-Bahn oder mit dem Bus (nicht mit dem Taxi) vom Bahnhof zu Ihrer Universität fahren. Schreiben Sie eine Nachricht an ihn und beschreiben Sie den Weg vom Bahnhof zu Ihrer Universität.

Was machst du heute?

die Zeit angeben und erfragen (inoffizielle Uhrzeit) | über Wochentage und Tageszeiten sprechen | über Freizeitaktivitäten sprechen | Termine machen und sich verabreden | Tagesabläufe an Universitäten in verschiedenen Ländern beschreiben und vergleichen

1 **Wochentage**

1 **Vokaldiktat**

Erst kommt der M_ntag, dann der D_nstag, danach der M_ttwoch und dann der D_nnerstag, dann kommen der Fr_tag, S_mstag und S_nntag. Und nach S_nntag geht es dann von vorne los.

2 **Welcher Wochentag passt zu welchem „Weekday"?**

Englisch	MONDAY	TUESDAY	WEDNESDAY	THURSDAY
Deutsch				

Englisch	FRIDAY	SATURDAY	SUNDAY
Deutsch			

2 **Vervollständigen Sie die Tabelle.**

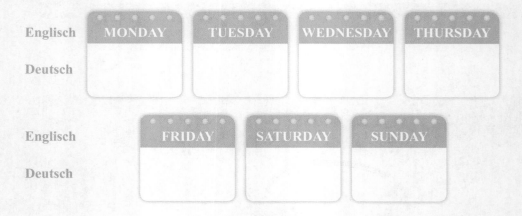

	6 bis 10 Uhr	_____	am Morgen	heute Morgen = heute früh _____ aber nur: morgen früh
		_____ der Vormittag	_____ vormittags	heute Vormittag morgen Vormittag
	12 bis 14 Uhr	der Mittag	am Mittag _____	heute Mittag _____
		_____ _____	_____ nachmittags	_____ morgen Nachmittag

17 bis 21 Uhr   der Abend   am Abend   heute Abend

_____   morgen Abend

 _____   _____   in der Nacht   _____

nachts   morgen Nacht

3   **Uni-Alltag: Was macht man?**

1   **Ordnen Sie zu.**

a) eine Vorlesung haben   b) ein Seminar haben

c) in die Sprechstunde gehen   d) Freunde treffen

e) jobben   f) Sport treiben

Formulieren Sie Fragen und Antworten.

Zeitangaben

- am Montag, am Dienstag, am Mittwoch, am Donnerstag, am Freitag, am Samstag / Sonnabend, am Sonntag
- am Morgen, am Vormittag, am Nachmittag, am Abend, in der Nacht

Beispiel:

- *Wann treibst du Sport?*
- *Am Montag treibe ich Sport.*

- *Sag mal, was machst du am Vormittag?*
- *Am Vormittag habe ich eine Vorlesung.*

4 ## Uni-Alltag in China

Ihre Freundin Mia möchte gern ein Auslandssemester machen und fragt Sie nach dem Uni-Alltag in China. Schreiben Sie Mia eine E-Mail und beschreiben Sie Ihren Uni-Alltag.

Vokabeln

der **Montag** -e	星期一	die **Nacht** ¨e	夜里
der **Dienstag** -e	星期二	die **Vorlesung** -en	讲座课
der **Mittwoch** -e	星期三	die **Sprechstunde** -n	（教师）辅导时间；
der **Donnerstag** -e	星期四		门诊时间
der **Freitag** -e	星期五	**treiben** +A	从事；做
der **Samstag** -e	星期六	**jobben**	（做临时性）工作，
der **Sonntag** -e	星期日		打工
der **Vormittag** -e	上午		
der **Nachmittag** -e	下午	der **Sport** nur Sg	运动

W1 Uhrzeit (inoffiziell)

1 Ordnen Sie die angegebene inoffizielle Uhrzeit der offiziellen Uhrzeit zu.
Finden Sie die Regel und vervollständigen Sie die Tabelle.

eins

sieben (Minuten) nach acht

halb neun

Viertel vor neun

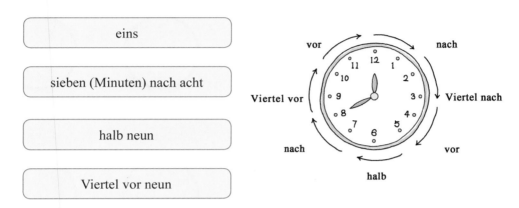

	Offiziell（正式用法）	Inoffiziell（日常用法）
1.00	ein Uhr	
13.00		
8.00		
20.00	zwanzig Uhr	
8.07	acht Uhr sieben	
20.07		
8.15		
20.15		
8.26		vier vor halb neun
20.26	zwanzig Uhr sechsundzwanzig	
8.30		
20.30		
8.39		neun nach halb neun
20.39	zwanzig Uhr neununddreißig	
8.45	acht Uhr fünfundvierzig	
20.45		
8.52		acht vor neun
20.52	zwanzig Uhr zweiundfünfzig	

2 Wie spät ist es?

1 Zeichnen Sie.

Es ist ...

fünf vor zwölf	zehn nach zwölf	Viertel nach zwölf	fünf vor halb eins

halb eins	zehn nach halb eins	Viertel vor eins	eins

2 Hören Sie drei Szenen und markieren Sie die Uhrzeiten in Ü2. 1.

3 Variation

a) ● Verzeihung! Wie viel Uhr ist es, bitte? Meine Uhr steht. / Meine Uhr geht nicht.

☐ Es ist _____.

● Danke.

• 7.55	• 12.00	• 1.13	• 7.45	• 6.30

b) ● Entschuldigung! Wie spät ist es, bitte?

☐ Es ist _____.

● Was? So spät schon? Dann geht meine Uhr nach. / Was?
Noch so früh? Dann geht meine Uhr vor.

• 10.58	• 1.00	• 12.30	• 12.05	• 11.45

🎧 **4** **Termin bei Prof. Dr. Krings**

Hören Sie das Gespräch zwischen Frau Hennings und Li Tao und füllen Sie die Lücken.

> **Prof. Dr. Krings**
>
> Sprechstunde: Dienstag 15.00 – 16.00
> (Termin nur nach Vereinbarung per E-Mail oder unter
> 06221 / 123456)

a) • Wann ist das Seminar von Frau Krings?

    ☐ Um _____.

b) • Von wann bis wann dauert das Seminar?

    ☐ Von _____ bis _____.

c) • Um wie viel Uhr hat Frau Krings wieder einen Termin?

    ☐ Um _____.

d) • Was macht Li Tao um vier?

    ☐ Er hat eine _____.

e) • Wann geht Li Tao in die Sprechstunde von Frau Krings?

    ☐ Um _____.

> **Landeskunde**
>
> Einen Sprechstundentermin zu vereinbaren (meistens telefonisch oder per E-Mail) ist wichtig. In der Sprechstunde sind unterschiedliche Themen rund um das Studium möglich, z. B. Hausarbeit, Abschlussarbeit oder Prüfung.

G1 Direktivergänzung (Dir)

Am Montag geht Papa früh **ins** Büro. Am Dienstag komme ich allein **nach** Hause. Am Mittwoch fährt Mama **zum** Arzt. Am Donnerstag kommt Oma **zu** uns. Am Freitag gehen wir immer **ins** Kino. Am Samstag und Sonntag gehen alle **in den** Park.

		_____ Park.	
		ins (in das) Büro.	介词 in 表示方向时支配第
		_____ Kino.	四格，强调进入某个空间
		in die Bibliothek.	
Wohin gehen Sie?	Ich gehe	zu Peter.	zu 支配第三格
		_____ Arzt.	
		nach München.	nach 支配第三格，搭配中
		_____ Hause.	性的国名与地名
			nach Hause gehen 回家
Woher kommen Sie?	Ich komme	aus China.	aus 支配第三格
		aus der Schweiz.	
		aus Köln.	

5 **Setzen Sie die passenden Präpositionen ein.**

> • ins   • in die   • aus der   • in den   • nach   • zu   • nach   • aus

a) • Kommen Sie _____ Schweiz?

   □ Nein, ich bin Deutscher.

b) • Hi, Anna, gehst du jetzt auch _____ Mensa?

   □ Ja, essen wir zusammen?

c) • Anna und ich machen morgen Vormittag einen Ausflug. Kommst du?

   □ Nein, ich gehe _____ Thomas. Er hat Geburtstag.

e) • Gehen wir am Samstagabend _____ Kino? Es gibt einen neuen Film.

   □ Ja, gerne!

f) • Was machst du morgen früh?

   □ Ich gehe _____ Hause. Meine Mutter ist krank.

g) • Felix, Was machen wir am Samstag?

   □ Gehen wir _____ Park?

h) • Wohin fährst du denn am Wochenende?

   □ Ich fahre _____ Chengdu.

i) • Woher kommt Ludwig van Beethoven?

   □ Er kommt _____ Bonn.

6 **Kettenübung**

- Anna, wohin gehst du heute Nachmittag?

☐ Ich gehe **ins Kino**. Thomas, wohin gehst du heute Nachmittag?

▲ Ich gehe ...

• Universität	• Bibliothek	• Hörsaal
• Studentenwohnheim	• Kino	• Park
• nach Hause	• Beijing	• Arzt

G2 Negation und Antwortpartikel

1 Negation mit *kein*

7 **Füllen Sie die Lücken.**

a) • Ich brauche **ein Lehrbuch**.

   ☐ Was? Hast du noch _____ Lehrbuch?

b) • Haben Sie **einen Studentenausweis**?

   ☐ Nein, ich habe _____ Studentenausweis.

c) • Hast du heute **Zeit**? Kommst du mit?

   ☐ Nein, ich habe _____ Zeit.

d) • Hast du **Unterricht**?

   ☐ Nein, ich habe _____ Unterricht.

- Bei unbestimmten Artikeln und beim Nullartikel → Negation mit *kein*

  否定带_____和不带_____的名词用 *kein*。

2 Negation mit *nicht*

1) Satznegation (否定全句)

8 Setzen Sie die Sätze a bis f in die Tabelle ein.

a) Sabine arbeitet heute **nicht**.

b) Thomas braucht sein Wörterbuch **nicht**.

c) Ich arbeite **nicht** zu Hause.

d) Wir wohnen **nicht** im Studentenwohnheim.

e) Anna geht morgen **nicht** in die Schule.

f) Der Film ist **nicht** interessant.

Subjekt-ergänzung	Verb	Angabe	Akkusativ-ergänzung	nicht
Sabine	arbeitet	heute		nicht.
Thomas	braucht		sein Wörterbuch	nicht.

Subjekt-ergänzung	Verb	Angabe	nicht	Direktivergänzung / Situativergänzung / Adjektivergänzung
Ich				zu Hause.
Wir				
Anna				
Der Film				

2) Sondernegation (否定部分)

9 Schreiben Sie die Sätze richtig.

a) Sie arbeitet **nicht** heute, **sondern** morgen.

   (nicht / heute / arbeiten) (, sondern / morgen)

b) Ich _____.

   (nicht / zu Hause / arbeiten) (, sondern / im Büro)

c) Thomas _____.

   (nicht / sein Wörterbuch / lesen) (, sondern / sein Lehrbuch)

d) Wir _____.

   (nicht / im Studentenwohnheim / wohnen) (, sondern / zu Hause)

10 **Variation**

a) ● **Nimmst** du **den Zug**?   □ Nein, ich **nehme den Zug** nicht.

> • die Bibliothek / suchen   • der Brief / lesen
> • Herr Müller / treffen   • die Hausaufgaben / machen

b) ● **Seid** ihr **in der Bibliothek**?   □ Nein, wir **sind** nicht **in der Bibliothek**.

> • heute / arbeiten   • im Studentenwohnheim / wohnen
> • zu Hause / sein   • am Wochenende / lernen

c) ● **Gehst** du heute **in die Mensa**?   □ Nein, ich **gehe** heute nicht **in die Mensa**.

> • ins Kino / gehen   • zum Opa / fahren
> • nach Hause / fahren   • zu Anna / gehen

11 *nicht* oder *kein*? Setzen Sie ein.

a) ● Trinken Sie Kaffee?

□ Nein, ich trinke _____ Kaffee.

b) ● Arbeitest du heute?

□ Nein, ich arbeite heute _____.

c) ● Hast du heute Nachmittag das Seminar von Professor Meier?

□ Nein, ich habe heute Nachmittag _____ das Seminar von Professor Meier,
sondern das Seminar von Professorin Krings.

d) ● Macht ihr jetzt Pause?

□ Nein, wir machen _____ jetzt Pause, sondern später.

e) ● Hast du einen Bruder?

□ Nein, ich habe _____ Bruder, sondern eine Schwester.

f) ● Lebt Anna in Köln?

□ Nein, sie lebt _____ in Köln.

3 Die Partikeln *ja, nein, doch*

a) Fahren Sie nach Berlin? (+)   Ja, ich fahre nach Berlin. (+)

Nein, ich fahre nicht nach Berlin. (-)

b) Fahren Sie nicht nach Berlin? (-)   Doch, ich fahre nach Berlin. (+)

Nein, ich fahre nicht nach Berlin. (-)

12 **Füllen Sie die Lücken.**

a) ● Kommen Sie aus Deutschland? ☐ _____, aus Heidelberg.

b) ● Gehst du nicht in die Mensa? ☐ _____, ich habe keine Zeit.

c) ● Heißt er nicht Michael? ☐ _____, sein Name ist Michael Fischer.

d) ● Hat Frau Krings heute keine ☐ _____, aber erst heute Nachmittag.
Sprechstunde?

e) ● Fahren wir heute zum Arzt? ☐ _____, wir haben einen Termin um 14 Uhr.

f) ● Seid ihr heute Abend zu Hause? ☐ _____, wir fahren zur Oma.

T1 Verabredung

13 **Freizeitaktivitäten**

1 **Welche Anzeige passt zu welchem Foto? Ordnen Sie zu.**

Wolfgang Amadeus Mozart

○ Samstag 19.30 Uhr

○ Konzerthaus München

○ Tickets ab 50,50 Euro

Open Air Rock-Fest

○ Rock and Roll!

○ Samstag 17.00 Uhr im Olympiapark

○ Eintritt frei!

Ausstellung für Kunstfreunde

○ Freitag von 10.00 Uhr bis 21.00 Uhr

○ Kunsthaus Utopia

○ Tickets: 15 Euro

MADE IN CHINA! PORZELLAN

○ Das Stadtmuseum zeigt wertvolles Porzellan aus China.

○ Öffnungszeit: Mittwoch, Samstag 10.00 Uhr - 18.00 Uhr

○ Preis: 8 Euro (ermäßigt 4 Euro)

2 **Yang Fang trifft ihre Freundin Hanna am Wochenende. Füllen Sie die Lücken mit *nicht* oder *kein*. Finden Sie die passenden Freizeitaktivitäten für sie.**

a) Hanna hört gern Musik, aber klassische Musik hört sie _____. Sie geht gern ins Konzert. Aber Konzertkarten sind _____ billig. Als Studentin hat Hanna _____ viel Geld.

b) In der Freizeit geht Yang Fang gern in die Ausstellung. Aber als Erstsemester hat sie von Montag bis Freitag immer Unterricht. Nur am Wochenende hat sie _____ Unterricht.

🎧 14 **Bringen Sie die Nachrichten von Yang Fang und Hanna in die richtige Reihenfolge. Dann hören Sie.**

Hallo, Hanna, am Freitag gibt es eine Kunstausstellung. Hast du Lust?

[7]

Ja, natürlich! Wann gehen wir in die Ausstellung? [2]

Am Samstag ist keine Öffnungszeit. Aber nicht so schlimm. Es gibt eine andere Ausstellung. Vielleicht gehen wir am Samstag in die Porzellan-Ausstellung. Für Studenten kostet der Eintritt nur vier Euro!

[ ] Tut mir leid, am Freitagabend geht es leider nicht. Um 7 Uhr gehe ich zu Thomas. Wir lernen zusammen für das Seminar. Hast du am Samstag Zeit?

Hast du am Freitagabend Zeit? Da habe ich keinen Unterricht. [ ]

[ ] Prima, das passt. Dann bis Samstag!

Nein, das geht leider nicht. Ich jobbe bis 14 Uhr.
Geht es am Nachmittag um halb drei? [ ]

[ ] Gute Idee! Gehen wir am Vormittag hin? Da haben wir viel Zeit.

Bis Samstag! 😊 ☺ [ ]

[9]

15 Formulieren Sie Fragen und Antworten. Benutzen Sie dabei *nicht ..., sondern ...*

Beispiel:

● *Gehen Yang Fang und Hanna am Samstag in die Kunstausstellung?*

□ *Nein, sie gehen nicht in die Kunstausstellung, sondern in die Porzellan-Ausstellung.*

a) Geht Hanna am Samstag zu Thomas?

b) Gibt es am Samstag Öffnungszeit für die Kunstausstellung?

c) Hat Yang Fang am Samstagvormittag Zeit?

d) Jobbt Yang Fang am Samstag bis 12 Uhr?

...

16 Sammeln Sie aus dem Text Redemittel und ordnen Sie zu.

Redemittel ///

einen Termin vorschlagen	
zustimmen	**ablehnen**

🎧 **17** **Hören Sie zwei Telefongespräche und kreuzen Sie an, wie man antwortet.**

a) Ich jobbe morgen nicht mehr. Gehen wir am Vormittag in die Ausstellung?

☐ Super!

☐ Das passt leider nicht.

b) Geht es um halb elf?

☐ Das passt gut.

☐ Es geht leider nicht.

c) Gehen wir nach der Ausstellung noch in den Olympiapark? Um fünf ist das Rock-Fest.

☐ Ja, gerne. Ich liebe Rock!

☐ Tut mir leid, da habe ich keine Zeit.

d) Tut mir leid. Ich komme etwa eine Viertelstunde später.

☐ Ach schade, dann bis bald.

☐ Das macht nichts. Bis dann!

Vokabeln

der **Alltag** nur Sg	日常生活	das **Wochenende** -n	周末
die **Uhr** -en	表，钟；钟点，小时	**interessant**	有趣的
		die **Lust** nur Sg	兴趣，兴致
das **Viertel** -	四分之一；一刻钟	**natürlich**	当然；自然
		schlimm	糟糕的
halb	半，半个	**ander...**	别的，另外的
vor +Dat	在……之前	das **Konzert** -e	演唱会，音乐会
der **Termin** -e	（谈话，治疗等）约定时间	die **Verabredung** -en	约定，约会
		der **Olympiapark** -s	奥林匹克公园
Meine Uhr steht.	我的表停了。	der **Eintritt** -e, meist Sg	入场
Meine Uhr geht nicht.	我的表不走了。	die **Ausstellung** -en	展览
Meine Uhr geht vor.	我的表快了。	die **Kunst** ⸚e	艺术
Meine Uhr geht nach.	我的表慢了。	das **Porzellan** -e	瓷器
von wann bis wann?	从何时到何时？	die **Öffnungszeit** -en	开放时间
der **Arzt** ⸚e	医生	**Tut mir leid.**	抱歉。
das **Kino** -s	电影院	**Es geht nicht.**	不行。
der **Park** -s	公园	die **Idee** -n	主意，想法
die **Hausaufgabe** -n	家庭作业	**billig**	便宜的
der/die **Deutsche** (Dekl. wie Adj.)		**passen**	适合；合适
	德国人	**zu/stimmen**	赞同
sondern	而是	**ab/lehnen** +A	拒绝
die **Heimatstadt** ⸚e	家乡（城市）	**eintrittsfrei**	免入场费的
Ludwig van Beethoven	路德维希·凡·贝多芬		

Entdecken 2

W2 Tageszeiten

1 Kettenübung. Lesen Sie den Plan für Freitag und fragen Sie in der Gruppe.

	Vormittag	Nachmittag	Abend
Xu Meng	in die Bibliothek	Freunde treffen	ins Konzert
Li Tao	zu Lukas	in den Park	Hausaufgaben machen
Anton	zum Arzt	nach Hause	Chinesisch üben

- ● Wann geht Xu Meng in die Bibliothek?
- □ Am Freitagvormittag geht Xu Meng in die Bibliothek. Was macht Li Tao am Freitagvormittag?
- ▲ Li Tao geht am Freitagvormittag zu Lukas.
- ◊ Wer übt Chinesisch am Freitagabend?

...

2 Berufe und Arbeitszeit

1 **Was machen die Leute beruflich? Ordnen Sie zu.**

> a) der Bäcker b) die Sekretärin
> c) der Taxifahrer d) die Kassiererin

Lea Weber

Barbara Schmidt

Alexander Koch

Sven Fischer

2 Wie ist die Arbeitszeit? Setzen Sie die passenden Wörter ein.

> • morgens   • nachts   • vormittags   • mittags   • nachmittags

a) Ich bin Bäcker. Ich arbeite oft _____. Um 2 Uhr stehe ich schon auf und arbeite bis 12 Uhr _____. Dann mache ich einen langen Mittagsschlaf.

b) Ich bin Kassiererin im Supermarkt. Heute ist Dienstag. Ich arbeite dienstags immer _____, von 14 bis 18 Uhr.

c) Ich bin Sekretärin. Ich arbeite nur _____. Aber heute arbeite ich auch am Nachmittag. Morgen früh haben wir eine wichtige Konferenz.

d) Ich bin Taxifahrer. Von Montag bis Freitag arbeite ich 12 Stunden am Tag, von 6 Uhr bis 18 Uhr. Samstags arbeite ich abends und _____, also von 18 Uhr bis 6 Uhr.

> **!**
>
> • *Am Morgen, am Vormittag, am Abend ...* gibt meistens einen einmaligen Zeit-punkt an.
> *Am Morgen, am Vormittag, am Abend* ⋯⋯通常表示一次性的时间。
> • *morgens, vormittags, nachmittags ...* bezeichnet meistens eine Wiederholung, aber in Verbindung mit der Uhrzeit auch einen einmaligen Zeitpunkt: „Mein Zug fährt am Dienstag um sieben Uhr abends".
> *morgens, vormittags, nachmittags* ⋯⋯大多表示多次重复；如与具体钟点连用，则表示一次性的时间。

3 **Bilden Sie Sätze.**

Beispiel:

Morgens trinke ich Kaffee, aber heute Morgen trinke ich Tee. (Morgen / Kaffee / Tee)

a) _____ (Vormittag / Park / Arzt)

b) _____ (Mittag / Mensa / nach Hause)

c) _____ (Nachmittag / jobben / Sport treiben)

d) _____ (Abend / Kino / Konzert)

e) _____ (Nacht / Buch / Musik)

4 Wie ist die Arbeitszeit eines Lehrers? Schreiben Sie einen kurzen Text wie in Ü2. 2.

G3 Trennbare Verben

Ein Tag von Frau Maier

Frau Maier **steht** um sieben Uhr **auf** und frühstückt um zwanzig vor acht. Um halb neun geht sie zu Fuß zur Arbeit. Heute arbeitet sie von 9 Uhr bis 17 Uhr. Um Viertel nach fünf geht sie in den Supermarkt und **kauft** für das Abendessen **ein**. Um zwanzig nach sechs kocht sie. Nach dem Abendessen **räumt** sie das Zimmer **auf**. Dann sitzt sie um fünf nach halb neun gemütlich auf dem Sofa und **sieht fern**. Um elf Uhr geht sie ins Bett.

	V1		V2
Frau Maier	steht	um sieben Uhr	auf
Um Viertel nach fünf	_____	sie für das Abendessen	_____ .
Nach dem Abendessen	_____	sie das Zimmer	_____ .
Um fünf nach halb neun	_____	sie	_____ .
Wann	_____	Frau Maier	auf?
	Steht	Frau Maier um sieben Uhr	auf?

Satzklammer

> !
> • Verben mit betonten Vorsilben sind trennbare Verben. Im Satz steht das Verb auf Position
> _____ und die trennbare Vorsilbe auf Position _____ .
> 可分动词由词根和可分前缀构成，词重音在可分前缀上。在句子中动词的人称形式位于
> _____，前缀位于_____。

5 **Wie werden die Verben betont? Markieren Sie den Wortakzent.**

> • auf | stehen • ein | kaufen • auf | räumen • fern | sehen

> Wie ist es mit den Verben *entschuldigen,*
> *bekommen* usw.?

6 **Formulieren Sie Fragen und Antworten.**

Frau Maier / früh / aufstehen?
● *Steht Frau Maier früh auf?*
□ *Ja, sie steht früh auf.*

a) Frau / Maier / aufstehen / wann?

● _____ ?
□ _____ .

Was machst du heute?   **173**

b) einkaufen / wo / Frau Maier?

   ● _____ ?

   □ _____ .

c) um / einkaufen / Frau Maier / wie viel / Uhr?

   ● _____ ?

   □ _____ .

d) Frau Maier / das /wann / Zimmer / aufräumen?

   ● _____ ?

   □ _____ .

e) fernsehen / Frau Maier / am Abend?

   ● _____ ?

   □ _____ .

7   **Setzen Sie die passenden trennbaren Verben ein.**

• einkaufen • anfangen • ausgehen • aufräumen • vorhaben

Thomas: Nina, _____ du am Freitag schon etwas _____?

   Nina: Am Freitagvormittag _____ ich Lebensmittel für die nächste
               Woche _____. Am Nachmittag _____ ich mein Zimmer
               _____.

Thomas: Und am Abend? Was machst du am Abend? _____ wir zusammen
                 _____?

   Nina: Gerne. Was machen wir?

Thomas: Gehen wir ins Konzert?

   Nina: Gute Idee! Wann _____ das Konzert _____?

Thomas: Um acht Uhr.

   Nina: Prima, dann bis Freitagabend!

G4 Situativergänzung (Sit) 状态补足语

1 Die lokale Situativergänzung (Sit₁) auf die Frage *wo*? （地点补足语）

Lokale Situa-tivergänzung	Verb	Subjekt-ergänzung	Subjekt-ergänzung	Verb	Lokale Situativ-ergänzung
Wo	wohnst	du?	Ich	wohne	in Beijing.
	leben	Sie?		lebe	in China.

2 Die temporale Situativergänzung (Sit₁) auf die Fragen *wann? wie spät? wie viel Uhr? wie lange? (von wann) bis wann?* （时间补足语）

Temporale Situativ-ergänzung	Verb	Subjekt-ergänzung	Subjekt-ergän zung	Verb	Temporale Situativergänzung
Wann	beginnt	der Unterricht?	Er	beginnt	um 9.30 Uhr. in 15 Minuten.
Wie spät Wie viel Uhr	ist	es?	Es	ist	Viertel nach sieben.
Wie lange	dauert	der Unterricht?	Er	dauert	zwei Stunden. bis 11.30 Uhr.
Von wann bis wann	dauert	der Unterricht?	Er	dauert	von 9.30 Uhr bis 11.30 Uhr.

8 Variation

a) halb sieben / in 20 Minuten

- Wie spät ist es?
- Wann beginnt die Vorlesung?

□ **Halb sieben**.
□ **In zwanzig Minuten**.

- 9.50 / in 10 Minuten
- 15.05 / um 15.30

- 8.15 / in 15 Minuten
- 18.30 / um 19.00

b) Englisch / 14.00-15.50

- Du hast heute **Englisch**.
- Und von wann bis wann?

□ Ja, aber erst **am Nachmittag**.
□ **Von zwei bis zehn vor vier**.

- Chinesisch / 18.30-20.00
- Russisch / 19.00-20.30

- Deutsch / 15.15-16.00
- Zeit / 12.10-14.00

9 **Setzen Sie die passenden Fragewörter ein.**

a) ● _____ heißt das auf Deutsch? □ Uhr.

b) ● _____ ist es? □ Neun Uhr zehn.

c) ● _____ fährst du? □ Nach Italien.

d) ● _____ liest du? □ Einen Brief.

e) ● _____ dauert die Fahrt? □ Zwei Stunden.

f) ● _____ kommt Frau Li? □ Aus Nanjing.

g) ● _____ arbeitest du nachmittags? □ Zu Hause.

h) ● _____ leben deine Eltern? □ In Shandong.

i) ● _____ kommt ihr denn? □ Am Wochenende.

j) ● _____ lernen Sie schon Chinesisch? □ Ein Jahr.

k) ● _____ habt ihr heute Unterricht? □ Von acht bis zwölf Uhr.

l) ● _____ macht ihr Hausaufgaben? □ Abends oder nachts.

T2 Mein Auslandssemester in China

10 **China entdecken**

1 Die ausländischen Studentinnen und Studenten in China posten Fotos in ihren Blogs. Was schreiben sie?

2 Setzen Sie die passenden Wörter ein und ordnen Sie die Texte den Fotos zu.

| • Schriftzeichen • Essstäbchen • Große Mauer • Platztanz |

Verlieb in Chongqing-Nudeln 😎 !

a) Halte ich die _____ richtig?

c) Großartig!
Die _____!

b) Prima Idee! Sport treiben und
Spaß haben! _____ 😎

d) Übung macht den Meister
– besonders bei den chinesischen _____.

🎧 **11** **Hören Sie den Text und füllen Sie die Lücken.**

„Mache ich auch ein Auslandssemester wie Jonas?" Mia ist nicht sicher. Sie schreibt
Jonas eine E-Mail und fragt nach seinem Uni-Alltag in China. Jonas schreibt zurück.

Liebe Mia,

danke für deine Mail! Mir geht es gut. Gerne schreibe ich mal über meinen Alltag.
Also: Punkt sieben klingelt mein Wecker. Ich schlafe noch zehn Minuten und
_____ erst gegen Viertel nach sieben _____. Ich frühstücke meistens im
Studentenwohnheim. Der Unterricht _____ immer um 8 Uhr _____. Eine
Unterrichtsstunde dauert 45 Minuten, dann ist 5 Minuten Pause. Um fünf nach halb
zehn haben wir 25 Minuten Pause.
Kurz nach zwölf gehe ich in die Mensa. Ich esse oft in der Mensa. Da bekommt man
Essen aus ganz China. Lecker! Ich esse jetzt mit Essstäbchen! Nach dem Mittagessen
mache ich meistens einen Mittagsschlaf – wie meine Kommilitonen hier. Nachmittags
habe ich selten Unterricht. Ich gehe immer in die Bibliothek und mache da meine
Hausaufgaben. Ich _____ oft Texte _____. Manchmal übe ich auch Dialoge. Sprechen ist nicht so schwer, aber schreiben ... Ich schreibe nicht, sondern male
ganz langsam die Schriftzeichen 🙁! Vor dem Abendessen treibe ich meistens Sport.
Abends lerne ich selten. Ich _____ Lebensmittel _____, _____ mein
Zimmer _____ oder _____ _____.
Am Wochenende bin ich nie im Studentenwohnheim. Ich _____ immer ganz
viel _____. Ich _____ oft _____ und treffe manchmal Freunde.
Beijing hat sehr viele Sehenswürdigkeiten: die Große Mauer, die Verbotene Stadt, den
798-Kunstbezirk usw. Ich gehe oft in den Park. Dort gibt es Platztanz. Sehr interessant!

Ein Auslandssemester in China finde ich prima! Man lernt eine neue Sprache, eine neue Kultur und neue Freunde kennen.

Viele liebe Grüße!

Jonas

12 **Studium und Freizeit.**

1 **Wie oft macht Jonas was? Vervollständigen Sie die Tabelle und kreuzen Sie an.**

0% ──► 100%

nie   selten   manchmal   oft   meistens   immer

Aktivitäten		Wie oft?					
		nie	selten	manchmal	oft	meistens	immer
Studium	*in die Bibliothek gehen* ...						×
Essen							
Freizeit							

2 **Machen Sie eine Umfrage zum Thema** *Studium und Freizeit* **und berichten Sie über die Ergebnisse.**

Wie oft ...?

- Texte vorlesen
- einkaufen
- fernsehen
- Freunde treffen
- in die Bibliothek gehen
- ins Kino gehen
- in die Ausstellung gehen
- ins Konzert gehen
- in den Park gehen
- aufräumen
...

... sieht abends oft fern.
... geht immer am Wochenende ins Kino.

13 **Wählen Sie die passenden Präpositionen für jeden Satz und schreiben Sie die Sätze richtig.**

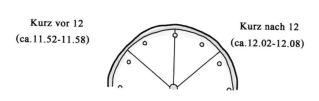

Punkt 12

Kurz vor 12
(ca. 11.52–11.58)

Kurz nach 12
(ca. 12.02–12.08)

| • in | • um | • an | • gegen | • nach | • vor |

a) zehn Uhr / aufstehen / Wochenende / Jonas
   Am Wochenende steht Jonas *um* zehn Uhr auf.
b) anfangen / immer / der Unterricht / acht Uhr
c) eins / einen Mittagsschlaf / Jonas / macht
d) Jonas / vorlesen / Abendessen / oft / Texte
e) Freitagnachmittag / vorhaben / immer / etwas / er
f) fernsehen / Arbeit / Claudia / eine Stunde / manchmal
g) Nacht / ausgehen / ich / nie

14 **Beschreiben Sie den Uni-Alltag von Jonas.**

Jonas steht gegen Viertel nach sieben auf ...

15 **Übersetzen Sie.**

Jonas schreibt im Chinesischkurs einen Aufsatz über sein Alltagsleben an seiner Heimatuniversität in Deutschland.

我叫约纳斯。在德国我经常很早起床。我的课大多数从9点开始，上午和下午有讲座课和研讨课，晚上通常没课。中午我有时去食堂吃饭，有时自己在家做饭。午饭后我喜欢喝咖啡，然后去图书馆。周一到周四我都有课，周五下午我在学校咖啡馆打工。周末我总有很多安排。周六我常常快十点才起床，下午采购食物或者和朋友出去玩，我们一起去看电影、听音乐会或者去公园。周日我多数时候在家打扫房间、读书或者看电视。

Vokabeln

der **Bäcker** -	面包师，烘焙师	**zurück/schreiben** (+D)(+A)	回复；写回信
der **Taxifahrer** -	出租车司机；男出租车司机	**Punkt sieben**	七点整
		klingeln	（铃声）响
die **Kassiererin** -nen	女收银员	**meistens**	大多数时候
morgens	早上	der **Wecker** -	闹钟
vormittags	上午	**erst**	才
mittags	中午	**immer**	总是
nachmittags	下午	**gegen** +Akk	大约
abends	晚上	die **Unterrichtsstunde** -n	课时
nachts	夜里	die **Pause** -n	休息
der **Mittagsschlaf** nur Sg	午睡	**lecker**	好吃的，美味的
frühstücken	吃早餐	**oft**	经常
ein/kaufen (+A)	购物	**selten**	（时间上）不常，难得
auf/räumen +A	整理		
auf/stehen	起床	**nie**	从不
fern/sehen	看电视	**vor/lesen** (+A)	朗读
an/fangen	开始	der **Dialog** -e	对话
vor/haben +A	计划，打算	**üben** (+A)	练习
aus/gehen	外出，出门	**malen** (+A)	画，绘
das **Schriftzeichen** -	字，文字	das **Lebensmittel** Pl	食物
das **Essstäbchen** -, meist Pl	筷子	die **Sehenswürdigkeit** -en	风景名胜
die **Große Mauer**	长城	die **Verbotene Stadt**	故宫
der **Platztanz** ‥e	广场舞	der **798-Kunstbezirk**	798 艺术区
das **Auslandssemester** -	到国外学习的学期	**prima**	出色的，极好的
sicher	确定无疑的，一定的	die **Kultur** -en	文化
		kennen lernen +A	结识，认识

Evaluieren

1 **Terminvereinbarung**

Sie wollen mit Ihrer Freundin Anna ins Drei-Schluchten-Museum gehen (Öffnungszeit: 09.00 Uhr - 18.00 Uhr). Lesen Sie den Terminkalender von Anna und vereinbaren Sie einen Termin mit Anna. Spielen Sie die Szene.

März	
22.	**MITTWOCH**
09:00	Sport
10:15	zum Arzt
15:30	Kaffee mit Leon
17:00	ins Konzert

2 **Uni Alltag in ...**

Mia bekommt die E-Mail von Jonas. Sie erfährt gern mehr vom Uni-Alltag in China (in Beijing, in Shanghai, in Xi´an usw.). Schreiben Sie auch eine E-Mail an Mia und erzählen über Ihren Uni-Alltag.

Liebe Mia,

ich bin Studentin an der Uni ...

Vokabeln

das **Drei-Schluchten-Museum**　　三峡博物馆　　　der **Terminkalender** -　　记事（备忘）日历

Denkstation 2

Inspiration

Lernen, ohne zu denken, ist eitel; denken, ohne zu lernen, ist gefährlich.
— Konfuzius

Es ist keine Schande, nichts zu wissen, wohl aber, nichts lernen zu wollen.
— Platon

Wir lernen sehr viel und verlernen einiges in unserem Leben, aber wir lernen nie aus.
— Ernst Ferstl

Lerne umfassend, prüfe wiederholt, denke sorgfältig darüber nach, analysiere es scharf, setze Erlerntes in die Tat um!
— *Das Buch von Maß und Mitte*

Was Hänschen nicht lernt, lernt Hans nimmer mehr.
— Deutsches Sprichwort

Wissen ist Macht*

Erhard Blanck

Wer nur weiß und es nicht macht,
hat dabei noch nicht recht bedacht,
dass das Wissen ganz allein
völlig machtlos auch kann sein.
Denn das Wissen ist nur Macht,
wenn's gemacht, nicht nur gedacht.

---

* Der Text wurde der heutigen Rechtschreibung angepasst.

183

1 **Pünktlich oder nicht?**

Diskutieren Sie in den folgenden Situationen über die Pünktlichkeit.

a) Der Zug hat zehn Minuten Verspätung.

b) Der Unterricht beginnt um acht. Sie kommen um zehn nach acht.

c) Die Party beginnt um neun. Sie kommen um Viertel nach neun.

d) Ihre Freundin und Sie sind um zwei Uhr nachmittags zum Kaffee verabredet. Sie kommen um zwanzig nach zwei.

Ich reise häufig mit öffentlichem Verkehr. In Deutschland haben wir genaue Fahrpläne für Züge und Busse. Aber sie sind nicht immer pünktlich, vor allem die Züge. Das ärgert mich.

Manfred (Geschäftsmann, Deutscher)

Ein berühmtes deutsches Sprichwort sagt: *Fünf Minuten vor der Zeit ist des Deutschen Pünktlichkeit.* So komme ich bei meiner ersten Vorlesung 10 Minuten früher, also um 8.50. Aber niemand ist da! Erst um 9.15 beginnt der Unterricht. Das ist das sogenannte akademische Viertel.

Wang Lan (Austauschstudentin in Deutschland, Chinesin)

Ich schreibe jeden Termin in meinem Terminkalender auf. Aber ich bin nicht immer pünktlich. Zur Party komme ich oft eine Viertelstunde später.

Tina (Studentin, Deutsche)

In Spanien gehen wir ganz locker mit der Zeit um. Aber andere Länder, andere Sitten. Für viele Deutsche ist Pünktlichkeit wichtig, besonders bei beruflichen Treffen. Bei privaten Verabredungen sind ein paar Minuten Verspätung akzeptabel.

Diego (Mitarbeiter bei einer deutschen Firma, Spanier)

- Das akademische Viertel ist meist durch *c. t.* (lateinisch: cum tempore = mit Zeit) hinter der Zeitangabe markiert, z. B. 10 Uhr c. t. = 10.15 Uhr. Bei *s. t.* (lateinisch: sine tempore = ohne Zeit) beginnt der Unterricht zur angegebenen Zeit, z. B. 14.00 Uhr s. t. = 14.00 Uhr.
- Das akademische Viertel ist nicht immer gültig. Am besten erscheinen Sie beim ersten Unterricht pünktlich vor Ort.

2 **Sammeln Sie Wörter zu dem Thema *Pünktlichkeit*.**

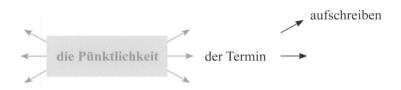

3 **Richtig oder falsch?**

	richtig	falsch
a) Die Züge und Busse sind in Deutschland immer pünktlich.	☐	☐
b) Wang Lans Vorlesung beginnt um neun Uhr.	☐	☐
c) Tina schreibt Termine gern auf und kommt pünktlich zu Partys.	☐	☐
d) In Deutschland ist Pünktlichkeit im Berufsleben wichtig.	☐	☐

4 **Wie gehen Sie mit der Zeit um?**

1 **Umfrage**

a) Kommen Sie pünktlich zum Unterricht?

b) Sind Sie bei Verabredungen pünktlich?

c) Schreiben Sie alle Termine auf?

d) Machen Sie gern Zeitpläne?

e) Ist Zu-früh-kommen für Sie Pünktlichkeit oder eher Unpünktlichkeit?

2 Zeitauffassung

Betrachten Sie die Bilder. Was sind die Unterschiede zwischen monochroner und polychroner Zeitauffassung? Ordnen Sie zu.

Monochrone Zeitauffassung （单向时间观）	Polychrone Zeitauffassung （多向时间观）
_____	_____
_____	_____
_____	_____

Man erledigt Sachen gleichzeitig.

Der Plan ist nicht so wichtig.

Der Plan ist wichtig.

Termine haben große Bedeutung.

Termine haben keine große Bedeutung.

Man erledigt gern eine Sache nach der anderen.

3 Diskussion

Welcher Zeittyp sind Sie? Oder sind Sie eher ein Mischtyp?

Vokabeln

pünktlich	准时的，守时的
die **Pünktlichkeit** nur Sg	准时，守时
verabreden +A	约定
ärgern +A	使生气，激怒
berühmt	有名的
um/gehen +mit Dat	（以某种方式）对待，对付
locker	松弛的，放松的
das **Sprichwort** ¨-er	谚语，俗语
beruflich	职业的，专业的
privat	个人的，私人的
die **Verabredung** -en	约定
die **Verspätung** -en	迟到，延误

wichtig	重要的
die **Sitte** -n	风俗习惯；道德风尚
akzeptabel	可接受的
der **Mitarbeiter** -	工作人员，雇员
niemand	没人
akademisches Viertel	（德国大学）学术一刻钟
der **Zeitplan** ¨-e	时间表
die **Bedeutung** -en	重要性；意义
erledigen +A	完成
der **Austauschstudent** -en	交换生

G1 Artikelwörter und Fragepronomen (Nominativ, Akkusativ und Dativ)

	Nominativ (wer / was)	Akkusativ (wen / was)	Dativ (wem)
m	ein__ / kein__ / mein__ der	ein__ / kein__ / mein__ d__	einem / keinem / meinem d__
n	ein / kein / mein das	ein / kein / mein das	ein__ / kein__ / mein__ d__
f	eine / keine / meine die	eine / keine / meine die	ein__ / kein__ / mein__ der
Pl	----- / kein__ / mein__ d__	----- / keine / meine die	------- / kein__ / mein__ d__

1 **Füllen Sie die Lücken.**

a) • Wo ist Jonas?

   □ Im Klassenzimmer. Er hat jetzt _____ Chinesischunterricht.

b) • Hi, Tim, wie ist _____ Handynummer?

   □ Ich habe leider noch _____ Handy.

c) • Komm, wir gehen in die Bibliothek.

   □ Einen Moment bitte, ich hole schnell _____ Bücher.

d) • Hallo, Elisabeth und Holger, wo studieren jetzt _____ Kinder?

   □ Jonas studiert jetzt in China, _____ Schwester studiert in Hamburg Medizin.

e) • Wohin fährt Maria?

   □ Sie fährt zu _____ Oma.

f) • Mit _____ machst du die Reise?

   □ Mit _____ Eltern.

g) • Womit fährst du nach Bern?

   □ Ich fahre mit _____ Zug.

G2 Verben und ihre Ergänzungen

1 Subjektergänzung (S) (主语补足语) **auf die Fragen** *wer*? *was*?

Das Kind	schläft.
Der Bus	kommt.

Wer? Was?

2 Akkusativergänzung (A) (第四格补足语) **auf die Fragen** *wen*? *was*?

Der Lehrer	fragt	die Schüler.
Die Schüler	machen	Übungen.

Wen? Was?

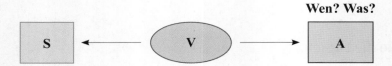

3 Nominalergänzung (N) (名词补足语) **auf die Fragen** *Wer / Was ist das*?

Das	ist	Gu Hong.
Das Gebäude	ist	die Universitätsbibliothek.
Er	ist	Lehrer.

Wer? Was?

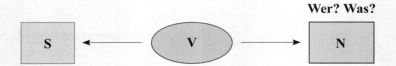

4 Adjektiverganzung (Adj) (形容词补足语) **auf die Frage** *wie*?

Das Zimmer	ist	schön.
Herr Quant	ist	alt.

Wie?

S ← V → Adj

5 **Direktivergänzung (Dir)** (方向补足语) **auf die Fragen** *woher? wohin?*

| Herr Schmidt | kommt | aus Bonn. |
| Er | fährt | nach Beijing. |

Woher? Wohin?

6 **Situativergänzung (Sit)** (情状补足语) **auf die Fragen：**

a) *wo?* (lokale Situativergänzung Sit₁, 地点补足语)

| Familie Yang | wohnt | in Shanghai. |
| Yang Fang | studiert | in München. |

Wo?

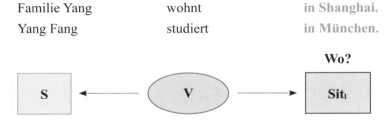

b) *wie lange? wann? wie spät? bis wann? von wann bis wann?*

(temporale Situativergänzung-Sit₁, 时间补足语)

Die Fahrt	dauert	zwei Stunden.
Der Unterricht	beginnt	um acht Uhr.
Es	ist	halb acht.
Der Frühling	ist	von März bis Mai.

Wie lange? Wann?

Wie spät? (Von wann) Bis wann?

2 **Was für eine Ergänzung ist das?**

Beispiel: *Anna wohnt im Studentenwohnheim. (Sit₁)*

a) Punkt sieben klingelt der Wecker. (   )

b) Jonas steht gleich auf. (   )

c) Er kommt aus Deutschland (   ) und ist jetzt Austauschstudent (   ) in Beijing.

d) Um Viertel vor acht geht er zum Unterrichtsgebäude. (   )

e) Der Sprachkurs fängt um acht Uhr an. (   )

f) Manchmal hat er vier Stunden Unterricht. (   )

g) Der Unterricht dauert bis zwölf. (   )

h) Jonas ist sehr <u>müde</u>. (   ) Er hat <u>Hunger</u>. (   )

i) Er geht dann schnell <u>in die Mensa</u>. (   )

j) Nachmittags und abends ist er oft <u>in der Bibliothek</u> (   ) und macht <u>seine Hausauf-gaben</u>. (   )

G3 Satzbau (Satzgliedposition und Satzklammer)

1 Satzgliedposition

Subjektergänzung / Ergänzung / Angabe	Verb	Subjektergänzung	Angabe	Ergänzung
Jonas (S)	lernt		jetzt in Beijing	Chinesisch (A).
Chinesisch (＿＿)	lernt	Jonas	jetzt in Beijing.	
Morgen (＿＿)	fährt	Yang Fang	mit Lea	nach Wien (Dir).
Nach Wien (＿＿)	fährt	Yang Fang	morgen mit Lea.	
So schön (＿＿)	ist	das Wetter!		
Maria (＿＿)	wohnt		jetzt	in Hamburg (Sit$_1$).

- In der Grundstruktur der deutschen Aussagesätze steht das finite Verb immer an der zweiten Stelle. Die Subjektergänzung steht meistens am Satzanfang, andere Ergänzungen stehen überwiegend am Satzende und die Angaben zwischen dem Verb und den Ergänzungen. Auch Angaben oder Ergänzungen können am Satzanfang stehen, wobei die Subjektergänzung meistens auf das Verb folgt. Wenn andere Ergänzungen – nicht die Subjektergänzung – am Satzanfang stehen, bedeutet das meistens eine inhaltliche Hervorhebung, die prosodisch markiert wird.
  在德语的陈述句中变位动词始终位于句子的第＿＿＿＿位。主语补足语常位于句首，其他补足语多位于句末，说明语位于动词和其他补足语之间。说明语和其他补足语也可以位于句首，此时，主语补足语常位于动词之后。其他补足语位于句首时，一般有强调作用，多重读。

2 Satzklammer

- Satzklammer mit Verb und seiner Ergänzung

	V		**Ergänzung**	
Li Tao	studiert	in Heidelberg	Germanistik.	*Germanistik studieren*
Yang Fang	fährt	mit dem Zug	_____.	*in die Schweiz fahren*
Jonas	_____	mit der Mensa	_____.	*zufrieden sein*
Wir	_____	jetzt	_____.	*Pause machen*

Satzklammer

- Satzklammer mit trennbaren Verben

	V1			**V2**	
Jonas	steht		um sieben Uhr	auf.	*aufstehen*
Ihr Freund	_____	Yang Fang	vom Bahnhof	_____.	*abholen*
Der Sprachkurs	_____		um 8 Uhr	_____.	*anfangen*
Mein Computer	_____			_____.	*kaputtgehen*

Satzklammer

- Ein typisches Merkmal des deutschen Satzbaus ist die Satzklammer. Eine solche Satzklammer tritt dann auf, wenn ein mehrteiliges Prädikat die übrigen Satzglieder im Mittelfeld des Satzes umschließt: Wenn es zwei Verben in einem Satz gibt, steht das finite Verb an zweiter Stelle, der infinite Teil des Verbs steht immer am Ende des Satzes und bildet somit die Satzklammer. Bei einem trennbaren Verb bleibt das Verb an der zweiten Position und das Präfix steht am Ende des Satzes und schließt die Klammer. Verben mit Ergänzungen können ebenfalls Satzklammern bilden.

  框架结构是德语句子结构的一个重要特征。句子中的核心谓语结构处于框架两端，把其他句子成分框在中间：句中有两个动词时，变位动词位于第二位，不变位部分位于句末；可分动词的变位部分位于第二位，可分前缀位于句末；动词及其补足语也可组成框架结构。

3 Setzen Sie die Sätze in die Tabelle ein. Beginnen Sie mit dem unterstrichenen Satzteil.

a) im Studentenwohnheim / wohnt / <u>jetzt</u> / Thomas

b) samstags / <u>alle</u> / aufstehen / spät

c) dauert / zwei Stunden / die Vorlesung / <u>bei uns</u>

d) <u>nur am Wochenende</u> / Klavier / spielt / meine Tochter

e) ich / <u>mit meinen Eltern</u> / eine Reise / mache

		V / V1		Ergänzung / V2
a)	*Jetzt*	*wohnt*	*Thomas*	*im Studentenwohnheim.*
b)				
c)				
d)				
e)				
f)				
			Satzklammer	

4 Korrigieren Sie.

a) Maria aufsteht um 7.30 Uhr.

b) Gegen acht Uhr sie geht in die Vorlesung.

c) Dann mit Max geht sie in die Mensa.

d) Leider mittags hat Max keinen Hunger.

e) Das Frühstück für Maria ist nicht sehr wichtig.

f) Morgens im Studentenwohnheim hat Jonas sein Frühstück.

G4 Satzverbindungen: *aber, denn, und, sondern, oder, dann*

Hauptsatz 1			Hauptsatz 2	
Sie geht gern ins Konzert,	aber	Konzertkarten	sind	nicht billig.
Wir gehen erst morgen ins Kino,	denn	heute Abend	habe	ich nicht frei.
Am Samstag räumt sie auf,	und	ihr Mann	kauft	ein.
Das Kind steht nicht auf,	sondern	(es)	schläft	weiter.
Am Abend gehen wir aus	oder	(wir)	sehen	zu Hause fern.

Hauptsatz 1			Hauptsatz 2	
Um 10 Uhr habe ich Unterricht,	dann	gehe	ich	in die Mensa.

- Die Wörter *aber / denn / und / sondern / oder* (kurz: **aduso**) sind Konjunktionen. Bei der Verknüpfung von zwei Hauptsätzen ändert sich die Wortstellung des nachfolgenden Satzes nicht.

  aber / denn / und / sondern / oder（简便记忆为：**aduso**）是连词，连接两个句子时，不占位，不影响其连接的陈述句语序。

- Das Wort *dann* ist ein Adverb. Bei der Verknüpfung von zwei Hauptsätzen ändert sich die Wortstellung des nachfolgenden Satzes.

  dann 是副词，要占位，会影响其连接的陈述句语序。

5 **Verbinden Sie die Sätze mit *aber, denn, und, sondern, oder, dann*.**

a) Am Abend sehen wir fern. Dabei trinken wir Bier.

b) Die Wohnung ist groß und neu. Anna ist nicht zufrieden.

c) Ich brauche ein Wörterbuch. Es ist wichtig für das Lernen.

d) Wir bleiben drei Tage in Wien. Wir fahren nach Salzburg.

e) Fährt sie mit der U-Bahn? Nimmt sie ein Taxi?

f) Er kauft die Fahrkarte nicht an der Kasse. Er kauft sie online.

G5 Negation

6 **Übersetzen Sie mit *kein, nicht, nie, nichts!***

a) 安娜不需要她的字典。

b) 我们周末没安排。

c) 约纳斯从不在晚上运动。

d) 我不在超市买东西，我在网上买。

e) 明天我没课。

f) 她不是去看电影，而是去听音乐会。

Vokabeln

müde	疲劳的	**vor allem**	首先；主要是，特别是
der **Hunger** nur Sg	饥饿	die **Viertelstunde** -n	一刻钟，十五分钟
ab/holen +A	取，拿；接人	**aber**	但是，可是
kaputt/gehen	破碎，毁坏	**denn**	因为
zufrieden	满意的	**und**	和，与，而
Salzburg	萨尔茨堡	**dann**	然后，之后
häufig	经常的，频繁的		
der **Fahrplan** ˵e	行车时刻表，（轮船）航行时刻表		

Momentaufnahme: Mein Tag

Machen Sie Fotos für die Momente Ihres Alltags. Erstellen Sie eine Fotocollage und erzählen Sie in der Gruppe, wie ein normaler Tag von Ihnen aussieht.

Sie wünschen, bitte?

über Einkaufsgewohnheiten sprechen | Einkaufszettel schreiben |
Wünsche äußern und nach Wünschen fragen | über Kleidung, Farben
und Größen sprechen | Einkaufsgespräche führen

1 Ordnen Sie dem Wortigel die Wörter zu und ergänzen Sie Artikel und Plural.

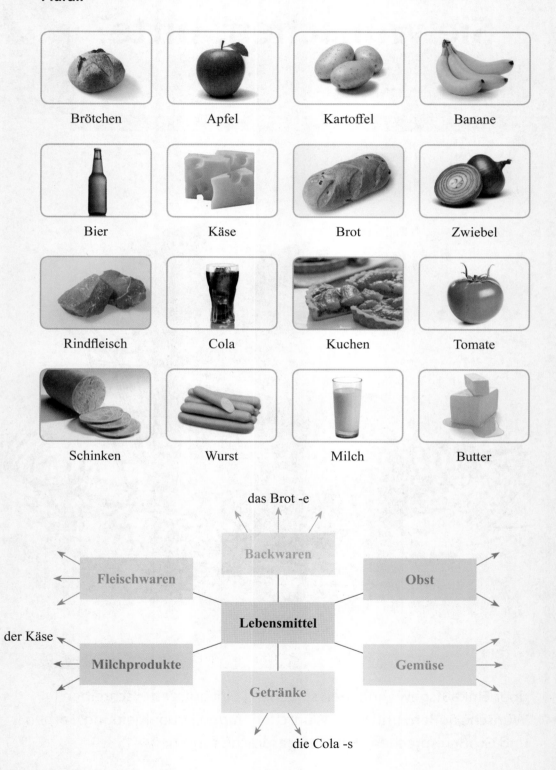

Brötchen   Apfel   Kartoffel   Banane

Bier   Käse   Brot   Zwiebel

Rindfleisch   Cola   Kuchen   Tomate

Schinken   Wurst   Milch   Butter

das Brot -e

Backwaren

Fleischwaren   Obst

Lebensmittel

der Käse

Milchprodukte   Gemüse

Getränke

die Cola -s

2 Wo kauft man ein?

1 Ordnen Sie zu.

a) der Supermarkt	b) die Bäckerei	c) der Markt
d) das Kaufhaus	e) die Fleischerei	f) das Internet

2 Was passt nicht in die Reihe? Streichen Sie das unpassende Wort durch.

a) **In** der Bäckerei kaufe ich _____.
   Brötchen – ~~Fleisch~~ – Brot – Kuchen

b) **In** der Fleischerei finde ich _____.
   Schinken – Rindfleisch – Käse – Wurst

c) **Auf** dem Markt bekomme ich _____.
   Äpfel – Zwiebeln – Kartoffeln – Milch

d) **Im** Supermarkt kaufe ich _____.
   Butter – Computer – Orangen – Brot

e) **Im** Kaufhaus bekomme ich alles, z. B. _____.
   Uhren – Brot – Bananen – ein Haus

f) **Im** Internet bestelle ich _____.
   Bücher – Milch – Äpfel – eine Katze

3 Setzen Sie die passenden Präpositionen mit Artikel ein.

a) _____ Supermarkt kaufe ich jede Woche Lebensmittel.

b) _____ Markt bekomme ich immer frisches Gemüse.

c) Herr Müller kauft morgens Brötchen _____ Bäckerei.

d) Hanna findet verschiedene Würste _____ Fleischerei.

e) Ich kaufe meine Uhr _____ Kaufhaus.

f) Für das Studium bestellt Li Tao viele Bücher _____ Internet.

4 Einkauf für die Feier

Sie studieren in Deutschland und haben bald Geburtstag. Sie möchten eine Feier machen und gehen mit Ihrer Freundin Hanna für die Feier einkaufen. Diskutieren Sie zusammen: Was kaufen Sie ein? Wo kaufen Sie ein? Spielen Sie die Szene.

Vokabeln

das **Brötchen** -	小面包	die **Butter** nur Sg	黄油
der **Apfel** ¨e	苹果	die **Tomate** -n	西红柿
die **Kartoffel** -n	土豆	das **Schinken** -	火腿
die **Banane** -n	香蕉	das **Obst** nur Sg	水果
das **Bier** -e	啤酒	die **Backware** -n meist Pl	
der **Käse** nur Sg	奶酪		烘焙产品，烤制食品
das **Brot** -e	面包	das **Gemüse** -	蔬菜
die **Cola** -s	可乐	das **Milchprodukt** -e	奶制品
das **Rindfleisch** nur Sg	牛肉	das **Getränk** -e	饮料
der **Kuchen** -	糕点，点心	der **Markt** ¨e	市场
die **Orange** -n [oˈraŋʒə]	橙子	die **Bäckerei** -en	面包店
die **Wurst** ¨e	香肠	die **Fleischerei** -en	肉铺；肉类加工厂
die **Milch** nur Sg	牛奶	das **Internet** nur Sg	互联网
das **Mineralwasser** ¨	矿泉水	das **Kaufhaus** ¨er	百货商店，百货公司

W1 Zahlen über 100

hundert, einhundert	100
(ein)hunderteins	101
(ein)hundertzwei	102
(ein)hundertfünfunddreißig	_____
zwei_____	200
zweihundertfünfundachtzig	285
dreihundertsechsundzwanzig	_____

tausend, eintausend	1 000
(ein)tausendeins	_____
(ein)tausendhundert	1 100
(ein)tausend_____	1 345
neun_____	9 000

zehntausend	10 000
hunderttausend	_____

eine Million	1 000 000
zwanzig Millionen	_____
fünfhundert _____	500 000 000

eine Milliarde	1 000 000 000
zwei _____	2 000 000 000

$$\underline{1} \quad 2\,3\,\underline{4} \quad 5\,6\,\underline{7} \quad \underline{8}\,9\,0$$

Milliarde   Million   tausend   hundert

---

1   **Schreiben Sie.**

zweihundertdreiundvierzig _____

fünftausendzweiunddreißig _____

neuntausendeins _____

zwölftausendeinhundertsiebenundachtzig _____

601 _____

1002 _____

10 871 _____

7 098 231 _____

Hören und schreiben Sie.

_____

_____

_____

_____

_____

W2 Mengen und Gewichte

	Mengenbezeichnungen	Beispiele
als Mengenbezeichnung meistens im Singular	das Kilo das Gramm der/das Liter 1 Pfund = 500 Gramm	zwei Kilo Äpfel 500 Gramm Fleisch zwei _____ Wasser drei Pfund Tomaten
	das Blatt das Glas das Stück	Er kauft 100 Blatt Papier. Er trinkt zwei Glas Bier. Ich nehme drei _____ Kuchen.
als Mengenbezeichnung auch im Plural	die Flasche die Packung die Dose die Tasse die Tafel	Sie kauft eine Flasche Milch. Ich nehme zwei Packungen Reis. Er nimmt fünf _____ Cola. Wir möchten zwei _____ Tee. Sie möchte vier Tafeln Schokolade.
meistens ohne Mengenbezeichnung		Ich hätte gern zwölf Eier. Unsere Hochschule kauft 200 Computer.

3 **Ordnen Sie den Lebensmitteln die Mengenangaben im Prospekt zu.**

• Kilo	• Pfund	• Flasche	• Stück	• Packung
• Dose	• Glas	• Gramm	• Liter	

Obst und Gemüse

Tomaten	Kartoffeln	Äpfel
1 Kilo 3,66 €	1 _____ 1,29 €	1 Kilo 1,19 €

Fleischwaren

Schinken	Bratwurst	Rindfleisch
1 _____ 2,90 €	500 _____ 8,39 €	1 _____ 16,78 €

Frühstück

Brötchen	Milch	Marmelade
1 _____ 0,26 €	1 _____ 0,89 €	1 _____ 3,26 €

Getränke

Cola	Bier	Mineralwasser
1 _____ 0,34 €	1 _____ 2,08 €	1 _____ 0,69 €

4 **Fragen Sie in der Gruppe mit *Wo? Was? Wie viel / viele?***

Beispiel

● *Wo kaufst du Äpfel ein?*

□ *Auf dem Markt.*

● *Wie viele Äpfel brauchst du denn?*

□ *Zwei Kilo Äpfel brauche ich.*

- im Kaufhaus
- auf dem Markt
- im Supermarkt
- beim Fleischer
- beim Bäcker

- Äpfel
- Orangen
- Butter
- Käse
- Tee
- Milch
- Brötchen
- Mineralwasser
- Schokolade

- Bier
- Eier
- Wurst
- Cola
- Kartoffeln
- Rindfleisch
- Reis

- 2 Kilo
- 100 Gramm
- 4 Liter
- 2 Packungen
- 3 Tafeln

- 1 Pfund
- 1 Glas
- 3 Flaschen
- 2 Stück

G1 Modalverben *möchten* und *wollen*

Dialog 1

Mutter: Ich **möchte** heute Abend für euch kochen. **Wollen** wir jetzt zusammen in den Supermarkt gehen?

Sohn: Leider habe ich keine Zeit. Ich **will** lernen.

Vater: Ich **will** auch nicht in den Supermarkt. **Wollen** wir die Lebensmittel im Internet bestellen?

Dialog 2

Marktfrau: Sie wünschen?

Li Tao: Ich **möchte** fünf Äpfel, bitte.

Marktfrau: Hier bitte, Ihre Äpfel. **Möchten** Sie sonst noch etwas?

Li Tao: Nein, danke.

> Das Verb *möchten* ist die Konjunktiv-II-Form des Modalverbs *mögen*, wird aber meistens als eigenständiges Verb gebraucht.
> *möchten* 是情态动词 *mögen* 的第二虚拟式，但大多当独立的情态动词用。

	V1			V2
Ich	_____		heute Abend für euch	kochen.
	_____	du	am Samstag	einkaufen?
Wer	möchte		in den Supermarkt	gehen?
Wir	möchten		heute zu Hause	bleiben.
	Möchtet	ihr	Jiaozi	essen?
Sie	möchten		ins Kaufhaus	gehen.
	_____	Sie	sonst noch etwas	haben?
		Satzklammer		

	V1			**V2**
Ich	_____			lernen.
Wann	willst	du	denn in den Supermarkt	gehen?
Mama	will			kochen.
	_____	wir	es im Internet	bestellen?
Was	wollt	ihr	dann	essen?
Sie	wollen		morgen ihre Oma	besuchen.
	Wollen	Sie	jetzt keinen Tee	trinken?

Satzklammer

> • Die Modalverben haben in der 1. und _____ Person Singular die gleiche Konjugationsform.
> 全部情态动词的第一、第_____人称单数形式相同。
> • V1 und V2 bilden die Satzklammer. V1 ist das _____. Es steht im Satz an erster oder zweiter Stelle. V2 steht im Allgemeinen am Satzende.
> V1 和 V2 组成动词框架。V1 是_____，根据不同句子种类，居第一或第二位。V2 一般位于句尾。
> • Modalverben *möchten, wollen* können auch als Vollverben gebraucht werden.
> 情态动词 *möchten*、*wollen* 也能作为独立动词使用。

5 Gebrauch von *möchten* und *wollen*

• **als Modalverben**

Vervollständigen Sie die folgenden Sätze und wählen Sie den richtigen Gebrauch.

1 **möchten (*Wunsch*)**

a) Ich _____ gerne fünf Äpfel
   nehmen. (   )

b) Wer _____ ins Kino gehen?
   (   )

2 **wollen (*starker Wunsch; Plan/Absicht*)**

a) Ich _____ nicht mehr arbeiten.
   Ich bin sehr müde und brauche eine Pause.
   (starker Wunsch)

b) Morgen kommt er nach Beijing und
   _____ uns besuchen. (   )

> • Mama, ich will Schokolade essen!
> ▫ Sag doch, ich möchte Schokolade essen.
> • Mama, ich möchte sehr sehr gerne Schokolade essen.

- **als Vollverben**

Vervollständigen Sie die folgenden Sätze mit *möchten* oder *wollen* und wählen Sie das richtige Satzmuster: **Vollverb + A, Vollverb + Dir**.

a) ● Wohin möchten Sie denn?

    □ Ich _____ auf den Markt. (   )

b) ● Sie wünschen?

    □ Ich _____ drei Stück Brötchen. (   )

c) ● Max, wann _____ du in den Supermarkt? (   )

    □ Am Nachmittag.

d) ● _____ du jetzt ein Glas Bier? (   )

    □ Ja, gerne.

6 Variation

a) ● Wir wollen **auf den Markt** gehen, kommst du mit?

    □ Ich will nicht auf den Markt. Ich will **fernsehen**.

• in den Supermarkt / lernen	• ins Café / mein Zimmer aufräumen
• zur Oma / zu Hause bleiben	• ins Konzert / Sport treiben

b) Kind: Mutti, ich möchte noch **fernsehen**.

Mutter: Das geht nicht. **Geh jetzt ins Bett**.

Kind: Ich will aber nicht **ins Bett gehen**!

- Comics lesen / in den Park gehen
- Computerspiele spielen / Hausaufgaben machen
- schlafen / aufstehen
- Schokolade essen / Milch trinken
- mit Lukas spielen / das Zimmer aufräumen

c) ● Gehen wir jetzt **in die Bäckerei**?

    □ Was möchtest du denn kaufen?

    ● Ich möchte **Brötchen** kaufen.

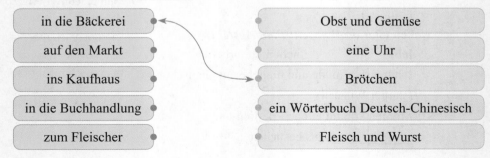

in die Bäckerei	Obst und Gemüse
auf den Markt	eine Uhr
ins Kaufhaus	Brötchen
in die Buchhandlung	ein Wörterbuch Deutsch-Chinesisch
zum Fleischer	Fleisch und Wurst

7 **Kettenübung**

● Willst du eine Flasche Mineralwasser?

□ Nein danke, ich habe keinen Durst. – Willst du eine Tasse Tee?

▲ Nein danke, ich habe keinen Durst. – Willst du ...?

> • eine Flasche Bier • eine Tasse Kaffee • eine Flasche Cola • ein Glas Milch ...

T1 Schreiben wir doch einen Einkaufszettel!

8 **Hören Sie den Text und füllen Sie die Lücken. Korrigieren Sie den Einkaufszettel.**

Maria: Schatz, der Kühlschrank ist leer. _____ wir jetzt in den Supermarkt gehen?

Max: Gerne, was brauchen wir denn für heute und morgen? _____ du heute Abend Bratwurst essen?

Maria: Ich _____ keine Bratwurst. Kochen wir doch Gulasch, heute haben wir ja genug Zeit für das Kochen.

Max: Schön, Gulasch _____ ich auch schon lange wieder einmal essen. Dann kaufen wir etwas Rindfleisch und ...

Maria: Schreiben wir doch einen Einkaufszettel! Zwei Pfund Rindfleisch, zwei Kilo Kartoffeln, ein Pfund Zwiebeln. Was brauchen wir noch?

Max: Milch, Brötchen, Butter, Schinken, Eier und Müsli für das Frühstück.

Maria: Zwei Liter Milch, vier Brötchen, ein Stück Butter, fünfhundert Gramm Schinken, zwölf Eier und eine Packung Müsli. Brauchen wir auch Getränke?

Max: Bier haben wir noch. Aber Cola und Mineralwasser haben wir nicht mehr.

Maria: Dann zwei Dosen Cola, sechs Flaschen Mineralwasser. _____ du Schokolade?

Max: Ja, gerne. Zwei Tafeln ... nein, vier Tafeln Milchschokolade.

Maria: Bekommen wir alles im Supermarkt?

Max: Fleisch _____ ich nicht im Supermarkt kaufen, sondern in der Fleischerei. Getränke kaufen wir im Internet. Es gibt immer Sonderangebote. Brötchen holen wir lieber morgen früh beim Bäcker. Gehen wir kurz auf den Markt! Wir brauchen noch frisches Gemüse und Obst.

Einkaufszettel

2 Kilo Schweinefleisch
1 Kilo Tomaten
400 Gramm Zwiebeln
1 Flasche Milch
4 Brote
1 Stück Käse
2 Pfund Schinken
10 Eier
1 Pfund Müsli
1 Dose Cola
3 Liter Bier
4 Stück Kuchen

Füllen Sie die Lücken.

Maria und Max wollen Lebensmittel für heute und morgen einkaufen. Maria will heute
Abend keine _____ essen, sondern Gulasch. Dafür brauchen sie 2 Pfund _____,
2 Kilo _____ und 1 Pfund _____.
Sie wollen viele Sachen kaufen. So schreibt Maria einen _____. Sie brauchen 2
Liter _____, 4 _____, 1 Stück _____, 500 Gramm _____, 12 _____,
1 Packung _____, 2 Dosen _____ und 6 Flaschen _____. Max will noch 4
Tafeln _____. Sie kaufen nicht alles im _____. Fleisch möchte Max in der
_____ kaufen. Getränke kaufen sie im _____. Brötchen möchten sie morgen
früh beim _____ holen. Für Gemüse und Obst wollen sie jetzt auf den _____
gehen.

10 **Variation**

a) ● Möchtest du **in die Buchhandlung** gehen? Wir brauchen **Bücher**.

    □ Nein, **Bücher** möchte ich nicht **in der Buchhandlung kaufen**, sondern **im Internet**.

1) Bücher in der Buchhandlung kaufen?
2) Fleisch im Supermarkt kaufen?
3) Uhren im Internet kaufen?
4) Brot selbst backen?

a) im Kaufhaus
b) in der Bäckerei kaufen
c) im Internet
d) in der Fleischerei

b) Familie Bode **bestellt schon am Freitag Sachen im Internet**, denn sie wollen **am
Samstag einen Ausflug machen**.

1) Familie Bode bestellt schon am Freitag Sachen im Internet.
2) Frau Bode geht in die Bäckerei.
3) Heute ist Samstag. Max geht auf den Markt.
4) Herr Bode fährt in den Supermarkt.
5) Maria geht zum Fleischer.

a) Sie kauft Brötchen.
b) Sie kauft Rindfleisch und Schinken.
c) Er kauft frisches Gemüse.
d) Sie macht am Samstag einen Ausflug.
e) Er kauft Lebensmittel für die ganze Woche.

denn als Konnektor verbindet zwei Hauptsätze: *Ich gehe in
die Bäckerei, denn ich brauche Brot.*

11 Einkaufsgewohnheiten

1 **Machen Sie in der Gruppe Interviews über Einkaufsgewohnheiten.**

Fragen	Antworten
• Was kaufst du gern im Supermarkt / im Kaufhaus / im Internet ...? • Gehen Sie oft auf den Markt / in die Buchhandlung ...? • Wo kaufst du nie ein? • Mit wem gehen Sie gern einkaufen? • Wann ... • Wie oft	...

2 **Schreiben Sie nach dem Interview einen Text über die Einkaufsgewohnheiten von einer Kommilitonin oder einem Kommilitonen.**

Gu Hong kauft Lebensmittel gern im Supermarkt ...

die **Million** -en	百万	
die **Milliarde** -n	十亿	
tausend	千	
das **Kilo** -/-s	公斤，千克	
das **Gramm** -	克	
das **Pfund** -/-e	磅；斤	
der/das **Liter** -	升	
die **Packung** -en	包，盒	
die **Flasche** -n	瓶子	
die **Dose** -n	罐，听	
die **Tafel** -n	（板）块（状商品）；布告板，黑板	
das **Blatt** ⁻er	张（纸）	
das **Papier** nur Sg	纸	
das **Glas** ⁻er	玻璃杯	
der **Stück** -e	个，块	
der **Reis** nur Sg	大米	
die **Marmelade** -n	果酱	
der **Fleischer** -	肉铺师傅；屠夫	
mögen (er möchte)	想要	

wollen	愿意，要，打算	
der **Schatz** ⁻e	宝贝，亲爱的；财宝，珍宝，宝藏	
der **Kühlschrank** ⁻e	冰箱	
die **Bratwurst** ⁻e	油煎香肠	
das/der **Gulasch** -s/-e [ˈguːlaʃ]	红烧（牛）肉	
genug	足够的	
das **Ei** -er	鸡蛋	
das **Müsli** -s	混合麦片	
der **Einkaufszettel** -	购物清单	
die **Zwiebel** -n	洋葱	
das **Frühstück** -e	早餐	
das **Sonderangebot** -e	特价商品	
lieber	宁愿，宁可，更喜欢	
die **Gewohnheit** -en	习惯；习性；习俗	

W2 Währungen in deutschsprachigen Ländern

1 Quiz

1 _____ ist die offizielle Währung der Eurozone.

2 Wie viele Länder gehören zur Eurozone? _____.

3 Welche Länder gehören nicht zur Eurozone?

a) Großbritannien   b) Schweden   c) Italien   d) Griechenland

4 _____ war die deutsche Währung von 1948 bis 2001.

a) die Deutsche Mark

b) der Euro

c) die Reichsmark

5 _____ ist die offizielle Währung in der Schweiz und in Liechtenstein.

a) der Euro, -(s)   der Cent, -(s)

b) der Schweizer   der Rappen, -
Franken, -

Man schreibt	Man sagt
0,99 Euro / €	neunundneunzig Cent
1,50 Euro / €	ein Euro fünfzig / eins fünfzig (ugs.)
9,04 Euro / €	neun Euro vier / _____ (ugs.)
35,99 Franken / CHF	fünfunddreißig Franken neunundneunzig fünfunddreißig neunundneunzig (ugs.)
180,65 Yuan / ¥	_____ Yuan _____ _____ (ugs.)

2 Hören Sie und kreuzen Sie an.

a) ☐ 9,80 Euro   ☐ 89 Cent

b) ☐ 130,43 Franken   ☐ 130,34 Franken

c) ☐ 54,30 Euro   ☐ 5430 Euro

d) ☐ 1,60 Euro   ☐ 61 Cent

e) ☐ 1.27 Yuan   ☐ 1.72 Yuan

f) ☐ 61 Cent   ☐ 1,60 Euro

3 Variation

Vergleichen Sie die Preise und üben Sie Dialoge.

● Wie viel kosten **die Kartoffeln**?

☐ **1,46 Euro das Kilo**.

● So teuer?

☐ Hier sind auch **Kartoffeln, das Kilo für nur 0,60 Euro**.

● Wie viel kosten **die Eier**?

☐ **2,39 Euro die Packung**.

● So teuer?

☐ Hier sind auch **Eier, die Packung für nur 1,79 Euro**.

Landhof Lebensmittelmarkt

Bio-Eier 6 Stück	2,39 Euro
Eier aus Freilandhaltung 6 Stück	1,79 Euro
Bio-Kartoffeln 1 kg	1,46 Euro
Kartoffeln 1 kg	0,60 Euro
Vollmilch 1 l	0,78 Euro
Fettarme Milch 1 l	0,99 Euro
Käse aus Frankreich 500g	1,56 Euro
Käse aus der Schweiz 500g	2,44 Euro
Schwarztee 45g-Packung	1,89 Euro
Grüntee 45g-Packung	2,19 Euro

G2 Fragewörter *was für ein-*, *welch-* und Demonstrativpronomen *dieser / dieses / diese, der / das / die*

Dialog 1

● Ich möchte gern einen Rock kaufen.

□ **Was für einen** Rock möchten Sie denn?

● Einen Minirock.

□ Wir haben 3 Miniröcke. **Welchen** nehmen Sie?

● **Diesen** hier. Den finde ich sehr elegant.

Dialog 2

● **Was für eine** Hose passt zu meinem Pullover?

□ Vielleicht eine Hose in Blau.

● Es gibt so viele blaue Hosen hier. **Welche** passt?

□ **Diese** hier. Die ist elegant und billig.

● Zu **was für einem** Hemd passt diese Hose?

□ Zu allen Hemden.

	m	n	f	Pl
Nom.	welcher	welches	welch____	welche
Dat.	welchem	welchem	welcher	welchen
Akk.	welch____	welch____	welche	welch____
Nom.	was für ein	was für ____	was für____	was für
Dat.	was für einem	was für einem	was für einer	was für
Akk.	was für ____	was für ein	was für eine	was für
Nom.	der dieser	das dieses	die dies____	die diese
Dat.	dem diesem	dem diesem	der dieser	den diesen
Akk.	den dies____	das dies____	die diese	die dies____

- 指示代词 *der, das, die, die* 和冠词的形式相同，但用法不同：
  指示代词放在名词前作定语要重读，而冠词则不重读。
  指示代词可以单独使用（也要重读），冠词则不可以单独使用。
- 指示代词 *dieser, dieses, diese, diese* 的用法和 *der, das, die, die* 一样，可以放在名词前作定语，也可作代词单独使用。

Variation

Schauen Sie sich die Kleidungsstücke im Prospekt an und sprechen Sie über die
Kleidungsstücke wie im Beispiel.

Beispiel:

• schön	• elegant	• cool

● **Der Mantel** ist _____.

□ **Welcher? Dieser** hier?

● Nein, **der** da.

• lang	• kurz	• groß	• klein	• eng	• teuer

□ **Den** finde ich zu _____.

● **Welchen** nehme ich dann?

□ **Diesen** hier.

der Mantel

69,90 €   89,90 €

das Hemd

19,90 €   12,99 €

der Rock

9,99 €   5,99 €

der Pullover

39,90 €   29,90 €

die Hose		die Schuhe (Pl)	

29,90 €	19,90 €	29,90 €	39,90 €

5 **Füllen Sie die Lücken mit *was für (ein-)*.**

a) • _____ Hemd möchtest du kaufen?

☐ Ein Hemd in Weiß.

b) • _____ Schuhe trägst du gern?

☐ Ich trage gern Sportschuhe.

c) • _____ Mantel suchen Sie?

☐ Einen Herrenmantel.

d) • _____ Rock passt zu meinen Schuhen?

☐ Vielleicht ein Minirock.

e) • Zu _____ Pullover passt diese Hose?

☐ Vielleicht zu einem Pullover in Blau.

6 **Füllen Sie die Lücken.**

a) • _____ Gebäude ist die Bibliothek?

☐ *Dieses* hier.

b) • _____ Mantel nimmst du?

☐ Vielleicht *den* zu 1500 Yuan.

c) • _____ Tag ist morgen?

☐ Freitag.

d) • _____ Dialoge üben wir?

☐ _____ auf Seite 3.

e) • _____ Brot nehmen wir?

☐ _____ hier. Es ist im Sonderangebot.

f) • Mit _____ Zug fahren wir?

☐ Mit _____ um halb zehn.

Sie wünschen, bitte? **215**

G3 Personalpronomen im Dativ

Dialog 1

● Hallo, wie geht es **euch**?

□ Danke! **Uns** geht es gut! Ach, ist Sabine heute nicht in der Schule?

● Nein, sie ist krank, aber es geht **ihr** jetzt schon viel besser.

Dialog 2

● Darf ich **ihnen** helfen?

□ Ja, ich suche eine Hose für meinen Sohn. Aber diese hier ist **ihm** zu klein.

Dialog 3

● Gefällt **dir** dieser Mantel hier? Die Farbe steht **dir** sehr gut.

□ Ja, aber die Größe passt **mir** nicht.

Nom.	wer	ich	du	er	es	sie	wir	ihr	sie	Sie
Dat.	wem				ihm				ihnen	

7 Variation

a) ● **Gehst** du mit **Thomas** in den Supermarkt?

    □ Nein, ich **gehe** nicht mit **ihm** in den Supermarkt.

> • ich / auf den Markt gehen   • wir / ins Kaufhaus gehen
> • dein Bruder / Fußball spielen   • Anna / Dialoge üben
> • deine Eltern / nach Spanien fahren

b) ● **Inge** will **den Pullover** nicht kaufen.

    □ Gefällt er **ihr** nicht?

● Doch, aber er ist **ihr** zu **klein**.

> • Thomas / das Hemd / eng   • Anna / der Mantel / lang
> • ich / die Hose / kurz   • meine Eltern / die Wohnung / groß
> • wir / die Schuhe / teuer

c) ● Passt **Ihnen die Jacke**?

    □ Ja, **sie** ist genau meine Größe. Aber **sie** steht mir nicht.

• Sie / die Hose	• du / der Rock	• er / das Hemd
• sie / die Schuhe	• Sie / der Pullover	

T2 Im Einkaufszentrum

Yang Fang möchte einen Rock und ein paar Lebensmittel einkaufen. Sie geht in das Einkaufs-zentrum Galaxis. Dort findet sie alles.

Dialog 1 Im Kleidergeschäft

🎧 **8** **Bringen Sie die Sätze in die richtige Reihenfolge. Dann hören Sie.**

  ☐ Guten Tag, kann ich Ihnen helfen?

  ☐ Welche Größe haben Sie denn?

  3 Was für einen Rock suchen Sie?

  ☐ Sie haben Glück. Er ist im Angebot und kostet nur 19,99 € .

  ☐ Wie gefällt Ihnen dieser Rock in Grün?

  ☐ Und? Passt Ihnen der Rock?

  ☐ Einen Moment, bitte. Ja, hier, bitte.

Verkäuferin

Yang Fang

  ☐ Danke. Dieser Rock gefällt mir sehr gut. Wie viel kostet er denn?

  ☐ Oh super! Den nehme ich.

  2 Guten Tag, ich suche einen Rock.

  ☐ Einen Minirock.

  ☐ Grün? Ich weiß nicht. Ich probiere ihn mal an.

  10 Nein, er ist mir zu eng und die Farbe steht mir nicht. Haben Sie den auch in Schwarz und in Größe 36?

  6 Ich glaube, 34 oder 36.

9 **Wie fragt man? Wie antwortet man? Üben Sie zu zweit.**

als Verkäufer / Verkäuferin	als Kunde / Kundin
A. Sie fragen nach dem Wunsch von dem Kunden / der Kundin. B. Sie fragen nach der Größe. C. Sie fragen nach der Meinung von dem Kunden / der Kundin zu dem Kleidungsstück.	D. Sie suchen nach einem Kleidungsstück. E. Sie fragen nach der Farbe und Größe. F. Sie fragen nach dem Preis.

Dialog 2 Beim Fleischer

10 **Hören Sie den Text und füllen Sie die Lücken.**

Fleischer: Guten Tag. Sie wünschen, bitte?

Yang Fang: Guten Tag. Ich hätte gern Rindfleisch. Wie viel kostet dieses Rindfleisch hier?

Fleischer: _____ das Kilo.

Yang Fang: So teuer? Ist es denn gut?

Fleischer: Sehr gut. Aber hier habe ich auch Rindfleisch, das Pfund für _____.

Yang Fang: Ich nehme doch das für _____, 1 Kilo bitte.

Fleischer: Möchten Sie sonst noch etwas?

Yang Fang: Ja, 500 Gramm Bratwurst bitte.

Fleischer: 500 Gramm Bratwurst, bitte sehr. Sonst noch was?

Yang Fang: Nein, danke. Das ist alles.

Fleischer: Also: das Rindfleisch _____, die Bratwurst _____. Das macht zusammen _____. Haben Sie's klein?

Yang Fang: Nein, leider nicht.

Fleischer: Und _____ zurück. Vielen Dank! Auf Wiedersehen!

Yang Fang: Danke. Auf Wiedersehen!

11 Kaufen und verkaufen

1 Lesen Sie Dialog B und sammeln Sie die Redemittel.

Redemittel //

	Verkäufer	Kunde
Begrüßen	*Guten Tag, Sie wünschen, bitte?*	
Kauf und Verkauf		
Bezahlen		
Abschied		

2 Gemeinsam schreiben: Auf dem Gemüsemarkt

A schreibt eine Dialogzeile, B schreibt die Reaktion und A schreibt weiter usw.

Guten Tag! Sie wünschen, bitte?

Guten Tag! Ich hätte gern ...

12 Übersetzen Sie.

　　杨芳想买一条短裙，于是去了购物中心的一家服装店。她先试了一条绿色的短裙，但是这条裙子太紧了，而且颜色也不适合她。然后她又试了一条黑色的短裙，这条她很喜欢，并且是特价商品，只要 19.99 欧元，于是她买了这条黑色短裙。接下来她去了肉店，买了一公斤牛肉和五百克烤肠，付了 20 欧元，找回了 75 欧分。

🎧 **13** **Minidialoge**

Hören Sie vier kurze Dialoge. Wo finden die Dialoge statt? Ordnen Sie die Dialoge den Bildern zu und beantworten Sie die Fragen.

Dialog _____

Was kommt in den Pfandautomaten?

Dialog _____

Wie viel kostet die Tüte?

Dialog _____

Wie viel kosten die Brötchen?

Dialog _____

Wo findet man Milch und Käse?

Vokabeln

Sie wünschen, bitte?	您想买点什么？
die **Währung** -en	货币
Schweden	瑞典
Griechenland	希腊
Italien	意大利
die **Eurozone** -n	欧元区
der **Cent** -(s) [tsɛnt]	欧分
der **Euro** -(s)	欧元
der **Franken** -	法郎
der **Rappen** -	分，生丁（瑞士硬币）
der **Pullover** -	套头衫，套头毛衣
elegant	高雅的
welcher, welches, welche	哪个，哪些
dieser, diese, dieses	这个，这些
die **Farbe** -n	颜色
die **Hose** -n	裤子
das **Hemd** -en	衬衫，衬衣
der **Mantel** ¨	大衣，风衣，外套
der **Rock** ¨e	短裙；半裙
der **Minirock** ¨e	超短裙
der **Schuh** -e	鞋子
eng	窄的，紧的

lang	长的
kurz	短的
teuer	贵的，高价的
grün	绿色的
schwarz	黑色的
an/probieren (+A)	试穿，试衣
die **Größe** -n	型号，尺码，大小
der **Moment** -e	一会儿；片刻，瞬间
das **Glück** nur Sg	幸运，运气；幸福
Glück haben	运气好，交好运
passen +D	合适，合身
helfen +D	帮助
stehen +D	适合
gefallen +D	喜欢
nehmen +A	选取；取，拿
der **Verkäufer** -	售货员；男售货员
die **Verkäuferin** -nen	女售货员
die **Kundin** -nen	女顾客
zurück	返回，回原处
das **Angebot** -e	供应，供给
im Angebot	廉价供应
sonst	此外，另外
der **Pfandautomat** -en	塑料瓶自动回收机
die **Tüte** -n	包装袋；口袋

1 Einkaufszettel

Schreiben Sie jeweils einen Einkaufszettel für die folgenden Szenen.

Sie möchten vier Freunde zu einem deutschen Frühstück einladen.	*Sie wollen Lebensmittel für nächste Woche kaufen.*	*Sie möchten ein Abendessen für Ihre Gastfamilie kochen.*

2 Einkaufsgespräch

Sie studieren in Deutschland und haben bald Geburtstag. Sie möchten eine Feier machen. Für die Geburtstagsfeier brauchen Sie ein paar Sachen. Wählen Sie zwei Szenen aus und spielen Sie Dialoge.

Sie gehen in ein Kleidergeschäft und möchten einen neuen Mantel kaufen.	Sie gehen auf den Markt und möchten Gemüse und Obst kaufen.	Sie gehen in eine Fleischerei und möchten Schinken und Würste kaufen.

Vokabeln

das **Abendessen** -　　晚饭

Bleiben Sie gesund!

Körperteile benennen | Symptome und Beschwerden beschreiben |
Gesundheitstipps aus verschiedenen Ländern kennen und Ratschläge
geben | Arzttermine vereinbaren | Arzt-Patient-Gespräche führen

1 Kleines Körper-Lexikon

Kennen Sie Ihren Körper? Setzen Sie die passenden Wörter ein und ergänzen Sie Plural.

der Hals

der Bauch

der Kopf

der Arm

der Rücken

das Knie

das Bein

die Brust

die Schulter

2 Weisheit über Gesundheit

Kennen Sie diese Sprichwörter? Ordnen Sie zu oder übersetzen Sie.

Gesundheit ist der größte Reichtum

饭后百步走，活到九十九

Gesundheit ist nicht alles, aber ohne Gesundheit ist alles nichts

one apple a day keeps the doctor away

良药苦口

健康是福

健康不是万能的，但没有健康是万万不能的

Nach dem Essen 300 Schritte und du brauchst keine Apotheke

Eine gute Medizin schmeckt dem Gaumen bitter

Kopf kalt, Füße warm: Das macht den reichen Doktor arm.

3 **Arztbesuch in Deutschland**

Ihr Mitbewohner Taj kommt aus Indien und ist erst seit einer Woche in Deutschland. Er studiert in einem englischsprachigen Masterprogramm und spricht nur wenig Deutsch. Heute hat er Husten und hohes Fieber. Was soll er jetzt machen? Soll er zum Arzt gehen? Aber wie geht man in Deutschland zum Arzt? Er kommt zu Ihnen und spricht mit Ihnen über sein Problem. Spielen Sie diese Szene.

Vokabeln

gesund	健康的	die **Gesundheit** nur Sg	健康，健康状况
der **Körper** -	身体，躯干	der **Reichtum** ⸚er	财产，财富
der **Hals** ⸚e	颈，脖子	alles	所有，一切
der **Bauch** ⸚e	腹部，肚子	nichts	什么也没有，一点也不
der **Kopf** ⸚e	头，脑袋	die **Apotheke** -n	药店
der **Arm** -e	手臂，胳膊	der **Gaumen** -	腭
der **Rücken** -	背部，脊背	der **Mitbewohner** -	室友，同屋居住人
das **Knie** -	膝盖	das **Masterprogramm** -e	
das **Bein** -e	腿		硕士项目
die **Brust** nur Sg	胸，胸腔	der **Husten** nur Sg	咳嗽
die **Schulter** -n	肩，肩膀	das **Fieber** nur Sg	发热，发烧

W1 Symptome und Beschwerden

Er **hat Bauchschmerzen**.
Vielleicht isst er zu viel zu Mittag. Jetzt **tut** ihm der Bauch **weh**.

Sie **hat Kopfschmerzen**.
Ihr Kopf **tut weh**. Sie arbeitet bestimmt zu lange.

1 Was fehlt ihnen?

Beschreiben Sie folgende Bilder.

Beispiel: *Er / Sie hat ....*
> *Sein / Seine ... tut / tun weh.*
> *Ihr / Ihre ... tut / tun weh.*

Kann man aus allen Körperteilen
Komposita mit *-schmerzen* bilden?

• Er hat Bauchschmerzen.

= Sein _____ tut weh.

• Sie hat _____.

= Ihr Kopf tut weh.

2 Was haben sie?

Ordnen Sie die folgenden Ausdrücke den Bildern zu und beschreiben Sie die Symptome.

_____ _____ _____

_____ _____

Beispiel: *Das Kind hat Fieber.*

• Fieber haben	• husten	• niesen	• Durchfall haben
• Schnupfen haben	• erkältet sein	• eine Erkältung haben	

3 Mir ist heute nicht gut!

Erzählen Sie nach dem Beispiel weiter.

Ich bin schlecht!

Beispiel:

• *Mir ist heute nicht gut! Ich habe Rückenschmerzen. /
Mein Rücken tut weh. Ich gehe heute nicht schwimmen.*

• *Mir ist heute schlecht! Ich habe Durchfall. Ich gehe
heute zum Arzt.*

Mir ist schlecht!

G1 Imperativ

SO empfiehlt ...

der Hausarzt

↓

Herrn Müller

> **Rauchen** Sie nicht!
> **Fahren** Sie weniger!
> **Laufen** Sie mehr!

Frau Bode

↓

ihrem Sohn Jonas

> **Trink(e)** jeden Tag 1 Liter Wasser!
> **Iss** viel Obst und Gemüse!
> **Schlaf(e)** gut!
> **Öffne** oft das Fenster!

Herr Schmidt

↓

seinen Schülerinnen und Schülern

> **Seid** positiv!
> **Esst** weniger Süßigkeiten!
> **Treibt** regelmäßig Sport!

TIPPS für die Gesundheit

- jeden Tag 1 Liter Wasser trinken
- viel Obst und Gemüse essen
- weniger Süßigkeiten essen
- regelmäßig Sport treiben
- gut schlafen
- nicht rauchen
- positiv sein
- weniger fahren
- mehr laufen
- das Fenster oft öffnen
- ...

die **Sie**-Form (Singular und Plural)	_____ Sie nicht! Öffnen Sie oft das Fenster! Essen Sie viel Obst und Gemüse! _____ Sie weniger! _____ Sie mehr!	
	Seien Sie positiv! Haben Sie vielen Dank!	
die **du**-Form	Trink(e) jeden Tag 1 Liter Wasser! Zieh(e) die Jacke an! Rauch(e) nicht!	针对 du 的命令式由动词不定式词干加 -e 构成，在口语中 -e 通常可省去
	_____ bitte das Fenster! Entschuldige!	动词词干以 -t, -d, -ig, -chn, -ffn, -er, -el 等结尾时，-e 不能省去
	_____ viel Obst und Gemüse! Sprich bitte laut! Nimm Platz!	换音要换

（续表）

		变音不变
	_____ gut! Fahr(e) weniger! Lauf(e) mehr!	变音不变
	Sei positiv! Hab(e) vielen Dank!	
die **ihr**-Form	_____ regelmäßig Sport! Räumt euer Zimmer auf! Öffnet oft das Fenster! _____ weniger Süßigkeiten! Fahrt weniger! Lauft mehr!	
	_____ positiv! Habt vielen Dank!	

- Der Imperativ ist die Grundform der Aufforderung und drückt auch Appell, Vorschlag, Rat usw. aus.
  命令式是提出要求的基本形式，也可以表达呼吁、建议、劝告等。
- Beim Imperativ steht das Verb am Satzanfang. Das Personalpronomen *Sie* steht hinter dem Verb. Die Personalpronomen *du* und *ihr* entfallen.
  在命令式中，动词位于句首。人称代词 *Sie* 位于动词后。人称代词 *du* 和 *ihr* 省去。

Beispiel: Entschuldigen Sie!   Entschuldige!   Entschuldigt!

4 Variation

1 **Yang Fang schläft nicht gut. Sie geht zu ihrem Hausarzt und bekommt die folgenden Tipps. Formulieren Sie die Tipps als Imperativsätze.**

- früh aufstehen
- am Tag Sport treiben
- nicht zu nervös sein
- vor dem Schlafen ein Bad nehmen
- vor dem Schlafen ein Glas Milch trinken
- eine Schlaftablette einnehmen
- ...

Beispiel:
Stehen Sie früh auf!
...

2 Lukas ist erkältet. Li Tao gibt ihm Ratschläge.

Beispiel:

Iss eine Hühnersuppe!

...

- eine Hühnersuppe essen
- Vitamin C einnehmen
- warm baden
- ausreichend schlafen
- eine Tasse Kamillentee trinken
- die Wohnräume regelmäßig lüften
- ...

3 Frau Bode sagt zu Maria und Jonas.

- ihre Zimmer aufräumen
- mit ihr einkaufen gehen
- heute Abend nicht ausgehen
- die Großeltern besuchen
- früh aufstehen
- nicht so faul sein
- ...

Beispiel:

Räumt eure Zimmer auf!

...

---

5 **Hausmittel aus aller Welt**

Kennen Sie die folgenden Hausmittel? Machen Sie daraus Ratschläge.

China
- Ingwer-Suppe gegen Schnupfen

Portugal
- Ei-Cocktail (Eigelb + Honig) gegen Husten

○ **Russland**
○ • Apfelessig mit Wasser gegen Fieber
○ • Himbeersaft gegen Halsschmerzen

○ **Deutschland**
○ • Kamillentee gegen Erkältung
○ • Pfefferminztee gegen Bauchschmerzen

ICH MACHE
TEERAPIE

Essen? Trinken?
Wie formulieren Sie die Ratschläge für Frau Lehmann?
für Ihren Vater? / für ihre Freunde?

T1 Kurzdialoge

6 Welche Überschrift passt? Hören Sie den Text und füllen Sie die Lücken.

> • Nicht zu viel Arbeit • Ihm ist schlecht • Zu viel Stress • Warm oder hübsch?

1 _____

● So gehst du nicht in die Schule. _____ deine Jacke an! Es ist viel zu kalt und du bist noch _____.

▢ Aber Mama, ich habe doch heute eine Theateraufführung. Da möchte ich etwas Hübsches anziehen. Und meine _____ ist schon lange vorbei.

● Na gut. _____ heute nicht mit dem Fahrrad, _____ den Bus!

2 _____

● Du putzt dauernd deine Nase. Hast du _____?

▢ Ja, und schlecht ist mir auch.

● Hast du _____?

▢ Ja, seit gestern. Und ich habe auch Husten.

● Wahrscheinlich bekommst du eine Erkältung. _____ morgen besser nicht in die Uni! _____ einfach im Bett und _____ am Abend ein warmes Bad!

3 _____

- Hi, Beate. Was ist los?

- □ Seit 2 Monaten schreibe ich meine Masterarbeit. Ich sitze jeden Tag fast 10 Stunden am Computer. Ich habe jetzt _____ und _____. Meine _____ tun auch immer weh.

- _____ nicht so viel und _____ mehr Sport!

4 _____

- Morgen, Felix. Du siehst nicht gut aus.

- □ Morgen, Andreas. Mir geht es nicht gut.

- Was fehlt dir?

- □ Mein _____ tut immer so weh. Ich bin häufig sehr nervös und schlafe abends auch nicht gut.

- _____ einen Pfefferminztee und _____ nicht so nervös! Du hast zu viel Stress!

7 Wo? Wer? Was?

a) Wo findet das Gespräch statt? (z. B. *zu Hause* ...)

b) Wer spricht? (z. B. *Mutter* ...)

c) Über welche gesundheitlichen Probleme sprechen sie? Schreiben Sie einen oder zwei Sätze. (z. B. *Die Tochter möchte etwas Hübsches anziehen. Aber* ...)

1. Wo?	Wer?
Welches Problem?	

2. Wo?	Wer?
Welches Problem?	

3. Wo?	Wer?
Welches Problem?	

4. Wo?	Wer?
Welches Problem?	

8 Was fehlt ihnen?

 1 **Hören Sie und ordnen Sie zu.**

Welche Symptome?	Welche Ratschläge?
• Niesen	• eine Ingwer-Suppe kochen
• Husten	• zum Hausarzt gehen
• Durchfall haben	• Wasser trinken
• eine Erkältung haben	• eine Tablette einnehmen
• Halsschmerzen haben	• Hustentee trinken
• Bauchschmerzen haben	• Kamillentee trinken

	Symptome	Ratschläge
Thomas		
Petra		
Frau Kittmann		

2 **Sprechen Sie über die Symptome und geben Sie passende Ratschläge.**

Beispiel: *Thomas, du hast Durchfall. Nimm doch eine Tablette ein!*

9 **Rollenspiel**

Ihnen ist schlecht. Ihre Tandempartnerin oder Ihr Tandempartner kommt bei Ihnen zu Besuch. Sie oder er fragt nach Ihren Beschwerden und gibt Ihnen einige Ratschläge. Spielen Sie die Szene.

Vokabeln

das **Sympt<u>o</u>m** -e	症状	
die **Beschwerden** Pl	病痛，不适，苦痛	
der **Schmerz** -en meist Pl		
	痛，疼痛	
weh/tun (+D)	引起疼痛，使（某人）感到疼痛	
fehlen +D	没有，缺乏	
Was fehlt ihnen?	他们／她们哪里不舒服?	
die **Erkältung** -en	着凉，感冒	
der **Durchfall** ¨e meist Sg		
	腹泻	
der **Schnupfen** nur Sg	感冒，伤风	
erkältet	受了凉的，患感冒的	
niesen	打喷嚏	
die **Süßigkeit** -en meist Pl		
	甜食，糖果	
regelmäßig	按规律的，有规则的；定期（重复）的	
positiv	肯定的，积极的；正面的	
öffnen +A	打开，解开	
der **Hausarzt** ¨e	家庭医生	
rauchen (+A)	吸烟，抽烟	
an/ziehen +A	穿，穿上	
die **Jacke** -n	夹克衫	
nervös [nɛr'vøːs]	紧张不安的，烦躁的	
das **Bad** ¨er	洗澡，沐浴	
ein Bad nehmen	洗澡	
die **Schlaftablette** -n	安眠药片	
die **Hühnersuppe** -n	鸡汤	
das **Vitam<u>i</u>n** -e oft Pl	维生素，维他命	
ein/nehmen +A	服用，吃	
ausreichend	足够的，充分的	
der **Kam<u>i</u>llentee** -s	甘菊茶	
lüften +A	使通风	

faul	懒惰的	
das **Hausmittel** -	家庭常备药品；家庭常用妙方	
der **Ingwer** nur Sg	生姜	
der **Apfelessig** -	苹果醋	
der **Himbeersaft** ¨e	覆盆子果汁	
der **Pfefferminztee** -s	薄荷茶	
warm	温暖的，暖和的，热的	
hübsch	好看的，漂亮的	
kalt	冷的，寒冷的	
die **Theateraufführung** -en		
	戏剧演出	
vorb<u>ei</u>	过去，消逝；在……旁边经过	
dauernd	持续的，长久的；经常的	
die **Nase** -n	鼻子	
die Nase putzen	擤鼻涕	
seit +Dat	自从，从……以来	
wahrsch<u>ei</u>nlich	大概的，很可能的	
die **Grippe** -n	流行性感冒	
besser	较好的，比……好的	
liegen	躺着，卧着；平放，横放	
Was ist los?	发生了什么?	
die **Masterarbeit** -en	硕士毕业论文	
aus/sehen	具有……外貌，外表看起来；看起来，好像	
der **Stress** nur Sg	压力	
statt/finden	举行；发生	
der **Ratschlag** ¨e	建议，主意	
die **Tablette** -n	药片	
der **Hustentee** -s	缓解咳嗽的茶	
Portugal	葡萄牙	
Russland	俄罗斯	

W2 Ärzte in Deutschland

1 Praxis oder Krankenhaus?

Setzen Sie die passenden Wörter ein.

- Krankenhaus
- Praxis
- Hausarzt
- Hausärztin
- Facharzt
- Fachärztin
- Rezept

Studienalltag und Gesundheit

- In Deutschland geht man bei Schmerzen zuerst zu seiner _____ oder seinem _____. Das heißt, man geht nicht gleich in ein _____, sondern in eine _____.
- Manchmal bekommt man da eine Überweisung und geht dann zu einem _____ oder einer _____.
- Medikamente bekommt man in Deutschland in einer Apotheke. Dafür braucht man oft ein _____. Wichtig ist auch die Versichertenkarte.
- Krank in der Nacht, am Wochenende oder an Feiertagen? Wählen Sie die Rufnummer 116117, bei Lebensgefahr die Rufnummer 112.

> Wie sieht die Situation in China aus?

2 Zu welchem Arzt geht man?

Finden Sie die richtige Lösung.

Dr. Sabine Ahlers	Dr. med. Norbert Markus
Hausärztin Mo.- Fr. 9-12Uhr, Mo. & Do. 15-17 Uhr 06221 79 85 997	Kinderarzt Mo.- Fr. 08.30-12.00, Mo. Di. & Do. 14.30-17.00 06221 20069

Dr. Martina Handle	Dr. med. Maximilian Müller
Hausärztin täglich 08.00-13.30, mittwochs, samstags und sonntags geschlossen 06221 566 90 91	Hausarztpraxis Di. bis. Do. 8-12, 14-16; Mo. & Fr. 10-12 06221 90 55 310

a) Es ist Montag, 15 Uhr. Herr Schmidt hat Kopf- und Halsschmerzen. Zu welchem Arzt geht er? Welche Telefonnummer ruft er an?

b) Es ist Freitagvormittag, 8 Uhr. Frau Hofmann hat Fieber. Wohin geht sie am besten? Wie ist die Telefonnummer?

c) Es ist Dienstagnachmittag. Der Sohn von Herrn Schuhmacher hat Husten und Schnupfen. Zu welchem Arzt geht er am besten?

d) Es ist Sonntag. Peter hat plötzlich Fieber. Was macht er?

3   **Ärzte in der Nähe**

Sie verbringen gerade Ihr Auslandssemester in Heidelberg, München, Berlin usw. und wohnen im Studentenwohnheim.
Suchen Sie ein Wohnheim aus. Recherchieren Sie online und finden Sie eine Hausärztin oder einen Hausarzt.

Gelbe Seiten

In den *Gelben Seiten*, einem Telefonbuch, findest du Telefonnummern, Öffnungszeiten und Adressen der Praxen. Das gibt es auch online (www.gelbeseiten. de).

Gelbe Seiten

Wohnheim & Adresse	Hausarzt
Europahaus III, Universität Heidelberg Plöck 58, 69117 Heidelberg	
Studentenstadt Freimann LMU Christoph-Probst-Straße 10, 80805 München	
Wohnheime Potsdamer Straße Potsdamer Straße 61, 10785 Berlin	

W3 Wortfeld *Medizin*

4 Sortieren Sie und ergänzen Sie bei Nomen Artikel und Pluralformen.

• Erkältung	• verschreiben	• messen	• Grippe	• Fieber
• untersuchen	• Schnupfen	• krank/schreiben	• Spritze	• Hustensaft
• Rezept	• Husten	• Entzündung	• Tablette	• ausstellen

Krankheiten & Beschwerden	Medikamente	Behandlungen

5 Silbenrätsel

Bilden Sie aus den folgenden Silben Wörter und füllen Sie die Lücken.

• Schnup-	• Fie-	• -käl-	• Hus-	• Tab-	• -ze	• -zept
• -ber	• Re-	• ~~-pe~~	• -fen	• -tung	• -ten	• Hus-
• ~~Grip-~~	• -ten	• Er-	• -ten-	• Sprit-	• -let-	• -saft

a) Bleib im Bett! Wahrscheinlich hast du eine *Grippe*.

b) Gegen sein hohes _____ bekommt das Kind eine _____.

c) Gegen den _____ verschreibt mir mein Hausarzt einige _____.

d) Manche Medikamente bekommt man in der Apotheke nur gegen _____.

e) Herr Wang nimmt seit einer Woche _____ gegen seinen _____, aber der hilft nicht.

f) Das ist nur eine _____. Morgen gehe ich wieder arbeiten.

	mit Artikel	oft ohne Artikel	ohne Artikel	Seine Erkältung /
Er hat	eine Erkältung.	(eine) Grippe.	Husten.	Sein Husten / Der
	eine Entzündung.	(einen) Schnupfen.	Fieber.	Schnupfen / Sein
			Kopfschmerzen.	Fieber ist ziemlich
				schlimm.

6 Kombination

Wer macht was? Welche Verben passen zu welchen Nomen? Bilden Sie Sätze.

- verschreiben
- untersuchen
- ein/nehmen
- bekommen
- messen
- krank/schreiben
- haben
- aus/stellen

- der Patient
- eine Spritze
- Tabletten
- eine Grippe
- der Hustensaft
- ein Medikament
- ein Rezept
- Fieber
- ein Termin

Beispiel: *Ich bekomme heute einen Termin.*
Der Arzt misst Fieber.

G2 Modalverben *dürfen* und *sollen*

● Herr Doktor, **darf** ich arbeiten gehen?

□ Nein, bleiben Sie eine Woche zu Hause.

● **Darf** ich rauchen?

□ Das **dürfen** Sie nicht. Trinken Sie viel Wasser und essen Sie viel Obst und Gemüse.

● Der Arzt meint, ich **soll** eine Woche zu Hause bleiben. Ich **soll** viel Wasser trinken und mehr Obst und Gemüse essen.

□ Und du **darfst** nicht mehr rauchen, oder?

● Das **darf** ich noch, aber ich **soll** nicht so viel rauchen.

□ Wirklich?

	V1			V2
			ich	rauchen?
Und du	_____		nicht mehr	rauchen?
Er / Sie / Es	darf		nicht	rauchen.
Wir	dürfen		nicht mehr	rauchen.
	Dürft	ihr	noch	rauchen?
Sie	dürfen		nicht mehr	rauchen.
Sie	_____		nicht	rauchen.

Satzklammer

	V1			V2
Ich	_____	eine Woche zu Hause		bleiben.
Du	_____	nicht mehr		rauchen.
Er / Sie / Es	soll	mehr Obst und Gemüse		essen.
Wir	sollen	viel Wasser		trinken.
Ihr	_____	mehr Obst und Gemüse		essen.
Sie	sollen	viel Wasser		trinken.
Wann	sollen	Sie	morgens	aufstehen?

Satzklammer

7 Gebrauch von *dürfen* und *sollen*

• **als Modalverben**

Vervollständigen Sie die Sätze und wählen Sie den richtigen Gebrauch.

1 dürfen (*Erlaubnis; Bitte/Wunsch*)

a) Im Krankenhaus _____ man nicht zu laut sprechen. (   )

b) Hier _____ man nicht schwimmen. (   )

c) _____ ich Ihnen eine Frage stellen? (   )

d) _____ ich Sie kurz besuchen? (   )

2 sollen (*Erwartung/Aufforderung/Vereinbarung; Angebot/Vorschlag*)

a) Der Arzt sagt, ich _____ im Bett bleiben. (   )

b) Dein Vater hat angerufen. Du _____ zurückrufen. (   )

c) Ich _____ ihn um 5 Uhr abholen. (   )

d) _____ ich dich zum Arzt fahren? (   )

e) _____ ich das Fenster öffnen? (   )

• **als Vollverben**

Vervollständigen Sie die Sätze mit *dürfen* oder *sollen* und wählen Sie das richtige Satzmuster:

Vollverb + A (*es, das, viel, etwas, nichts, was*); Vollverb + Dir.

a) • _____ du heute zur Arbeit? (   )

   □ Ja, natürlich _____ ich es. (   )

b) Hans, du _____ ins Krankenhaus! (   )

c) Um diese Zeit _____ die Kinder nicht mehr nach außen. (   )

d) Was _____ ich? Zum Arzt? (   )

8 **Variation**

1 Warum?

Warum rauchen Sie nicht mehr? Ich **darf** nicht mehr rauchen.

Warum trinkt Herr Meier kein Bier mehr? _____

Warum geht Petra nicht zur Arbeit? _____

Warum essen die Kinder keine Schokolade mehr? _____

Warum trinke ich keinen Kaffee? _____

Warum treibt Peter nicht mehr Sport? _____

2 Sabine / ihre Jacke anziehen / ihre Mutter ● Was **soll Sabine**?

□ Sie soll **ihre Jacke anziehen**.

● Wer sagt das?

□ **Ihre Mutter**.

- ich / das Zimmer aufräumen / Papa
- der Arzt / um 9 Uhr in die Praxis kommen / sein Chef
- wir / viel Wasser trinken / der Arzt
- die Kinder / viel Sport treiben / die Lehrerin
- Maria / eine Hühnersuppe essen / ihre Oma

---

3 Hier darf man nicht schwimmen.

9 | Weisheit aus Traditioneller Chinesischer Medizin

In der Traditionellen Chinesischen Medizin kennt man viele Gesundheitstipps. Benutzen Sie die Informationen und formulieren Sie Tipps. Bilden Sie Sätze mit *dürfen* oder *sollen*.

春天 / Im Frühling
睡眠足、多锻炼
饭量不宜过饱

夏天 / Im Sommer
多吃番茄和橙子
勿贪凉，不宜多喝冷饮

中医

秋天 / Im Herbst
勤开窗户通风
防秋冻，别穿太少

冬天 / Im Winter
多饮热水、牛奶等
切勿过多吃肉

Beispiel: *Im Frühling darf / soll man ...*

T2 Herr Kohl geht zum Arzt.

Dialog 1 Termin beim Arzt

10 **Hören Sie das Telefongespräch und vervollständigen Sie den Text.**

Herr Kohl hat _____. Er ruft die _____ von Dr. Weißmüller an.
Die Arzthelferin sagt ihm, es ist eigentlich kein _____ mehr frei. Aber
_____ darf man nicht leichtnehmen. Herr Kohl bekommt einen
_____ am _____ und soll _____ mitbringen.

Dialog 2 Beim Arzt

11 **Hören Sie den Text und füllen Sie die Lücken.**

Dr. Weißmüller: Guten Tag, Herr Kohl. Was _____ Ihnen denn?

Herr Kohl: Guten Tag, Herr Doktor. Ich habe Halsschmerzen. Und Husten habe
ich auch seit ein paar Tagen.

Dr. Weißmüller: _____ Sie mal den Mund _____ und sagen Sie „Aaaah"!
_____ Sie bitte! Ihr Hals ist ganz rot. Jetzt wollen wir mal
Fieber _____.

Herr Kohl: Ist es schlimm, Herr Doktor?

Dr. Weißmüller: Nein, Sie haben nur leichtes Fieber. Sie haben eine schwere
Halsentzündung. Ich _____ Ihnen ein Medikament. Davon
_____ Sie dreimal täglich nach dem Essen 2 Tabletten
_____. Und ich _____ Ihnen noch ein Rezept für einen
Hustensaft _____. Der _____ auch. Rauchen Sie?

Herr Kohl: Ja, aber nicht viel. Darf ich zur Arbeit gehen?

Dr. Weißmüller: Am besten bleiben Sie im Bett! Ich _____ Sie drei Tage
_____. Trinken Sie bitte viel Wasser! Und Sie dürfen nicht
mehr rauchen. Gute Besserung!

Herr Kohl: Danke, Herr Doktor. Auf Wiedersehen.

12 **Füllen Sie die Lücken.**

Dr. Weißmüller fragt Herrn Kohl nach seinen _____. Er _____ ihn und

stellt fest, Herr Kohl hat eine schwere _____.

Dr. Weißmüller verschreibt Herrn Kohl ein _____. Davon soll er _____

am Tag nach dem Essen _____ einnehmen. Der Doktor gibt ihm noch ein

_____ für einen Hustensaft und schreibt _____ drei Tage krank. Herr Kohl

soll _____ und _____. Er darf _____.

13 **Im Behandlungszimmer**

Was sagt der Arzt? Was sagt der Patient? In welcher Reihenfolge? Ordnen Sie zu.

	Arzt	Patient	
			Soll ich die Tabletten nach dem Essen einnehmen?
			Guten Tag, ich habe seit 2 Tagen Schnupfen und mein Kopf tut auch immer weh.
			Sagen Sie mal „Aaaah"! Alles rot. Jetzt messen wir mal Fieber. Ja, leichtes Fieber.
			Vielen Dank, Frau Doktor! Auf Wiedersehen!
	1		Guten Tag, was fehlt Ihnen denn?
			Nein, nicht sehr schlimm. Sie haben eine Grippe. Ich verschreibe Ihnen ein Medikament. Das bekommen Sie gegen Rezept in der Apotheke. Nehmen Sie jeden Tag zweimal, am Morgen und am Abend, jeweils 3 Tabletten ein!
			Ja, richtig. Ich schreibe Sie eine Woche krank. Gute Besserung!
			Ist es schlimm?

14 **Bilden Sie Sätze mit *dürfen* oder *sollen*.**

Dr. Weißmüller sagt
• Machen Sie einen Termin!
• Rauchen Sie nicht mehr!
• Machen Sie den Mund auf!
• Nehmen Sie dreimal täglich 2 Tabletten ein!
• Nehmen Sie die Tabletten nicht vor dem Essen ein!
• Trinken Sie viel Wasser!
• Gehen Sie nicht zur Arbeit!
...

Beispiel:

● *Was sollst du? Was darfst du nicht?*

□ *Ich soll ... / Ich darf ...*

15 **Übersetzen Sie.**

在德国，当身体出现病痛时，你不能直接去医院。你首先要打电话给你的家庭医生，预约一个问诊时间。在医生那儿，他／她会首先询问你的症状，然后给你做检查。紧接着，医生会给你开药，你拿着处方在药店买药。

Vokabeln

die **Praxis** Praxen	（医师）诊所
das **Krankenhaus** ̈er	医院
die **Hausärztin** -nen	女家庭医生
die **Überweisung** -en	转诊单
der **Facharzt** ̈e	专科医生；男专科医生
die **Fachärztin** -nen	女专科医生
das **Medikament** -e	药品，药物
das **Rezept** -e	药方，处方；食品烹调法
die **Versichertenkarte** -n	医疗保险卡
der **Feiertag** -e	节假日
die **Lebensgefahr** nur Sg	生命危险
der **Kinderarzt** ̈e	儿科医生；男儿科医生
recherchieren (+A)	进行检索
verschreiben +A	开（药方）
messen +A	量，测量
untersuchen +A	检查，检验；调查，审查
krank/schreiben +A	给（某人）开病假（单）
die **Spritze** -n	注射，打针
der **Hustensaft** ̈e	止咳药水
die **Entzündung** -en	炎症，发炎
aus/stellen +A	签发；陈列，展出
ein Rezept ausstellen	（医生）开药方，开处方

ziemlich	相当地
der **Patient** -en [pa'tsiɛnt]	病人，患者
dürfen	允许，准许；可以，能
sollen	应当，应该
bleiben +Sit₁	停留，逗留
spazieren gehen	散步，闲逛
Traditionelle Chinesische Medizin	中医
an/rufen (+A)	（给……）打电话
die **Arzthelferin** -nen	女医生助手
eigentlich	其实；本该，理应
frei	空着的，无人占用的
leicht/nehmen +A	对……掉以轻心，不在乎，不认真对待
mit/bringen +A	带回，带来；随身携带
auf/machen +A	打开，张开
der **Mund** ̈er	口，嘴
leicht	轻微的，柔和的
dreimal	三次地，三遍地
täglich	每日的，每天的
Gute Besserung!	早日康复！

Evaluieren

1 Arztbesuch in Deutschland

Sie studieren in Deutschland. Seit 2 Tagen haben Sie Husten und hohes Fieber. Sie bekommen heute einen Termin beim Arzt. Nach einer Weile bittet Sie die Arzthelferin ins Behandlungszimmer. Spielen Sie die Szene im Behandlungszimmer.

2 Arztbesuch in China

Ihre Tandempartnerin oder Ihr Tandempartner fragt Sie, wie man in China einen Arzt besucht. Schreiben Sie ihr oder ihm eine Nachricht und erklären Sie es. Folgendes Schaubild kann Ihnen helfen.

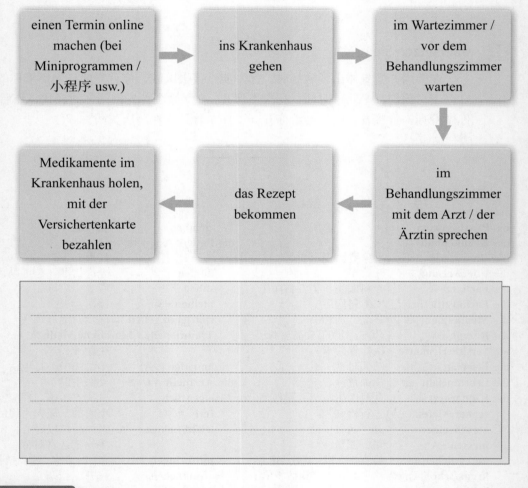

Vokabeln

das **Wartezimmer** -   候诊室
das **Behandlungszimmer** -
                                   诊疗室

das **Miniprogramm** -e 小程序

Wohin mit dem Bild?

Wohnungen und Häuser beschreiben | Wohnungsanzeigen verstehen |
Besichtigungstermine vereinbaren | über das Einrichten eines Zimmers
sprechen | über Erlaubnisse und Verbote sprechen

1 **Wie wohnt man in China und in Deutschland?**

Ordnen Sie den Bildern die passenden Wörter zu. Ergänzen Sie Artikel und Plural.

a) Wohnmöglichkeiten

> • Einfamilienhaus • Apartment • Hochhaus
> • Wohngemeinschaft (WG) • Villa • Reihenhaus

① _____

② _____

③ _____

④ _____

⑤ _____

⑥ _____

b) Raum / Zimmer

> • Flur • Wohnzimmer • Arbeitszimmer • Schlafzimmer • Esszimmer
> • Küche • Balkon • Toilette • Bad

① _____

② _____

③ _____

④ _____

⑤ _____

⑥ _____

⑦ _____ ⑧ _____ ⑨ _____

Meine Wohnung

1 Hören Sie und füllen Sie die Lücken.

Peter wohnt jetzt noch in einer WG. Aber in drei
Wochen zieht er um. Dann hat er selbst eine
Wohnung. Die Wohnung hat ein _____, ein
_____, ein _____, eine _____
und einen _____. Die _____ ist
ziemlich klein. Das _____ ist dunkel und
hat kein Fenster. Aber das _____ ist hell.
Und das _____ ist sehr schön. Es hat sogar
einen Balkon. Peter ist zufrieden.

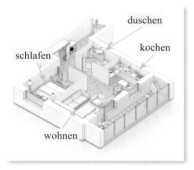

2 Was für eine Wohnung hat Ihre Familie? Zeichnen Sie ein Bild und beschreiben Sie Ihre Wohnung.

3 ## Wohnungssuche in Deutschland

Sie fahren bald nach Deutschland zum Studium und brauchen eine Unterkunft. Sie fragen Ihre Tandempartnerin oder Ihren Tandempartner nach der Wohnungssuche in Deutschland. Welche Wohnmöglichkeiten gibt es für Studentinnen und Studenten? Wie sucht man eine Unterkunft? Mit welchen Problemen (z. B. Hausordnung, Einrichtung) muss man rechnen? Spielen Sie die Szene.

Vokabeln

das **Apartment** -s	公寓住房
das **Einfamilienhaus** ⁻er	单独住宅
die **Villa** Villen	郊外寓所，别墅
die **Wohngemeinschaft** -en, die **WG** -s	合租公寓
das **Reihenhaus** ⁻er	联排住宅
das **Hochhaus** ⁻er	高楼，大厦，高层楼房
das **Arbeitszimmer** -	工作室；书房
die **Küche** -n	厨房
das **Schlafzimmer** -	卧室
das **Esszimmer** -	餐厅
das **Wohnzimmer** -	起居室，客厅
die **Toilette** -n [toa'lɛtə]	盥洗室，洗手间，厕所

der **Flur** -e	走廊，过道
der **Balkon** -s / -e [bal'kɔŋ]	阳台
um/ziehen (+Dir)	搬家，迁居
dunkel	暗的，黑暗的，昏暗的
hell	光亮的，明亮的
sogar	甚至，乃至，更有甚者
die **Unterkunft** ⁻e	寄宿处，住处
die **Hausordnung** nur Sg	住房规则，住房注意事项
die **Einrichtung** nur Sg	布置
rechnen +mit	估计，考虑到

W1 Wohnungsanzeigen

1 Wie sucht man in Deutschland eine Wohnung? Diskutieren Sie in Gruppen.

2 Was steht in einer Wohnungsanzeige?

① **WG in unmittelbarer Nähe zur Uni**

1 Zimmer, 20 m^2, in 4er WG, unmöbliert, Miete 350,- € , frei ab: 20.12., Uni- und Zentrumsnähe (ca. 15 Gehmin.) 089 / 146658

② **Apartment im Hochhaus**

4. OG, ruhig wohnen, ein Zimmer mit Kochnische, Toilette und Dusche, ab sofort, Miete 950,- € + NK und KT Jäger-Immobilien 089 / 988657

③ **Billig wohnen und Geld verdienen**

4-Zi.-Wohnung für Hausmeister frei, EG, 98 m^2, Balkon, 2 Toiletten, ruhig, Garten, nicht im Stadtzentrum, pro Monat 10 Stunden Hausmeisterarbeit, 2300,- € + NK + KT, Mietvertrag 5 Jahre fest. Schmidt-Immobilien 089 / 179654

④ **Traumwohnung in der Altstadt**

4-Zimmer-Wohnung mit Küche, Bad / WC, Gäste-WC, 2 Balkone, 102 m^2 + Keller u. Tiefgarage, Garten, in der Altstadt, aber ruhig und frei, KM 3800,- € + NK + KT 2000,-€ 089 / 283794 (nach 18.00 Uhr)

1 Was bedeuten die Abkürzungen?

- die Kaltmiete
- das Erdgeschoss
- die Kaution
- das Obergeschoss
- die Nebenkosten (Pl)
- der Quadratmeter

a) OG = _____

b) EG = _____

c) NK = _____

d) KT = _____

e) KM = _____

f) m² = _____

2 Suchen Sie eine Wohnung in den obigen Anzeigen für Familie Schäfer und begründen Sie Ihre Wahl.

Familie Schäfer, 2 Kinder (6 und 8 Jahre)
Familieneinkommen: 5600 € pro Monat
Herr Schäfer ist Bahnbeamter. Frau Schäfer ist Arzthelferin.

„Wir suchen eine 4-Zimmer-Wohnung in München. Wir haben eine Wohnung in Nürnberg, aber die hat nur drei Zimmer, ein Bad und eine Küche. Das ist zu wenig. Die Kinder möchten beide ein Zimmer haben. Mein Mann und ich arbeiten in München. Morgens und nachmittags müssen wir über eine Stunde fahren. Unter 2500 Euro bekommt man in München keine 4-Zimmer-Wohnung. Das können wir nicht bezahlen."

G1 Modalverben *können* und *müssen*

- ● Sie **können** jetzt nicht mehr feiern.
- ▫ Warum nicht? Ich **muss** morgen nicht arbeiten und **kann** lange schlafen.
- ● Aber es ist 22 Uhr. Die Nachbarn möchten schlafen.
- ▫ Und wann **kann** man feiern?
- ● Vor 22 Uhr. Jetzt **muss** man leise sein.

	V1				**V2**
Ich	kann		morgen lange	schlafen.
	_____	du	morgen lange	schlafen?
Er / Sie / Es	_____		morgen lange	schlafen.
Wir	_____		morgen lange	schlafen.
	Könnt	ihr	morgen lange	schlafen?
Sie	_____		morgen lange	schlafen.
	_____	Sie	morgen lange	schlafen?

Satzklammer

	V1				**V2**
Ich	muss		morgen nicht	arbeiten.
	_____	du	morgen	arbeiten?
Er / Sie / Es	_____		morgen nicht	arbeiten.
	_____	wir	morgen	arbeiten?
	_____	ihr	morgen	arbeiten?
Sie	_____		morgen nicht	arbeiten.
	_____	Sie	morgen	arbeiten?

Satzklammer

3 **Gebrauch von *können* und *müssen***

• als Modalverben

Vervollständigen Sie die Sätze und wählen Sie den richtigen Gebrauch.

1 **können (*Fähigkeit/Möglichkeit/Erlaubnis/Bitte*)**

a) Ich _____ gut singen. (   )

b) Du _____ mein Fahrrad nehmen. Ich brauche es jetzt nicht. (   )

c) Jetzt _____ ich nicht in die Mensa gehen. In fünf Minuten beginnt der Unterricht. (   )

d) _____ ich noch ein Bier haben? (   )

2 **müssen (*Notwendigkeit durch äußere Umstände/Notwendigkeit durch Autoritäten*)**

a) Nach 22 Uhr _____ man im Studentenwohnheim leise sein. (   )

b) Mein Handy ist kaputt. Ich _____ ein neues kaufen. (   )

• **als Vollverben**

Vervollständigen Sie die Sätze mit *können* und *müssen* und wählen Sie das richtige Satzmuster: **Vollverb + A, Vollverb + Dir**.

a) Er _____ sehr gut Englisch. (   )

b) Ich _____ zum Arzt. Mein Kopf tut weh. (   )

c) Er _____ nicht ins Büro. Er ist krank. (   )

d) Papa, _____ ich das wirklich? (   )

4 **Bilden Sie Sätze.**

a) _____

(ich / können / buchstabieren / das Wort / nicht / .)

b) _____

(du / die Frage / beantworten / können / ?)

c) _____

(ihr / den Zug / müssen / um 20 Uhr / nehmen / ?)

d) _____

(die Kinder / im Treppenhaus / können / spielen / ?)

e) _____

(Jonas / müssen / vor 8 Uhr / sein / in der Uni / morgen / .)

f) _____

(ich / Sie / nach dem Unterricht / etwas / können / fragen / ?)

g) _____

(die Mieter / halten / Flur und Treppen / sauber / müssen /.)

5 **Andere Perspektiven, andere Höflichkeitsformen.**

Formulieren Sie aus den Aufforderungen Fragen mit *können* und *bitte*.

Beispiel: Schließt das Fenster! → *Könnt ihr bitte das Fenster schließen?*

a) Macht die Musik leise!

_____

b) Räumen Sie Ihre Wohnung einmal in der Woche auf!

_____

c) Halten Sie das Treppenhaus sauber!

_____

d) Bring die Kinder zur Schule!

_____

e) Kauft Obst und Gemüse!

_____

f) Hol für mich die Post!

_____

6 **Was passt zusammen? Bilden Sie Sätze.**

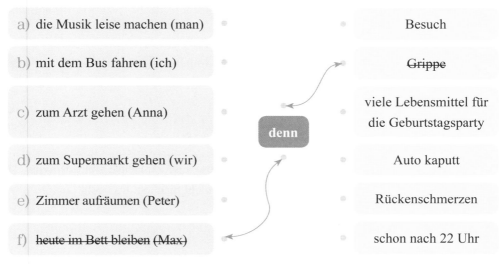

a) die Musik leise machen (man)   Besuch

b) mit dem Bus fahren (ich)   ~~Grippe~~

c) zum Arzt gehen (Anna)   viele Lebensmittel für die Geburtstagsparty

denn

d) zum Supermarkt gehen (wir)   Auto kaputt

e) Zimmer aufräumen (Peter)   Rückenschmerzen

f) ~~heute im Bett bleiben (Max)~~   schon nach 22 Uhr

Beispiel: _Max muss heute im Bett bleiben, denn er hat Grippe._

7 **Ergänzen Sie _möchten_, _wollen_, _sollen_, _dürfen_, _können_, _müssen_. (Manchmal mehrere Möglichkeiten.)**

a) ● Hallo, Max, _____ du mir mal helfen? Ich _____ einen Schrank vom Flur ins Arbeitszimmer schieben.
   □ Gerne. _____ ich gleich kommen?

b) ● Ich _____ leider gehen. Um 5 Uhr _____ ich in der Uni sein und ich _____ nicht zu spät kommen.
   □ Oh, es ist schon 10 vor 5. Ich fahre auch gleich los. _____ ich dich zur Uni fahren?
   ● Danke, ich _____ auch ein Taxi nehmen.

c) ● Alice, was hast du heute Abend vor?
   □ Ich _____ lesen.
   ● Das machst du doch immer. _____ wir beide nicht mal ins Kino gehen?
   □ Ins Kino? Eigentlich nicht schlecht!
   ● _____ ich dich abholen?
   □ Ja, du _____ unten klingeln.

G2 Indefinitpronomen *man, (k)ein-, welch-*

1 man

Alice (22)

> Im Studentenwohnheim ist **man** allein, aber doch nicht allein.
> **Man** hat ein eigenes Zimmer, aber viel Kontakt miteinander.

> In der WG ist immer was los. Da ist **man** nie allein. Nur die
> Hausarbeit ist ein Problem, denn keiner räumt gern auf. Das
> kostet **einen** zu viel Zeit.

Max (25)

Rebekka (23)

> Warum ziehe ich von zu Hause aus? Zu Hause gibt es so vie-
> le Verbote. **Man** darf vieles nicht machen. Das geht **einem**
> ganz schön auf die Nerven.

> Eine WG ist nichts für mich. Da ist **man** nie allein, aber in
> einer Mietwohnung hat **man** seine Ruhe und Freiheit.

Peter (24)

- Das Indefinitpronomen *man* bezeichnet eine unbestimmte Person oder eine Personengrup-
  pe. Nach *man* steht das Verb in der 3. Person Singular. *Man* steht immer im Nominativ
  und kann nur Subjektergänzung sein. Im Akkusativ und Dativ stehen *einen* und *einem*.
  不定代词 *man* 泛指某个人或一组人，但 *man* 后的动词变位为第三人称单数。*man* 只
  能作主语补足语，其第四格和第三格形式分别为 *einen* 和 *einem*。

8 **Ergänzen Sie *man, einen, einem*.**

a) ● Was kann _____ _____ zum Geburtstag wünschen?

  □ _____ sagt meistens: *Herzlichen Glückwunsch!* oder *Alles Gute zum*
  Geburtstag!

  ● Soll _____ _____ am späten Abend mit *Gute Nacht* grüßen?

  □ Nein. *Gute Nacht* sagt _____ nur vor dem Schlafengehen.

b) ● Warum spielst du keine Computerspiele mehr?

    □ Ach, in meinem Alter macht das _____ langsam keinen Spaß mehr.

  ● So alt bist du doch gar nicht. Aber ich surfe auch nicht mehr so lange im Internet.

    So was kostet _____ viel zu viel Zeit.

9 Vor- und Nachteile

Welche Vorteile und Nachteile haben *WGs, Studentenwohnheime, Mietwohnungen, Zimmer bei den Eltern*? Schreiben Sie die Vor- und Nachteile in die Wortnetze zu den Wohnmöglichkeiten. Diskutieren Sie Ihre Ergebnisse.

• allein	• Gemeinschaftsraum	• klein	• Partykeller
• groß	• Kochnische	• praktisch	• nur als Student
• aufräumen	• Hilfe im Studium	• Kontakt	• Ruhe
• billig	• Hilfe im Haushalt	• nicht allein	• Sauberkeit
• Freiheit	• Hobbyraum	• nicht selbstständig	• teuer
• Gemeinschaftsküche	• immer was los ...		

Beispiel: *In der WG hat man viel Kontakt miteinander.*

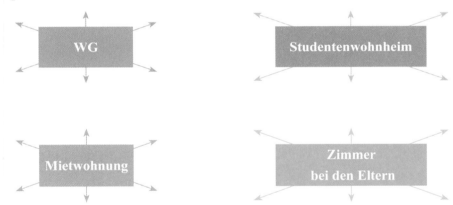

2 (k)einer, (k)eins, (k)eine; welche, welches, welche

● Bist du mit deinem Notebook zufrieden?

□ Ich habe **keins**. Mein Vater hat **eins**. Das kann ich am Wochenende benutzen.

● Ich möchte mir auch **eins** kaufen.

□ Hast du denn keinen Computer?

● Natürlich habe ich **einen**. Aber der ist mir zu groß und zu schwer.

□ Ich habe keine Briefmarken mehr und muss noch schnell zur Post. Kommst du mit?

● Ach, ich habe viele. Ich kann dir erst mal **welche** geben.

□ Danke, ich brauche nur **eine**.

	Nom.		Akk.		Dat.	
m	ein Tisch	einer	einen Tisch	einen	einem Tisch	einem
	kein Tisch	keiner	keinen Tisch	keinen	keinem Tisch	keinem
	Kaffee	welcher	Kaffee	welchen	Kaffee	welchem
n	ein Bett	_____	ein Bett	eins	einem Bett	einem
	kein Bett	keins	kein Bett	keins	keinem Bett	_____
	Bier	welches	Bier	_____	Bier	welchem
f	eine Lampe	eine	eine Lampe	_____	einer Lampe	einer
	keine Lampe	_____	keine Lampe	keine	keiner Lampe	keiner
	Milch	welche	Milch	welche	Milch	_____
Pl	Tische	welche	Tische	welche	Tischen	welchen
	keine Tische	keine	keine Tische	keine	keinen Tischen	keinen

10 Variation

Bank

- ● Ist hier **keine Bank**?
- □ Doch, da ist **eine**.

• Toilette	• Supermarkt	• Post	• Café	• Bäckerei
• Teehaus	• Fleischerei	• Bankautomat	• Gemüsemarkt	

Fahrrad

- ● Gefällt dir **mein Fahrrad**?
- □ Ja, so **eins** möchte ich auch gern haben.

• Auto	• Kochnische	• Hobbyraum	• Wohnung	• Mantel
• Tasche	• Kühlschrank	• Handy	• Arbeitszimmer	

Hefte

- ● Ich brauche noch **Hefte**. Haben wir noch **welche**?
- □ Nein, es sind **keine** mehr da.

• Lebensmittel	• Briefmarken	• Tassen	• Essstäbchen	• Postkarten

---

Bier

- ● Ich möchte noch **Bier**. Haben wir noch **welches**?
- □ Nein, es ist **keins** mehr da.

• Kaffee	• Wasser	• Milch	• Wurst
• Tee	• Obst	• Gemüse	

T1 Kann ich die Wohnung besichtigen?

11 **Hören Sie den Text und füllen Sie die Lücken.**

Familie Schäfer sucht eine neue Wohnung in München. Frau Schäfer telefoniert mit einem Immobilienmakler.

Makler: Immobilienbüro Schmidt, guten Tag. Was _____ ich für Sie tun?

Frau Schäfer: Guten Tag, mein Name ist Linda Schäfer. In der Zeitung steht Ihre _____ für die Vier-Zimmer-Wohnung am Stadtrand. Ist sie noch _____?

Makler: Ja, Frau Schäfer, da haben Sie Glück! Die Wohnung ist noch frei. Sie hat ein Wohnzimmer, ein Schlafzimmer und zwei Kinderzimmer. Alle Zimmer sind groß und _____. Es gibt auch einen _____ und einen _____.

Frau Schäfer: Ah, das ist schön. Wie ist die _____ der Wohnung? Gibt es in der Nähe eine Bushaltestelle oder eine U-Bahn-Station?

Makler: Die Wohnung liegt sehr ruhig. Zur U-Bahn-Station geht man etwa _____ Minuten, dann hat man eine direkte _____ ins Zentrum.

Frau Schäfer: Wie lange fährt man mit der U-Bahn? Mein Mann arbeitet genau im Zentrum.

Makler: Man fährt ca. 15 Minuten.

Frau Schäfer: Ja, das geht. In der Anzeige steht, die Wohnung kostet 2300 Euro plus _____, oder?

Makler: Richtig, das ist nicht teuer, aber dafür _____ man jeden Monat 10 Stunden _____ machen.

Frau Schäfer: Gut, alles klar. _____ ich die Wohnung besichtigen?

Makler: Ja, der _____ ist morgen Vormittag um _____ Uhr, in der Marsstraße 16. Passt Ihnen das?

Frau Schäfer: Ja, das passt mir, vielen Dank, Herr Schmidt, bis morgen!

Makler: Gern, Frau Schäfer, auf _____!

Frau Schäfer: Auf _____!

12 **Füllen Sie die Lücken.**

Familie Schäfer findet in der Zeitung eine Anzeige für eine Wohnung mit vier _____. Die Wohnung _____ nicht im Stadtzentrum, sondern sehr ruhig am _____. In der _____ gibt es eine U-Bahn-Station. Man geht 5 Minuten zu _____ und kann dann mit der U-Bahn direkt ins _____ fahren. Für die

Wohnung muss man monatlich 2300 Euro plus Nebenkosten bezahlen und jeden Monat noch 10 Stunden _____ machen. Frau Schäfer möchte die Wohnung gern _____. Sie bekommt den _____ für morgen Vormittag um 10.30 Uhr.

13 Rund um das Telefongespräch

Wie läuft ein Telefongespräch ab? Diskutieren Sie in Gruppen und vervollständigen Sie die Tabelle.

📖 **Redemittel** ///

Ablauf eines Telefongesprächs	Elemente	Redemittel
• **Gesprächseröffnung**	**Angerufener:** *Firma / Name, Begrüßung, eventuell nach dem Anliegen fragen*	Beispiel: _____ _____
	Anrufer: *Gruß erwidern, eigenen Namen nennen, das Thema vorstellen*	Beispiel: _____ _____
• **Hauptteil des Gesprächs**	Genaue Anfragen: *Lage, Miete, Termin ...*	Beispiel: _____ _____
• **Gesprächsbeendigung**	Bedanken, Verabschiedung	Beispiel: _____ _____

14 Frau Schäfer hat Fragen bei der Besichtigung.

Formulieren Sie Fragen mit *man + müssen, sollen, können, dürfen*.

~~wann / einziehen~~

wie oft / das Treppenhaus sauber machen

wo / Autos parken

wann / leise sein

ein Haustier haben

auf dem Balkon oder im Hof grillen

nachts die Eingangstür abschließen

Beispiel:

Wann kann / darf man einziehen?

15 Telefongespräch

Sie suchen ein WG-Zimmer im Internet. Da finden Sie ein nettes
Angebot und möchten es besichtigen. Sie telefonieren mit dem Immobilienbüro oder mit der Hausbesitze-
rin / dem Hausbesitzer. Spielen Sie
das Telefongespräch anhand einer
Dialogskizze.

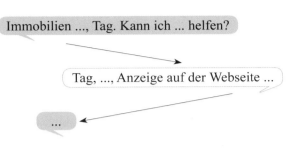

Vokabeln

	unmöbliert	不带家具的，没有家具的
die	Miete -n	租金，租费，房租
die	Kochnische -n	简易厨灶
das	Stadtzentrum ...tren	市中心
	pro +Akk	每
die	Immobilie -n meist Pl	不动产
die	Garage -n [ga'ra:ʒə]	车棚，车库
der	Garten ⁇	花园，园圃
das	Obergeschoss -e	楼层
das	Erdgeschoss -e	底层
die	Nebenkosten Pl	额外费用，附加费用
die	Kaution -en	押金
die	Kaltmiete -n	冷房租（不包括暖气费等费用的房租）
der/das	Quadratmeter -	平方米
	Nürnberg	纽伦堡
	bezahlen (+A)	支付；付钱买
	können	能，能够
	feiern (+A)	欢庆，庆祝；欢聚
	müssen	必须，不得不，一定要；应该
	leise	小声的，低声的；轻轻的
	singen (+A)	唱，唱歌
das	Treppenhaus ⁇er	楼梯间
die	Treppe -n	阶梯，楼梯
	eigen	自己的，自身的
der	Kontakt -e (+mit/zu)	接触，联系
	miteinander	共同地，一起，一同
	aus/ziehen (+Dir)	搬出
die	Ruhe nur Sg	寂静，安静
die	Freiheit nur Sg	自由；独立
	wünschen +D+A	希望，愿望；要求
der	Vorteil -e	优点；优越性；有利条件
der	Nachteil -e	缺点；不利之处
der	Raum ⁇e	房间，屋子
der	Keller -	地下室
	praktisch	实用的，方便的，有用的
der	Haushalt -e, meist Sg	家政，家务
	selbstständig	独立的
die	Gemeinschaftsküche -n	公用厨房
das	Büro -s	办公室
der	Stadtrand ⁇er	城边，市郊
die	Lage -n	位置；地位；环境
	in der Nähe	在附近
die	Bushaltestelle -n	公交车站
die	U-Bahn-Station -en	地铁站
die	Verbindung -en	交通线
das	Zentrum Zentren	中央，中枢，中心
	richtig	对的，正确的
	jede	每个
	besichtigen +A	参观
das	Gespräch -e	谈话，交谈，会话
	ein/ziehen (+Dir)	搬进
der	Hof ⁇e	院子，庭院，大院
	grillen +A	（把……放在烤架上）烤
die	Eingangstür -en	入口门
	ab/schließen +A	锁上

W2 Wortfeld *Möbel* und *Geräte*

1 Ordnen Sie den Bildern die passenden Wörter zu. Ergänzen Sie Artikel und Plural.

- Teppich
- Bücherregal
- Bett
- Kochnische
- Waschbecken
- Schreibtisch

- Herd
- Couchtisch
- Fernseher
- Kühlschrank
- Spüle
- Waschmaschine

- Sessel
- Laptop
- Couch
- Kommode
- Dusche

- Bild
- Lampe
- Sofa
- Schrank
- Drehstuhl

2 Sortieren Sie.

Welche Möbelstücke und Geräte kommen in welche Zimmer? Sortieren Sie die Wörter aus Ü1.

Wohnzimmer	Schlafzimmer	Arbeitszimmer	Küche	Bad

Beispiel:

Das Bett kommt ins Schlafzimmer. / Die Waschmaschine steht im Bad. / Der Teppich liegt im Wohnzimmer.

3 **Was stimmt nicht?**

a) Korrigieren Sie.

Heute muss Peter schon sehr früh aufstehen, _____ er hat viel vor. Aber _____ geht er ins Bad und stellt sich unter das Waschbecken. _____ geht er in die Küche und kocht auf der Spüle Tee. Er frühstückt in der Kommode. _____ sitzt er auf der Waschmaschine, macht sein Radio an und sieht einen Film.

b) Setzen Sie die passenden Wörter ein.

• dann	• zuerst	• danach	• denn

G3 Wechselpräpositionen mit Akkusativ oder Dativ: *an, in, auf, über, unter, vor, hinter, neben, zwischen*

4 Wechselpräpositionen

a) Lesen Sie den Text von Ü3 und markieren Sie alle Präpositionen.

Diskutieren Sie: Wann stehen die Präpositionen im Dativ und wann im Akkusativ? Finden Sie die Regel.

> **!**
>
> • Die Wechselpräpositionen stehen im _____, wenn sie „Ort" (Wo?) bedeuten, und im _____, wenn sie „Richtung" (Wohin?) bedeuten.
> 支配第三格或第四格的方位介词表示地点（在哪儿？）时用第_____格，表示方向（去哪儿？）时用第_____格。

b) Ordnen Sie die folgenden graphischen Darstellungen den einzelnen Präpositionen in der nächsten Übung zu.

z. B. ⌓ → in

c) Setzen Sie die passenden bestimmten Artikel ein.

Präpositionen	Wohin? Präp. + Akk.	Wo? Präp. + Dat.
an	Peter hängt ein Familienfoto an _____ Wand.	Das Familienfoto hängt an _____ Wand.
in ⌓	Peter stellt eine Vase in _____ Flur.	Die Vase steht in _____ Flur.
auf	Peter stellt eine Lampe auf _____ Kommode.	Die Lampe steht auf _____ Kommode.
über	Peter hängt ein Bild über _____ Bett.	Das Bild hängt nun nicht über _____ Bett.
unter	„Schieben wir den Schreibtisch unter _____ Fenster!"	Der Schreibtisch steht unter _____ Fenster.

（续表）

vor	Peter geht vor _____ Bücherregal.	Peter steht vor _____ Bücherregal.
hinter	Peter geht hinter _____ Couch.	Peter steht hinter _____ Couch.
neben	Peter legt das Messer und die Gabel neben _____ Teller.	Das Messer und die Gabel liegen neben _____ Teller.
zwischen	„Hänge doch das Bild zwischen _____ Fenster und _____ Tür!"	Das Bild hängt zwischen _____ Fenster und _____ Tür.

5 **Wechselpräpositionen und Verben**

Beschreiben Sie die Bilder. Benutzen Sie dabei die angegebenen Verben.

stellen *Maria stellt die Vase auf den Tisch.*			**stehen**
legen			**liegen**
hängen[1]			**hängen**[2]
stecken[1]			**stecken**[2]

Variation

Max und Maria richten zusammen das Zimmer ein.

Max

> Wohin **stellen** wir **den Schreibtisch**?

> **Schieb den Schreibtisch** bitte **unter das Fenster**!   **Maria**

Max

> O.k. Und nun **steht der Schreibtisch unter dem Fenster**.

- Bild / hängen / über / Bett
- Lampe / stellen / hinter / Sofa
- Couchtisch / stellen / neben / Couch
- Kommode / schieben / in / Ecke
- Schrank / schieben / zwischen / Fenster und Tür
- Fernseher / stellen / vor / Couch
- Sessel / stellen / an / Fenster
- Bücher / stecken / in / Bücherregal
- Teppich / legen / auf / Boden

---

7   **Füllen Sie die Lücken.**

Max besucht Peter in seiner neuen Wohnung.

Max: Guten Tag!

Peter: Tag! Komm doch rein!

Max: Deine Wohnung sieht wirklich gut aus. Aber warum steht der Fernseher noch _____ Flur?

Peter: _____ soll ich ihn denn _____?

Max: Natürlich _____ Wohnzimmer. Vielleicht _____ den Tisch neben _____ Lampe?

Peter: Nicht schlecht. Aber ich arbeite manchmal _____ _____ Tisch.

Max: Dann _____ ihn doch _____ _____ Kommode!

Peter: Das ist eine gute Idee!

Max: Was machst du _____ _____ Büchern?

Peter: _____ Bücherregal ist kein Platz mehr. Ich kaufe vielleicht noch eins.

Max: Hast du _____ Wohnzimmer noch Platz _____ ein Bücherregal?

Peter: Eigentlich nicht. Ich kann es ja _____ _____ Flur _____.

...

Max: Du, sag mal, wie spät ist es eigentlich?

Peter: Zehn vor fünf.

Max: Was? Schon? Ich muss noch schnell _____ Paul. Wohnt er über (du)

_____ oder unter _____?

Peter: Nicht _____ _____ und nicht _____ _____, er wohnt

nicht mehr _____ diesem Haus.

T2 Nur noch eine Frage ...

8 **Hören Sie den Text und füllen Sie die Lücken.**

Max: So, endlich bin ich fertig. Ich finde mein Zimmer wunderbar. Du nicht auch?

Maria: Doch ... doch schon, eigentlich ganz hübsch.

Max: Nur noch eine Frage: Wohin mit dem Bild? Soll ich es vielleicht über das Bett

_____?

Maria: Ja, das ist keine schlechte Idee. Halt, warte mal. Schläfst du denn gut in dem

Bett ganz in der Ecke? _____ es doch unter das Fenster!

Max: So? Ist es so in Ordnung?

Maria: Ja, schon besser. Natürlich musst du jetzt die Couch und die Sessel weiter nach

vorn _____.

Max: So, Sofa und Sessel sind weiter vorn. O.k.?

Maria: O.k. Aber die Kommode ...Gefällt sie dir zwischen der Tür und dem Schrank

eigentlich wirklich?

Max: Die Kommode _____ ich dort wunderschön ... ziemlich schön ... na ja,

vielleicht hast du Recht. Also, wohin damit?

Maria: _____ sie doch rechts neben die Tür! Nein, jetzt kannst du die Tür nicht

mehr aufmachen. _____ sie links in die Ecke!

Max: Zufrieden?

Maria: Ja, so sieht es sehr gut aus.

Max: Aber so geht es nicht, denn ich muss manchmal einen Stecker in die Steckdose

_____. Die Kommode _____ jetzt vor der Steckdose.

Maria: Dann _____ sie einfach rechts in die Ecke!

Max: Links in die Ecke, rechts in die Ecke. Langsam geht mir das auf die Nerven.

Maria: Probieren geht über Studieren.

Max: Aber die Kommode ist ziemlich schwer.

Maria: _____ es bitte noch einmal in der Ecke rechts neben dem Fenster! Ja,

genau dort. Na, schaut das Zimmer jetzt nicht super aus?

Max: Doch, ich _____ es auch ganz toll. Und jetzt habe ich nur noch eine

Frage: Wohin mit dem Bild?

9 **Füllen Sie die Lücken.**

Wo ist das Bett zuerst, wo zum Schluss? Und welchen Weg macht die Kommode?

Das Bett steht zuerst _____ _____ _____. Das gefällt Maria nicht. Max

muss es _____ _____ _____ stellen.

Die Kommode macht ihm noch mehr Arbeit. Erst steht sie _____ _____ _____

und _____ _____. Dann schiebt er sie rechts _____ _____ _____.

Aber da kann man die Tür nicht aufmachen. Dann stellt er sie links _____ _____

_____. Aber jetzt kann man den Stecker nicht mehr _____ _____ _____

stecken. Zum Schluss steht die Kommode _____ _____ _____ rechts

_____ _____ _____. Dort gefällt sie auch Maria.

10 **Tipps für kleines WG-Zimmer – stylisch, funktional und dennoch gemütlich**

In Zeitschriften findet man Tipps zur Einrichtung von kleinen WG-Zimmern. Formen
Sie um.

Beispiel:

Weniger ist mehr! Nur die nötigsten Möbel im Zimmer.

→ *Stellen Sie nur die nötigsten Möbel ins Zimmer!*

a) Hängeschränke sparen viel Platz. Sie können über dem Bett oder dem Schreibtisch
   hängen.

   _____

b) Hochbetten sind praktisch. Darunter kann z. B. ein Schreibtisch stehen.

   _____

c) Große Möbelstücke immer zwischen zwei Fenstern! Sonst wird das Zimmer schnell
   zu dunkel.

   _____

d) Schmale, schlanke Leselampen stehen gut hinter dem Sessel oder dem Sofa.

   _____

e) Ein Teppich auf dem Boden macht das Zimmer gleich viel gemütlicher.

   _____

11 **Das Zimmer von Max**

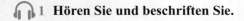 1 **Hören Sie und beschriften Sie.**

a) Beschriften Sie alle Möbelstücke.

b) Zeichnen Sie die Reihenfolge, in der über die Möbelstücke
   geredet wird.

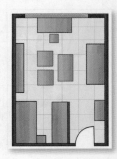

2 Hören Sie und Füllen Sie die Lücken.

Die Tür ist vorn rechts. Man kommt zur Tür rein und sieht _____.
Links an der Tür steht _____ und dahinter, in der Ecke links, ist
_____. Ziemlich in der Mitte, rechts an der Wand steht _____
_____. Vor der Couch steht _____. An der Wand links steht
_____. Hinten vor dem Fenster ist _____.

12 Übersetzen Sie.

刘芳租了一个带厨房和浴室的两居室。客厅采光很好，因为有两扇窗户和一个阳台。卧室是带家具的。靠窗放着一张书桌。书桌前有一把转椅。桌上放了个花瓶，里面插了几枝花。

刘芳对这套住房很满意。她先打扫了房子，然后整理卧室。她把电脑放在书桌上。然后她把衣服挂到柜子里，把闹钟放在床头柜上，把箱子塞到床底下。最后一切井井有条。

Vokabeln

das	**Möbel** - meist Pl	（单件）家具；成套的家具
der	**Teppich** -e	地毯；壁毯
der	**Herd** -e	灶，炉灶
der	**Sessel** -	沙发椅，单人沙发
der	**Couchtisch** -e	茶几
der/das	**Laptop** -s	笔记本电脑
die	**Lampe** -n	灯，电灯
das	**Bett** -en	床，床铺，床位
der	**Fernseher** -	电视机
die	**Couch** -s/-en [kautʃ]	长沙发
das	**Sofa** -s	长沙发
der	**Drehstuhl** ̈-e	转椅
die	**Kommode** -n	抽屉柜，五斗橱
der	**Schrank** ̈-e	橱，柜
das	**Waschbecken** -	洗手盆，盥洗盆
die	**Spüle** -n	（厨房）水槽
die	**Dusche** -n	淋浴器；淋浴
die	**Waschmaschine** -n	洗衣机
das	**Möbelstück** -e	（单件）家具
	zuerst	首先
	danach	然后，此后
das	**Messer** -	刀，刀具
die	**Gabel** -n	（餐具）叉
der	**Teller** -	碟，盘
	stellen +A+Dir	竖放，直放；置，放，安放
	legen +A+Dir	放，摆，平放

	stecken ① +A+Dir	插，插住，插入
	stecken ② +Sit₁	插在
	hängen ① +A+Dir	挂到，挂上
	hängen ② +Sit₁	挂着，吊着
die	**Vase** -n	花瓶
das	**Kissen** -	软垫，靠背垫子；枕头
	endlich	终于，终究，总算，到底
	fertig	完成了的，做好的；准备好的
	wunderbar	美妙的，精美的，极美的
	Halt!	站住！停住！
die	**Ecke** -n	角，隅；拐角，街口
die	**Ordnung** nur Sg	整顿，整理；整齐；条理
	wunderschön	极美的，特别美的
der	**Stecker** -	插头
die	**Steckdose** -n	插座，插口
	Probieren geht über Studieren.	实践出真知。
	aus/schauen +Adj	看上去，外表显得
	genau	确切的，准确的
	toll	了不起的，极好的
	schieben +A	推，推动，移动

Evaluieren

1   Ein Zimmer einrichten

Sie fangen mit Ihrem Studium in Deutschland an und ziehen in eine WG ein. Ihr Zimmer ist unmöbliert. Sie haben ein paar einfache Möbelstücke gekauft und wollen ihr Zimmer einrichten. Ihr deutscher Freund Peter kommt und hilft Ihnen beim Einrichten des Zimmers. Spielen Sie die Szene.

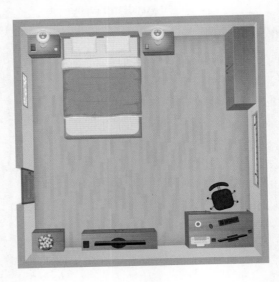

2   Zwischenmiete

Sie fahren im Sommer nach China zurück und möchten Ihr WG-Zimmer für zwei Monate vermieten. Sie machen eine Videoaufnahme und beschreiben Ihr Zimmer. Bereiten Sie den Videotext vor.

> *Hallo allerseits, das ist mein Zimmer ...*

Vokabeln

die **Zwischenmiete** -n   转租   **vermieten** +A   出租

Denkstation 3

Inspiration

Ziel des Lebens ist es nicht, ein erfolgreicher Mensch zu sein, sondern ein wertvoller.
— Albert Einstein

Eine Reise mit tausend Meilen beginnt mit einem kleinen Schritt.
— Laozi

Der Himmel schuf in uns die Gaben -- so müssen wir sie nützen. Wenn tausend Gulden verschleudert sind -- sie kehren wieder ein andermal.
— *„Hier kommt der Wein"* von Li Bai

Am grauen Strand, am grauen Meer
Und seitab liegt die Stadt;
Der Nebel drückt die Dächer schwer,
Und durch die Stille braust das Meer
Eintönig um die Stadt.

Es rauscht kein Wald, es schlägt im Mai
Kein Vogel ohne Unterlaß;
Die Wandergans mit hartem Schrei
Nur fliegt in Herbstesnacht vorbei,
Am Strande weht das Gras.

Doch hängt mein ganzes Herz an dir,
Du graue Stadt am Meer;
Der Jugend Zauber für und für
Ruht lächelnd doch auf dir, auf dir,
Du graue Stadt am Meer.
— *Die Stadt"* von Theodor Storm

Lesen

„Servus! Ich heiße Benat und studiere jetzt an der Universität Wien. Seit 2 Jahren wohne ich im ÖJAB-Haus in der Johannesgasse. Ich habe dort ein Einzelzimmer und die Miete liegt bei 420 Euro pro Monat. Ja, das ist ein bisschen teuer, aber die Lage finde ich sehr gut. Außerdem sind die Kosten für das Internet, die Heizung und den Strom schon in der Miete, deshalb zahle ich nur noch 20 Euro für meinen Handy-Vertrag. In der Woche esse ich oft in der Uni-Mensa und am Wochenende koche ich gerne selbst. Insgesamt gebe ich jeden Monat fürs Essen und Trinken ungefähr 260 Euro aus. Im Alltag fahre ich gerne mit meinem Fahrrad zur Uni. So kann ich Fahrkosten sparen und das Geld für die Freizeit ausgeben. Monatlich zahle ich nur 30 Euro für den Verkehr und ca. 100 Euro für Kino, Theater, Hobbys usw. Ich habe auch eine studentische Selbstversicherung, sie kostet pro Monat 64,78 Euro ..."

1 Ergänzen Sie die fehlenden Informationen.

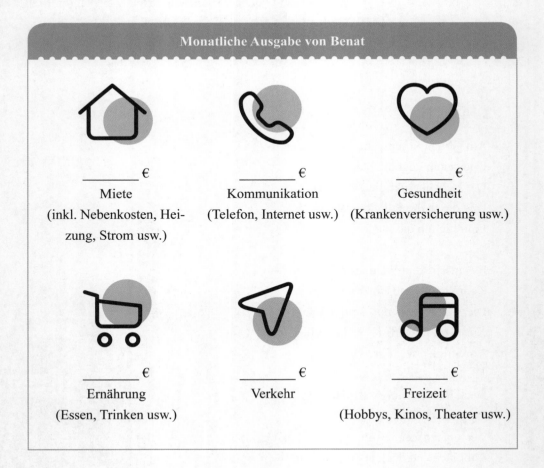

Setzen Sie die pasenden Wörter ein.

• Kleidung	• Papier	• Musik	• Miete	• Gesundheit
• Sport	• Kino	• Hobbys	• Bücher	• Ernährung
• Verkehr	• Nebenkosten	• Theater	• Kommunikation	

ETH
Eidgenössische Technische Hochschule Zürich
Swiss Federal Institute of Technology Zurich

Durchschnittliche Ausgaben von Studierenden

Alle Beiträge in CHF

Kosten für das Studium (im Durchschnitt)	Kosten pro Monat
Lernmittel (_____ usw.)	58 - 85
Exkursionen (Besichtigungen, Ausflüge usw.)	8 - 40
GESAMT	**66 - 125**

Kosten für das Leben (im Durchschnitt)	Kosten pro Monat
_____ (Zimmer Stadt Zürich inkl. _____)	834
_____ (inkl. Essen, Trinken)	500
_____ (Tram, Bus usw.)	48
_____ (Grundversicherung)	264
_____ Schuhe	100
Freizeit und Ferien (_____ usw.)	60
_____ (Telefon usw.)	individuell
GESAMT	**ab 1806**

3 **Dialogübung**

Yang Fang plant gerade ein Auslandssemester in Zürich. Eines Tages telefoniert sie mit ihrer Freundin Rebecca an der ETH Zürich und fragt nach den Kosten dort. Spielen Sie die Szene.

4 **Übersetzen Sie**

在德国，一位大学生每月支出约 867 欧元。他平均花费 332 欧元用于支付房租，154 欧元用于餐饮，每月的交通费用为 116 欧元，电话和网络费用为 32 欧元。他平均花费 48 欧元购买衣服，24 欧元购买学习用品。他每月支出的休闲娱乐费用和医疗费用分别为 65 欧元和 96 欧元。

Vokabeln

	Servus! (A)	〔奥〕你好!
	außerdem	此外，另外，而且
die	**Kosten** Pl	花费，开销，支出，费用
das	**Einzelzimmer** -	单人房间
die	**Heizung** nur Sg	供暖
der	**Strom** nur Sg	电流，电
	zahlen (+A)	支付；付款
der	**Vertrag** ⸚e	合同，约定，协议
	deshalb	因此，所以
	kochen (+A)	烹饪，做饭；烧，煮
	insgesamt	总共，合计，全部
	ungefähr	大概，大约，差不多
die	**Fahrkosten** Pl	交通费
	sparen (+A)	节省；节约；存钱
	aus/geben +A	支出，付出
	monatlich	每月的
der	**Verkehr** nur Sg	交通；运输
das	**Theater** -	剧院，戏院
	studentisch	学生的
die	**Selbstversicherung** -en	
		自愿购买的医疗保险

die	**Kommunikation** -en, meist Sg	联系，联络
	durchschnittlich	平均的
	im Durchschnitt	平均地
die	**Ausgabe** -n	支出，开支；费用
der/die	**Studierende** (Dekl. wie Adj.)	大学生
der	**Beitrag** ⸚e	费用；保险费；医疗费
das	**Lernmittel** - meist Pl	学习用品
die	**Exkursion** -en	（学术）参观旅行；游览
die	**Besichtigung** -en	参观
	total	全部的，完全的
die	**Tram** -s (CH)	〔瑞〕有轨电车
die	**Grundversicherung** -en	基本医疗保险
	individuell	个人的，个别的；特殊的，独特的

G1 Präpositionen

1 Temporale Präpositionen

an + Dat am = an dem	zur Angabe eines Zeitpunkts （表示某个时刻） 在……时候	am Morgen / Vormittag / Mittag / Abend ___ Montag / Sonntag / Wochenende am 01.10.1949 aber: in der Nacht
in + ____ im = in dem	zur Angabe eines Zeitraums （表示某个时间段） 在……期间	___ Januar / Februar / September im Frühling / Sommer / Herbst / Winter im Jahr 2022 / in diesem Jahr
	zur Angabe einer Zeitspanne in Richtung Zukunft 在……之后	in zwei Minuten / Stunden ___ drei Tagen / Wochen / Monaten in einem Jahr
um + Akk	zur Angabe von einem genauen Zeitpunkt （表示精确的时间） 在……时	Um 8 Uhr beginnt die Vorlesung. Um halb drei hole ich dich ab. ___ 22 Uhr ins Bett gehen
vor + ____	zur Angabe von einem früheren Zeitpunkt 在……之前	fünf vor zehn, Viertel vor zehn ___ einem Tag / Monat / Jahr ___ einer Woche vor dem Unterricht / dem Essen
nach + ____	zur Angabe von einem späteren Zeitpunkt 在……之后	fünf ___ zehn, Viertel ___ zehn nach einem Tag / Monat / Jahr nach einer Woche ___ ___ Unterricht / dem Essen
gegen + ____	zur Angabe von einem ungefähren Zeitpunkt （表示大约在某个时间点） 将近，临近，大约	Er kommt ___ 3 Uhr. Wir holen dich gegen 9 Uhr ab.
	zur Angabe einer Zeitdauer, die nicht überschritten wird （表示在某时间段之前）	Gegen Abend komme ich zurück.
von (+ Dat) **...** **bis (+ Akk)**	zur Angabe des Anfangs und Endes 从……至……，从……到……	von 8 Uhr bis 12 Uhr von Montag bis Freitag von Januar bis März
seit + ____	zur Angabe eines Zeitpunkts, an dem etwas begonnen hat 自从，自……起	seit 2 Tagen / einer Woche ___ Montag / Januar / 1949

2 Lokale Präpositionen

zu + Dat zur = zu der zum = zu dem	zur Angabe der Richtung (einer Bewegung) auf ein bestimmtes Ziel hin （表示运动的目标和方向） 去，往，向	Er fährt heute zu Anna / ___ Arzt / zu seinen Eltern. Wir gehen jetzt zur Arbeit / zum Unterricht / ___ Bibliothek.	**Wohin?** **Zu wem?**
	zur Angabe der Position / Lage einer Person oder einer Sache （表示位置、状态） 在，于	zu Hause	**Wo?**
nach + ___	zur Angabe einer bestimmten Richtung （表示方向） 朝，向	nach oben / unten / vorne / hinten ___ links / rechts / außen nach Norden / Westen ___ Hause	**Wohin?**
	zur Angabe eines bestimmten Ziels （表示目的地） 去，前往	Er fährt ___ Heidelberg. Sie fährt bald nach China. Ich fliege nächste Woche nach Europa. aber: Ich fahre in die Schweiz / in die USA.	
aus + ___	zur Angabe der Herkunft （表示来源出处） 出身于，来源于	Er kommt aus Berlin. Peter kommt ___ Wien. Naomi stammt aus der Schweiz.	**Woher?**
	zur Angabe einer Bewegungs- richtung von innen nach außen （表示动作方向） 从……里面出来	Er kommt gerade aus der Biblio- thek. ___ ___ Haus gehen	
von + Dat vom = von dem	zur Angabe eines räumlichen Ausgangspunktes （表示空间上的初始点） 从……来	Ich komme von Herrn Müller / vom Arzt / ___ ___ Bibliothek / von der Arbeit. von zu Hause（从家里来） die Fahrt von Heidelberg nach München	**Woher?** **Von wem?**

（续表）

bei + ____ beim = bei dem	zur Angabe der räumlichen Nähe （表示空间上的邻近） 在……附近，靠近，邻近	Potsdam liegt ___ Berlin. Die Universitätsbibliothek ist direkt bei der Bank.	**Wo?**
	zur Angabe eines bestimmen Ortes, meistens in jmds. Wohnung usw. （表示处所） 在……那里，在……家里	Thomas wohnt jetzt noch bei seinen Eltern. ___ ihr zu Hause steht ein Klavier im Wohnzimmer.	**Bei wem?**
	zur Angabe einer bestimmten Verbindung mit Institutionen oder Firmen （表示与机构或公司联系） 在……工作 / 办事	Mein Mann arbeitet bei Siemens / bei der Post / ___ ___ Zeitung. ein Konto bei der Bank eröffnen	**Wo?**
	zur Angabe einer bestimmten beruflichen oder geschäftlichen Verbindung mit einer Person （表示与某人有职业或业务上的联系） 在……处 / 那里	Brötchen beim Bäcker kaufen Herr Kohl ist jetzt beim Arzt.	

	Präposition + ____ Fragewort: ____	Präposition + ____ Fragewort: ____
an	Wir stellen die Vase an ___ Wand.	Die Vase steht an ___ Wand.
in	Wir stellen die Vase in ___ Flur.	Die Vase steht in ___ (im) Flur.
auf	Wir stellen die Vase auf ___ Tisch.	Die Vase steht auf ___ Tisch.
über	Wir hängen das Bild über ___ Bett.	Das Bild hängt über ___ Bett.
unter	Wir schieben den Tisch unter ___ Fenster.	Der Tisch steht unter ___ Fenster.
vor	Der Schüler geht vor ___ Tafel.	Der Schüler steht vor ___ Tafel.
hinter	Die Kinder gehen hinter ___ Haus.	Die Kinder spielen hinter ___ Haus.
neben	Mama legt das Messer und die Gabel neben ___ Teller.	Das Messer und die Gabel liegen neben ___ Teller.
zwischen	Thomas hängt das Bild zwischen ___ Fenster und ___ Tür.	Das Bild hängt zwischen ___ Fenster und ___ Tür.

3 Modale Präpositionen

für + ____	zur Angabe von Ziel, Zweck und Zuordnung （表示目的或归属） 给，为了	Hier sind Briefe für euch. Brötchen, Schinken und Käse ____ das Frühstück
gegen + ____	Zur Angabe von Bekämpfung einer Krankheit 防治，医治	ein Medikament gegen Husten / Hals-schmerzen
	zur Angabe von Bedingungen für den Austausch （表示交换条件） 凭……	Einige Medikamente bekommt man nur gegen Rezept.
mit + ____	zur Angabe vom Mittel und Instrument （表示工具或手段） 用，借助	mit dem Zug / der U-Bahn fahren ____ Bargeld / der Karte bezahlen mit *Gute Nacht* grüßen
	zur Angabe des Zusammenseins 跟，同，和……一起	mit mir / einem Freund / seinen Kollegen
	zur Angabe der Zusammengehörig-keit 连同，包括，带	Kaffee mit Milch und Zucker eine Kochnische ____ Spüle und Herd

1 **Dativ oder Akkusativ? Ordnen Sie zu.**

			Präposition mit Dativ
Präposition mit Akkusativ			

2 **Formulieren Sie Fragen zu den unterstrichenen Satzteilen.**

a) Die Prüfung findet <u>im Juli</u> statt.

b) Der Unterricht beginnt heute <u>um 9.45 Uhr</u>.

c) Nach dem Frühstück gehen die Studenten <u>zum Unterricht</u>.

d) In den Ferien fährt Wang Lan <u>zu ihrer Freundin</u> und wohnt <u>bei ihr</u>.

e) Frau Johnson kommt <u>aus England</u> und arbeitet jetzt <u>bei der Bank</u>.

f) Herr Kohl kommt gerade <u>von seinem Chef</u>.

g) Die Landkarte findest du <u>hinter dem Bücherregal</u>.

h) Ich muss die Couch und die Sessel <u>an die Wand</u> stellen.

3 **Setzen Sie die passenden Präpositionen ein, wenn nötig, auch Artikel.**

a) Herr Fischer arbeitet _____ einer Firma in München. Heute hat er viel zu tun. _____ Morgen geht er _____ 7 Uhr _____ dem Haus und fährt mit dem Auto _____ Arbeit. Er kommt erst _____ 20 Uhr _____ _____ Arbeit zurück.

b) Jonas fährt _____ Samstagnachmittag _____ seinem Freund Günther. Günther studiert _____ _____ Nankai-Universität _____ Tianjin. Er wohnt mit Wang, einem Studenten _____ Tianjin, zusammen _____ einem Zimmer. _____ Wochenende fährt Wang oft _____ Hause _____ seinen Eltern. So kann Jonas _____ Günther schlafen. Die Fahrt _____ Beijing _____ Tianjin dauert etwa eine Stunde. _____ 16.20 Uhr holt Günther Jonas ab. Sie fahren _____ _____ Bus _____ Universität. _____ _____ Nähe der Universität ist ein Restaurant. _____ 19 Uhr gehen Günther und Jonas _____ dieses Restaurant und essen dort Baozi. _____ _____ Essen gehen sie spazieren.

c) • Wohin sollen die Möbel?

☐ Das Bett kommt _____ _____ Wand. Den Tisch stellen wir _____ _____ Fenster.

• Und das Bücherregal?

☐ Es kommt rechts, _____ _____ Couch und _____ Tür.

• Jetzt sieht das Zimmer gut aus. _____ _____ Tür steht das Bücherregal. _____ Regal sind viele Bücher. Und den Tisch findet man _____ _____ Fenster.

☐ Vielen Dank! Komm, wir gehen jetzt _____ Wohnzimmer.

G2 Modalverben

	möchten	wollen	können	dürfen	sollen	müssen
ich	möchte					
du		willst				
er / sie / es			kann			
wir				dürfen		
ihr					sollt	
sie						müssen
Sie						

4 **Setzen Sie die folgenden Sätze in die Tabelle ein.**

- Ich soll nicht rauchen, sagt der Arzt.
- Wir können schon Deutsch sprechen.
- Heute kann ich leider nicht zu dir kommen.
- Er muss ein neues Handy kaufen.
- Heute will ich nicht mehr arbeiten.
- Hier darf man nicht rauchen.

Modalverben	Bedeutungen	Beispiele
möchten	Wunsch (höflicher Ausdruck) 想，要	Ich möchte auf den Markt gehen.
wollen	starker Wunsch 想（强烈的愿望）	
	Plan oder Absicht 打算	Susanne und Martin wollen im Herbst nach China reisen.
können	Fähigkeit 能力	
	Möglichkeit 可能性	
	Erlaubnis 允许，许可	Du kannst mein Auto nehmen.
	höfliche Bitte 礼貌的请求	Kann ich das Kleid mal anprobieren?
dürfen	Erlaubnis 允许，许可	
	höfliche Bitte / höflicher Wunsch 礼貌的请求，礼貌的愿望	Darf ich Ihnen eine Frage stellen?

（续表）

sollen	Erwartung / Aufforderung / Vereinba-rung （按他人的意愿 / 要求 / 约定） 应当……	
	Angebot / Vorschlag （提出意见和建议） 要不要……	Soll ich dich um 7 Uhr abholen?
müssen	Notwendigkeit durch äußere Umstände 必须，不得不	Sein Handy ist kaputt.
	Notwendigkeit durch Autoritäten （说话者认为）必须，不得不	Ihr müsst euer Zimmer aufräumen.

Bei der Bedeutung „Erlaubnis / Verbot" betont *dürfen* stärker als *können* ein Hierarchiever-hältnis. Bei der Bedeutung „Bitte" wirkt *dürfen* formeller.

在表达"允许 / 禁止"的意思时，*dürfen* 表达的语气比 *können* 更强烈。在表达"请求"时，*dürfen* 更正式。

5 **Setzen Sie die passenden Modalverben ein.**

(Manchmal mehrere Möglichkeiten.)

Herr Klein: Guten Tag, mein Name ist Klein. Sind Sie Frau Streng?

Frau Streng: Ja. Sie _____ das Zimmer sehen? Bitte, hier rechts ist die Tür. Wir _____ gern hineingehen.

Herr Klein: Danke. Das Zimmer ist groß und hell. Es gefällt mir.

Frau Streng: Es kostet 210 Euro pro Monat. Sie _____ die Miete immer am Monats-anfang bezahlen.

Herr Klein: Kein Problem.

Frau Streng: Und ich _____ Ihnen noch ein paar Sachen sagen: Im Zimmer _____ man nicht rauchen. Und Sie _____ auch nicht Wäsche waschen.

Herr Klein: Ach ja, hier an der Tür hängt die Hausordnung. Ich _____ nicht rau-chen, ich _____ nicht im Zimmer Wäsche. Kein Problem. Aber hier steht noch: Besucher _____ das Haus vor 22 Uhr verlassen.

Frau Streng: Ganz richtig. Und zweimal pro Woche _____ Sie im Flur und im Trep-penhaus sauber machen. Und außerdem ...

Herr Klein: Ja, ja, ich weiß, ich _____ lesen. Die Hausordnung _____ ich sicher auswendig lernen, oder?

Frau Streng: Sie _____ das tun, aber Sie _____ es nicht.

Herr Klein: Tut mir leid, Frau Streng. Ich _____ mir das noch einmal überlegen. _____ ich Sie heute Abend anrufen?

G3 Satzbau (Zusammenfassung)

Vorfeld	V1	Subjekt-ergänzung	Ergänzung	Angabe	Ergänzung	V2
Morgen	möchte	ich			in die Stadt	fahren.
Im Herbst	will	Susanne			in die Türkei	reisen.
Martin	kann			noch	kein Deutsch	sprechen.
Den Tisch	muss	ich		jetzt	an die Wand	stellen.
Kein Bild	darf				an der Wand	hängen.
Herr Kohl	soll		die Tabletten	morgen		einnehmen.

6 **Bilden Sie Sätze.**

a) _____

(Brot / bekommen / Sonntag / man / können / am / kein / hier / .)

b) _____

(kaufen / den / gehen / möchten / morgen / auf / Gemüse / und / ich / Markt / .)

c) _____

(zur / Bett / Müller / dürfen / müssen / im / Herr / Arbeit / bleiben / er / nicht / gehen / . / ,)

d) _____

(die / Petra / den / Tür / stellen / wollen / und / die / zwischen / Schrank / Kommode / ?)

e) _____

(Felix / Hausarzt / in / sollen / gehen / direkt / zu / seinem / Krankenhaus / nicht / sondern / ein / zuerst / , / .)

7 **Sind die folgenden Sätze richtig? Korrigieren Sie.**

a) Sie geht heute in den Supermarkt nicht.

b) Wo mit dem Bild? Soll ich es über dem Bett hängen?

c) Kann ich die Couch in die Ecke rechts stehen?

d) Vor dem Essen man darf nicht Medikamente einnehmen.

G4 Indefinitpronomen *alle* und *alles*

8 **Setzen Sie *alle* oder *alles* ein.**

a) _____ Kinder essen gerne Süßigkeiten, aber nicht _____ Eltern finden es gut.

b) _____ Gute zum Geburtstag!

c) ● Haben wir schon _____?

□ Ja, wir haben genug Sachen für _____ Gäste.

d) Herr Müller stellt _____ Gläser auf den Tisch.

e) ● Brauchen Sie noch was?

□ Nein, das ist _____. Danke schön!

f) Nicht _____ Medikamente bekommt man in Deutschland gegen Rezept.

Vokabeln

das **Bargeld** nur Sg	现金，现款	die **Wäsche** nur Sg	（可洗涤的）衣物，
grüßen +A	问候；致意		洗涤物
der **Chef** -s [ʃɛf]	主管人员；领导	**waschen** (+A)	洗，洗涤
das **Restaurant** [rɛstoˈrãː] -s		**auswendig**	凭记忆
	餐厅，饭店	**tun** +A	做，干
verlassen +A	离开	**überlegen** (+A)	考虑，思索，思考
		der **Gast** ̈-e	客人，宾客

Projekt

Gruppenreferat – Monatliche Ausgaben

Wie viel gibt eine Studentin oder ein Student pro Monat aus? Wie sehen die Ausgaben aus? Bilden Sie Gruppen mit 3-4 Personen und machen Sie eine Online-Umfrage. Fragen Sie die Studentinnen und Studenten in Beijing, Shanghai, Guangzhou, Wuhan, Chongqing usw. und sammeln Sie Informationen. Präsentieren Sie die Ergebnisse.

Guten Appetit!

im Restaurant bestellen und bezahlen | Tischgespräche führen | Essgewohnheiten in verschiedenen Ländern beschreiben und vergleichen | Spezialitäten aus verschiedenen Ländern benennen | über Vorlieben sprechen

Motivieren

1 Internationalismen

Kennen Sie Internationalismen, die das Essen bezeichnen? Denken Sie nach und schreiben Sie die Wörter auf.

Internationalismus (der, ...men): Wort, das in gleicher Bedeutung u. gleicher od. ähnlicher Form in verschiedenen Kultursprachen vorkommt, zum Beispiel *die Pizza, -s/en, der Hamburger, -.*

_____

_____

_____

_____

_____

2 Sprüche

Verbinden Sie die deutschen und chinesischen Sprüche, die einander entsprechen.

Voller Bauch studiert nicht gern.	人是铁，饭是钢。
Die Liebe geht durch den Magen.	饥饿是最好的厨师。
Hunger ist der beste Koch.	美味生爱情。
Dem Volk ist das Essen der Himmel.	民以食为天。
Im Wein liegt die Wahrheit.	酒后吐真言。
Essen und Trinken hält Leib und Seele zusammen.	饱腹不思学。

Restaurantbesuch in Deutschland

Sie studieren in Deutschland und gehen mit Ihrem Freund Lukas ins Restaurant. Wie läuft ein Restaurantbesuch in Deutschland ab? Worüber kann man beim Essen sprechen? Spielen Sie die Szene.

Vokabeln

der **Magen** -/-	胃	die **Wahrheit** -en	真话，实话；真实；实情，真相
der **Koch** -̈e	厨师		
das **Volk** -̈er	人民；民族	**zusammen/halten** +A	
der **Himmel** nur Sg	天空		使会合，把……集合在一起
der **Wein** -e	葡萄酒		

Entdecken 1

W1 Komposita

1 Kennen Sie die folgenden deutschen Spezialitäten? Ordnen Sie zu.

a) **Schweinebraten:** Braten aus Schweinefleisch

b) **Vollkornbrot:** dunkles, aus Vollkornmehl hergestelltes Brot

c) **Schwarzwälder Kirschtorte:** die berühmte Spezialität aus dem Schwarzwald, ein Torten-Klassiker mit viel Sahne, Kirschen und Schokoladenraspeln

d) **Schweinshaxe (südd.) = Schweinshachse:** unterer Teil des Beines vom Schwein

	Bestimmungswort	+	Grundwort	→ Komposita
a) Nomen	das Vollkorn	-	das Brot	→ das Vollkornbrot
	die Kirsche	-	die Torte	→ die Kirschtorte
b) Nomen + s	das Schwein	s	die Haxe	→ die Schweinshaxe
c) Nomen + andere Fugenelemente	das Schwein	e	der Braten	→ der Schweinebraten
d) Adjektiv	rot	-	der Wein	→ der Rotwein
e) Verb (Stamm)	ess-en	-	das Zimmer	→ das Esszimmer

- Die Wörter hier sind Komposita. Komposita haben dasselbe Genus wie das _____.
  这些词为复合词。复合词的词性与_____相同。

Kombination

Bilden Sie aus den folgenden Wörtern Komposita.

der Apfel + die Schorle

= **die Apfelschorle**

das Schwein + der Braten

= **der Schweinebraten**

• der Eintopf	• die Suppe	• die Kartoffel	• die Tomate
• der Fisch	• das Gemüse	• die Bohne	• das Filet
• das Fleisch	• das Schwein	• das Rind	• der Braten
• der Saft	• der Apfel	• die Orange	• die Traube
• die Schorle	• die Torte	• der Kuchen	• das Obst
• die Schokolade	• der Käse	• die Speise	• der Wein
• rot	• weiß	• vor	• nach
• kalt	• warm	• das Brot	• die Marmelade
• die Butter	• die Wurst	• die Milch	• die Brühe
• das Brötchen	• das Huhn	• der Joghurt	• der Schinken

Kettenübung

Benutzen Sie dabei die gebildeten Komposita aus Ü2.

• eine Gemüsesuppe	• ein Glas Orangensaft	• ein Stück Schweinebraten
• ein Wurstbrötchen	• ein Stück Fischfilet	• ein Stück Schokokuchen
• eine Hühnerbrühe	• ein Stück Apfelkuchen	...

Ein Dialog zwischen Freunden

● Willst du noch ein Stück Apfelkuchen?

□ Nein, danke, ich habe keinen Hunger mehr. – Willst du noch ein Glas Orangensaft?

▲ Nein, danke, ich habe keinen Durst mehr.

...

Ein Dialog zwischen dem Kellner und dem Gast in einem Restaurant

● Was kann ich Ihnen bringen?

□ Bitte ein Stück Apfelkuchen. – Was kann ich Ihnen bringen?

▲ Bitte ein Glas Orangensaft. – Was kann ich Ihnen bringen?

...

G1 Verben mit Dativergänzung (D)

In einem China-Restaurant

Max: Guten Appetit!

Maria: Danke, gleichfalls.

Max: Schmeckt **dir** das Essen?

Maria: Ja, toll.

Max: Chinesisches Essen schmeckt **mir** immer.

Maria: Kommst du danach mit? Yang Fang möchte uns zum Kaffee einladen.

Max: Ich habe leider keine Zeit. Danke **ihr** für die Einladung.

Im Studentenwohnheim

Gu Hong: Anna, was liest du denn da? Bist du traurig?

Anna: Ein bisschen. Ich bekomme eine E-Mail von meinem Freund.

Gu Hong: Und wie geht es deinem Freund?

Anna: **Ihm** gefällt seine Arbeit nicht.

Ihm schmeckt das Essen nicht.

Ihm passt keine Hose mehr.

Ihm macht nichts mehr Spaß.

Gu Hong: Ist er krank? Was fehlt denn deinem Freund?

Anna: Nicht was – wer!

Gu Hong: Ach so! Da kann **ihm** nur eine Reise nach China helfen.

Nom.	ich	du	er	es	sie	wir	ihr	sie	Sie
Dat.				*ihm*		*uns*	*euch*		

4 Markieren Sie das Verb (V) , die Subjektergänzung [S] und die Dativergänzung [D] .

a) Wie gefällt dir das Restaurant?

b) Wir danken dem Ober (für die Bedienung).

c) Uns fehlen noch zwei Speisen.

d) Der Rinderbraten schmeckt ihm sehr gut.

e) Ich muss meiner Mutter (beim Kochen) helfen.

f) Der Pullover passt meinem Mann gut.

gefallen	+ S + D
danken	+ S + D (+ für)
fehlen	+ S + D
schmecken	+ S + D
helfen	+ S + D (+ bei)
passen	+ S + D

5 Würfelspiel

Würfeln Sie zweimal und bilden Sie Sätze.

1 Würfel

⚀ ⚂ oder ⚃　　　*schmecken* mit Personalpronomen

⚁ ⚄ oder ⚅　　　*schmecken* mit Possessivartikel + Nomen

2 Würfel

⚀ ich / mein ⚁ du / dein ⚂ er (sie) / sein (ihr) ⚄ wir / unser ⚃ ihr / euer

⚅ sie (Sie) / ihr (Ihr)

Beispiel:

⚀ ⚁ *Schmeckt dir die Gemüsepizza?*

⚄ ⚂ *Die Gemüsepizza schmeckt ihrer Mutter nicht.*

6 **Setzen Sie die passenden Verben ein.**

| • besuchen | • fehlen (×3) | • gefallen (×2) | • gehen | • helfen |
| • schmecken | • danken | • tun | • passen | |

a) ● Frau Müller, können Sie mir mal _____? Ich habe eine Frage.

   □ Gern, ich habe immer Zeit für Sie.

b) ● Hallo, Inge! Hallo, Uta! Am Samstagabend ist bei uns eine Feier. Könnt ihr kommen?

   □ Am Samstagabend _____ es uns leider nicht. Wir _____ euch
   später mal.

c) ● Was _____ dir denn, Sabine? Bist du krank?

   □ Nein, aber meine Katze ist krank. Es _____ ihr sehr schlecht und sie
   _____ mir so leid.

d) ● Sie sind schon ein Jahr in Frankfurt. Hoffentlich _____ es Ihnen hier bei
   uns.

   □ Es _____ mir eigentlich ganz gut, das Studium, das Leben, alles ist o.k.

   ● Aber etwas _____ Ihnen doch.

   □ Ja, natürlich _____ mir meine Freunde und das chinesische Essen. Aber
   vieles hier _____ mir auch sehr gut, besonders die Torten und Kuchen.

   ● Morgen bringe ich dir eine Kirschtorte von zu Hause mit.

   □ Wirklich? _____ dir.

T1 Restaurantbesuch

7 **Hören Sie zu und antworten Sie.**

a) Was bestellen die Gäste? Schreiben Sie die passenden Bezeichnungen zu den Bildern.

b) In welcher Reihenfolge essen und trinken die Gäste? Nummerieren Sie die Bilder.

c) Was gehört zu einem westlichen Essen? Finden Sie die Oberbegriffe und ordnen Sie ihnen die Speisen zu.

- Apfelkuchen
- Fischfilet mit Reis
- Hauptgericht
- Salat
- Schweinebraten mit Pommes
- Vorspeise
- Gemüsesuppe
- Hühnerbrühe
- Rinderbraten mit Nudeln
- Steak
- Eis
- Obst
- Nachspeise
- Pudding
- Tomatensuppe

a) _____

_____

b) _____

_____

c) _____

_____

 8 **Hören Sie den Text und bringen Sie die einzelnen Dialoge in die richtige Reihenfolge. Ordnen Sie die Sätze in die entsprechende Textstelle ein.**

● ● ● Gasthof ● ● ●

VORSPEISEN

Gemüsesuppe 5,50 €
Tomatensuppe 5,50 €
Hühnerbrühe 6,50 €

Salat 8,50 €

HAUPTGERICHTE

Schweinebraten mit Pommes
frites und Bohnen 18,50 €
Rinderbraten mit Nudeln und
Bohnen 20,50 €
Bratwurst mit Brot 12,50 €
Steak 22,50 €
Fischfilet in Sahne
mit Reis 20,50 €
Gemüsepizza 12,50 €

NACHSPEISEN

Apfelkuchen 6,50 €
Obstkuchen 5,50 €
Orangentorte 5,50 €
Pudding 4,50 €

GETRÄNKE

Cola (Flasche 0,2 l) 2,50 €
Apfelschorle (Glas 0,2 l) 2,50 €
Bier (Glas 0,3 l) 3,50 €
Rotwein (Glas 0,25 l) 5,50 €
Weißwein (Glas 0,25 l) 5,50 €
Kaffee (Tasse) 2,50 €
Tee (Tasse) 2,50 €

Dialog a Zusammen oder getrennt?

Herr Schäfer: ①_____

Ober: Zusammen oder getrennt?

Herr Schäfer: Zusammen, bitte.

Ober: Das waren: einmal Fischfilet mit Reis, einmal Schweinebraten mit Pommes, eine Hühnerbrühe, ein Glas Apfelschorle, ein Glas Rotwein, ein Stück Apfelkuchen, eine Tasse Kaffee – das macht zusammen 62,50 Euro.

Herr Schäfer: 68 Euro, bitte. Stimmt so.

Ober: Vielen Dank! Auf Wiedersehen!

Frau und Herr Schäfer: Auf Wiedersehen!

Dialog b Wir möchten gern bestellen.

Herr Schäfer: Die Speisekarte, bitte.

Ober: Bitte sehr, die Speisekarte.

...

Frau Schäfer: Herr Ober, wir möchten gern bestellen.

Ober: ②_____

Frau Schäfer: Ich möchte einmal Fischfilet mit Reis und ein Glas Apfelschorle.

Herr Schäfer: Und ich nehme die Hühnerbrühe und den Schweinebraten.

Ober: Mit Pommes oder mit Bratkartoffeln?

Herr Schäfer: Mit Pommes, bitte.

Ober: Und was trinken Sie?

Herr Schäfer: Wein, bitte. Welchen Wein können Sie empfehlen?

Ober: Einen Rotwein aus Italien vielleicht. Der passt sehr gut zu Ihrem Schweinebraten.

Herr Schäfer: Gut, dann nehme ich den Rotwein aus Italien.

Dialog c Ihr Wein, bitte.

Ober: Ihre Apfelschorle, bitte. Ihr Wein, bitte. Zum Wohl! Die Hühnerbrühe bringe ich sofort.

Frau und Herr Schäfer: Danke.

...

Ober: Einmal Schweinebraten und einmal Fischfilet.

③_____

Dialog d Ich möchte noch einen Nachtisch.

Frau Schäfer: Ich möchte noch einen Nachtisch. Vielleicht ein Stück Apfelkuchen oder Pudding. Herr Ober, ④_____

Ober: Unser Apfelkuchen ist sehr lecker.

Frau Schäfer: Gut, dann nehme ich ein Stück Apfelkuchen. Und du?

Herr Schäfer: Nichts, danke. Ich bin satt. Ich möchte nur eine Tasse Kaffee.

Dialog e Der Schweinebraten ist sehr lecker.

Herr Schäfer: Der Schweinebraten ist ausgezeichnet. Möchtest du probieren?

Frau Schäfer: Nein, danke.

Herr Schäfer: Und dein Fischfilet? ⑤_____

Frau Schäfer: Das Fischfilet schmeckt mir sehr gut. Und wie findest du die Pommes?

Herr Schäfer: Ganz gut. Willst du mal kosten?

Frau Schäfer: Ja, gerne.

Dialog _____   Dialog _____   Dialog _____   Dialog _____   Dialog _____

☐ Schmeckt es?

☐ können Sie mir etwas zum Nachtisch empfehlen?

☐ Wir möchten bitte bezahlen.

☐ Was bekommen Sie bitte?

☐ Guten Appetit!

Landeskunde

Trinkgeld

In einem Restaurant, einem Café oder in einer Bar gibt man in Europa der Bedienung meistens ein Trinkgeld von mindestens 5% der Rechnung.

Man rundet auf und sagt „Stimmt so" oder „Der Rest ist für Sie". Oder man sagt den Betrag, den man bezahlen will, (z. B. „17 Euro", wenn auf der Rechnung 16 Euro steht) und man mit einem 20 Euroschein bezahlt. Oft sagt man aber gar nichts und lässt das Trinkgeld auf dem Tisch liegen. Das macht man immer so, wenn man mit Karte bezahlt.

In der Mensa, der Werkskantine, einem Fastfood-Restaurant mit Selbstbedienung und am Imbissstand gibt man kein Trinkgeld.

9 **Vervollständigen Sie die folgenden Sätze.**

a) Zusammen oder getrennt?

_____

b) Mit Pommes oder mit Bratkartoffeln?

_____

c) Und du?

_____

d) Und dein Fischfilet?

_____

10 ### Schreiben Sie die Sätze richtig.

a) _____

(können / etwas / Sie / empfehlen / ich / zum Trinken / ?)

b) _____

(möchten / Karte / mit / bezahlen / der Gast / .)

c) _____

(schmecken / wie / der Schweinebraten / er / ?)

d) _____

(Frau Schäfer / für / die Empfehlung / danken / der Ober /.)

e) _____

(schmecken / Herr Schäfer / die Pommes / nicht / ?)

11 ### Redemittel beim Restaurantbesuch

Sammeln Sie Redemittel aus dem Text. Kennen Sie noch weitere Redemittel?

Redemittel	Gast	Ober
Bestellen		
Beim Essen		
Zahlen		

12 ### Übersetzen Sie.

舍费尔先生和太太去餐馆吃饭。舍费尔太太点了鱼排配米饭和苹果汽水。舍费尔先生点了鸡汤，还点了烤猪肉配薯条作为主菜。服务员推荐了意大利红酒配猪肉。舍费尔太太很喜欢吃鱼排，舍费尔先生也很满意他点的烤猪肉。舍费尔太太还要了一块苹果派作为饭后甜点，而舍费尔先生只想喝咖啡。这顿饭花了

62.50 欧元，服务员收到 5.50 欧元小费。

Vokabeln

die **Spezialität** -en	名菜，土特产		**ein/laden** +A(+zu)	邀请
das **Vollkornbrot** -e	全麦面包		die **Einladung** -en	邀请
der **Schwarzwald**	黑森林		**traurig**	悲伤的，悲哀的
die **Kirschtorte** -n	樱桃蛋糕		der **Spaß** nur Sg	愉快，高兴
die **Kirsche** -n	樱桃		der **Ober** -	服务员
die **Torte** -n	（大）蛋糕		die **Feier** -n	庆祝，庆贺；庆祝会
die **Schweinshachse / Schweinshaxe** -n			die **Vorspeise** -n	餐前小吃
	烤猪肘		das **Eis** nur Sg	冰淇淋
die **Schorle** -n	混合饮料		das **Hauptgericht** -e	主菜，主餐
der **Schweinebraten** -	烤猪肉		die **Nachspeise** -n	饭后甜点
der **Eintopf** ̈-e	杂烩		der **Salat** -e	色拉，凉拌菜
die **Suppe** -n	汤		der **Rinderbraten** -	烤牛肉
der **Fisch** -e	鱼		die **Nudel** -n meist Pl	面条
die **Bohne** -n	豆		die **Pommes** Pl ['pɔməs]	
das **Filet** -s [fi'le:]	里脊肉			薯条
das **Fleisch** nur Sg	肉		die **Pommes frites** Pl [pɔm'frɪt(s)]	
das **Schwein** -e	猪			炸薯条
das **Rind** -er	牛		das **Steak** -s [ste:k]	肉排
der **Braten** -	烤肉，煎肉		**bestellen** +A	订购，点（饭菜）
der **Saft** ̈-e	菜汁，果汁		die **Speisekarte** -n	菜单
die **Traube** -n	葡萄		**empfehlen** +A(+D)	推荐，介绍
die **Speise** -n	菜，菜肴，饭食，食物		die **Apfelschorle** -n	苹果汽水
rot	红的		**Zum Wohl!**	祝您健康！干杯！（祝
weiß	白的			酒用语）
die **Brühe** -n	肉汤；清汤		**probieren** (+A)	尝，品味
der/das **Joghurt** -s	酸奶		**ausgezeichnet**	杰出的，优秀的，极好
das **Fischfilet** -s	鱼排			的，优等的
die **Hühnerbrühe** -n	鸡汤		**kosten** (+A)	品尝，尝味
der **Durst** nur Sg	渴，口渴		der **Pudding** -e/-s	布丁
der **Kellner** -	服务员，招待员		der **Nachtisch** -e	饭后甜点
bringen +A(+D)	带来，运来		**satt**	饱的
Guten Appetit!	祝胃口好！		**Zusammen oder getrennt?**	
gleichfalls	同样地			一起付还是分开付？
schmecken (+D)(+Adj)			die **Karte** -n	卡片，卡
	有味道，有滋味		die **Sahne** nur Sg	奶油
mit/kommen	同来，同去		das **Trinkgeld** -er	小费

W2 Wortfeld *essen interkulturell*

1 Ordnen Sie zu.

• die Wurst	• das Sauerkraut	• der Kaffee
• die Brezel	• das Bier	• das Baozi
• der Reisbrei	• das Salzgemüse	• der Reis
• das Sushi	• die Spaghetti (Pl)	• die Pizza
• die Miso-Suppe	• der Feuertopf	• das Besteck
• das Müsli	• die Frühlingsrolle	• das Messer
• die Gabel	• der Löffel	• die Essstäbchen (Pl)
• das Jiaozi (die chinesische Maultasche)		

 2 **Hören Sie und erzählen Sie.**

Ich heiße Xu Meng und komme aus China. Ich esse gern … Ich esse mit …

Ich bin Lukas aus Deutschland. Ich esse viel … und trinke gern … Ich esse mit …

Ich bin Italiener. Ich heiße Franco Calderazzo. Ich esse gern …

Mein Name ist Maki Sato. Ich bin Hausfrau. Ich koche und esse japanisch. Meine Familie und ich essen gern … und trinken gern … Wir essen mit …

G2 Komparation von *gut*, *gern* und *viel*

Ich finde, Currywurst schmeckt gut. Ich esse gern Currywurst.

Ich finde, Schweinebraten schmeckt besser als Currywurst. Ich esse lieber Schweinebraten als Currywurst.

Ich finde, Fischfilet schmeckt am besten. Ich esse am liebsten Fischfilet.

Ich trinke viel Kaffee.

Ich trinke mehr Tee als Kaffee.

Ich trinke am meisten Wasser.

a   b   c

a-Positiv	gut	gern	viel
b-Komparativ			
c-Superlativ			

⚠️

- *Gut*, *gern* und *viel* können Steigerungen bilden. *Gut*, *gern* und *viel* im Beispiel a (Positiv) steigert man mit den Formen *besser*, *lieber* und *mehr* im Beispiel b (_____) und *am besten, am liebsten* und *am meisten* im Beispiel c (_____).
  gut, gern 和 viel 可以升级。例 a 中的 gut, gern 和 viel（原级）可以升级为例 b 中的 besser, lieber 和 mehr（_____）以及例 c 中的 am besten, am liebsten 和 am meisten（_____）。

3 **Vergleichen Sie.**

Benutzen Sie die Redemittel im Beispiel a / b / c und diskutieren Sie über die folgenden
Lebensmittel und Getränke.

4 Setzen Sie *gern*, *gut* und *viel* in passenden Formen ein.

a) In Nordchina isst man nicht so _____ Reis, da isst man _____ Nudeln.

b) Trinkt man in Deutschland _____ Tee oder Kaffee?

c) In der Schweiz isst man _____ Käse.

d) Die Deutschen essen gern Döner. In Berlin gibt es sogar _____ Döner-Lokale

   als in Istanbul.

e) ● Was schmeckt deiner italienischen Freundin _____? Pizza oder Nudeln?

   □ Nudeln, _____ schmecken ihr Nudeln mit Meeresfrüchten.

5 Was esse ich gern?

1 **Hören Sie und füllen Sie die Lücken.**

Ich heiße Li Tao und komme aus China. Ich esse lieber _____ als _____. In Deutschland esse ich am liebsten _____ mit _____. Ich trinke sehr gern und sehr viel _____. Manchmal trinke ich Tee mit _____.

Ich bin Anna und komme aus Deutschland. Ich esse kein _____. Ich esse viel _____ und _____. Am liebsten esse ich _____, _____ und _____. Dazu trinke ich gern _____ oder _____.

2 **Erzählen Sie: Was essen und trinken Sie gern? Was schmeckt Ihnen am besten?**

G3 Modalverb *mögen*

1 *mögen* als Vollverb

Dialog 1

An einem Imbissstand

● Sie wünschen?

☐ Einmal Käsebrot zum Mitnehmen, bitte. Ich **mag** gern Käsebrot. Und für meinen Mann ...

● Auch Käsebrot?

☐ Nein, Käsebrot **mag** er nicht. Er **mag** lieber Wurstbrot.

Ich	mag		gern Käsebrot.
	_____	du	auch gern Käsebrot?
Er / Sie / Es	_____		lieber Wurstbrot.
Wir	_____		gern Kaffee.
	_____	ihr	auch gern Kaffee?
Sie	_____		lieber Tee.
Was	_____	Sie	lieber, Kaffee oder Tee?

2 *mögen* als Modalverb

Dialog 2

Max: Komm, das Frühstück ist fertig.

Maria: Morgens **mag** ich nichts essen.

Max: Das ist ungesund! Es heißt doch: Frühstücke wie ein Prinz, iss zu Mittag wie ein Bürger und am Abend wie ein Bettler.

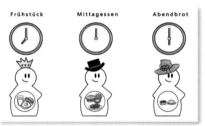

	V1			**V2**
Ich	mag		morgens nichts	essen.
	_____	du	auch zum Essen	gehen?
Er / Sie / Es	_____		nicht so früh	aufstehen.
	_____	wir	eine Pizza	bestellen?
	_____	ihr	mich nicht einmal	besuchen?
Sie	_____		abends nichts	essen
	_____	Sie	die Pizza nicht	mitnehmen?
	Satzklammer			

- *Mögen* wird oft als _____ verwendet, selten als _____. Als Vollverb (wie im Dialog _____) bedeutet *mögen* Zustimmung / Sympathie. Als Modalverb (wie im Dialog _____) hat *mögen* eine ähnliche Bedeutung wie das Modalverb *möchten*.
  Mögen 常作为_____使用，较少作为_____。作为独立动词时（如对话_____），*mögen* 的意思是"对某事有好感或偏爱某事"。作为情态动词时（如对话_____），*mögen* 的意思和情态动词 *möchten* 相近。

6 *Mögen* **als Vollverb oder Modalverb? Ergänzen Sie und kreuzen Sie an.**

	Vollverb	Modalverb
a) Kinder _____ gern Süßigkeiten.		
b) Morgens _____ Maria nichts essen.		
c) _____ du die Musik von Bach?		
d) Er _____ nicht in die Mensa gehen.		
e) _____ ihr eure neue Lehrerin?		

7 **Kettenübung**

Fragen Sie, was Ihre Partnerin / Ihr Partner gern isst oder trinkt.

Redemittel ///

fragen, was jemand gern mag / isst / trinkt

- Mögen Sie ... / Magst du ...?
- Essen Sie / Isst du gern ...?
- Trinken Sie / Trinkst du gern ...?
- Was mögen Sie / Magst du lieber?
- Was ist Ihr / dein Lieblingsessen?
...

sagen, was jemand (nicht) gern mag / isst / trinkt

- ... mag / esse / trinke ich gern.
- ... ist mein Lieblingsessen.
- ... schmeckt / schmecken mir sehr gut.
- ... mag ich nicht.
- ... schmeckt / schmecken mir nicht.

...

T2 Essen in Deutschland und ...

8 Spezialitäten aus China und Deutschland. Ordnen Sie zu.

a) Thüringer Rostbratwurst	b) Weißwurst	c) Currywurst
d) Schwarzwälder Kirschtorte	e) Peking-Ente	f) Gong-Bao-Huhn
g) Schweinefleisch süß-sauer	h) Durian-Gebäck	

9 Hören Sie den Text und füllen Sie die Lücken.

In Deutschland gibt es drei Mahlzeiten. Zwischen 6 und 9 Uhr frühstückt man. Zum Frühstück isst man gern _____, Brot oder _____ mit Butter, _____, Käse oder Wurst. Dazu trinkt man meistens Kaffee oder Tee. Zwischen 12 und 14 Uhr isst man zu Mittag. Mittags essen die meisten gern _____. Es gibt oft Fleisch und Gemüse mit _____, _____ oder Reis. Nach dem Mittagessen trinkt man gern eine Tasse Kaffee. Zwischen 18 und 20 Uhr ist das Abendessen. Abends essen viele lieber _____. Zum Abendessen gehören Brot, Butter, Käse, Wurst usw.

Nach einer Umfrage isst man in Deutschland sehr _____ Brot und Getreideprodukte. Die Deutschen mögen _____ Fleisch als Fisch. Sie essen auto _____ Obst und Gemüse und trinken _____ Bier als Wein.

Zu den Spezialitäten Deutschlands gehören vor allem Würste, z. B. _____

aus Bayern, Thüringer _____, _____ usw. Als Nachspeise ist die

Schwarzwälder _____ weltweit bekannt.

Ähnlich wie in Deutschland / Anders als in Deutschland gibt es in _____

_____

_____

_____

_____

_____

_____

10 **Setzen Sie die passenden Wörter ein.**

> • geben   • abends   • das Mittagessen   • die Deutschen   • das Abendessen
> • man   • morgens   • zum Mittagessen   • das Frühstück   • essen

_____ haben drei Mahlzeiten: _____ zwischen 6 und 10 Uhr,

_____ zwischen 12 und 14 Uhr und _____ zwischen 18 und 20

Uhr. _____ und _____ isst _____ gern kalt, mittags

lieber warm.

Zum Frühstück _____ es Brot oder Brötchen mit Butter, Marmelade, Käse

oder Wurst. _____ bekommt man z. B. Fleisch mit Kartoffeln und Gemüse.

Abends _____ man meistens Brot, Butter, Käse, Wurst usw.

11 **Formulieren Sie die Sätze um und benutzen Sie dabei *mögen, schmecken*
oder *essen*.**

a) Nach einer Umfrage isst man in Deutschland sehr gern Brot und Getreideprodukte.

_____

b) Die Deutschen mögen lieber Fleisch als Fisch.

_____

c) Sie essen auch gern Obst und Gemüse.

_____

d) Sie trinken mehr Bier als Wein.

_____

12 **Nahrungsmittelkonsum im Vergleich**

Benutzen Sie die folgenden Redemittel und vergleichen Sie den Nahrungsmittelkonsum zwischen der Schweiz und China.

Beispiel: *Die Chinesen essen mehr Getreide als die Schweizer.*

Pro-Kopf-Verbrauch ausgewählter Nahrungsmittel in China und der Schweiz (in kg)

■ China ■ Schweiz

📖 **Redemittel** //

- **Vergleich zwischen verschiedenen Ländern**
  Die Schweizer essen mehr ... als die Chinesen.
- **Vergleich innerhalb eines Landes**
  In der Schweiz isst man mehr / lieber ... als ...
  Die Schweizer mögen lieber ... als ...
  Den Schweizern schmeckt / schmecken ... besser als ...

13 **Übersetzen Sie.**

a) 　　贝克尔先生已经退休了，有很多时间吃早饭。他吃小面包配果酱、黄油和香肠，有时加一个鸡蛋，再喝一杯咖啡。扬还在上学，不想好好吃早饭。他经常只喝一杯果汁，最喜欢的是橙汁，有时吃一个奶酪面包。

b)   德国人午餐更喜欢吃热食，早餐和晚餐大部分时候吃冷食，通常用刀叉吃饭。中国人早中晚三餐都喜欢吃热食。早饭有包子、咸菜配粥或者面条，午饭和晚饭吃蔬菜、肉和米饭。中国人通常用筷子吃饭。

14   Schaubild

1   Geben Sie mithilfe des folgenden Schaubildes den Hauptinhalt von T2 mündlich wieder.

Essen in Deutschland

Mahlzeiten	**mögen?**	**Spezialitäten**
• Frühstück (wann? was?)	• Brot und Getreide	• Wurst
• Mittagessen (wann? was?)	• Fleisch oder Fisch	• Kirschtorte
• Abendessen (wann? was?)	• Gemüse und Obst	
	• Bier oder Wein	

2   Sammeln Sie Informationen über die Essgewohnheiten in einem anderen Land oder einer anderen Region. Fassen Sie den Hauptinhalt zu einem Schaubild zusammen und erzählen Sie darüber.

Vokabeln

das **Sauerkraut** nur Sg	酸菜	das **Käsebrot** -e	乳酪面包
die **Brezel** -n	8 字形面包，德国扭结面包	der **Imbissstand** ·e	小吃摊
das **Baozi** -s	包子	**mit/nehmen** +A	携带，随身带着；带走，拿走
der **Reisbrei** -e	米粥	**ungesund**	不健康的
das **Salzgemüse** -	咸菜	der **Prinz** -en	王子
das **Sushi** -s ['zu:ʃi]	寿司	der **Bürger** -	公民
die **Spaghetti** Pl	意大利面条	der **Bettler** -	乞丐
die **Pizza** -s / Pizzen	比萨饼	die **Weißwurst** ·e	白香肠
die **Miso-Suppe** -n	味噌汤	die **Rostbratwurst** ·e	烤香肠
das **Jiaozi** -s	饺子	die **Ente** -n	鸭子
die **Maultasche** -n	（用肉、蔬菜或干酪作馅的）汤饺子（施瓦本地区的一种特色菜）	**süß**	甜的
		sauer	酸的，酸性的
die **Frühlingsrolle** -n	春卷	das **Durian-Gebäck**	榴莲酥
das **Besteck** -e, meist Sg	整套餐具(含刀、叉、勺)	die **Mahlzeit** -en	（一）餐，（一）顿（饭）
		gehören +zu	归入，计入，属于
der **Löffel** -	匙，勺，调羹	die **Umfrage** -n	询问，民意调查
der **Döner** -	土耳其烤肉	das **Getreideprodukt** -e	谷物制成品(如麦片等)
das **Lokal** -e	饭馆，酒馆	**weltweit**	世界范围内的，遍及全球的
die **Meeresfrüchte** Pl	海鲜		
mögen +A	喜欢，喜爱；想要得到，想要有	**bekannt**	出名的，知名的
		das **Nahrungsmittel** - meist Pl	
das **Wurstbrot** -e	香肠面包		食物，食粮，食品

Evaluieren

1 **Restaurantbesuch**

Wählen Sie eine Szene aus und spielen Sie diese. Benutzen Sie die entsprechende Speisekarte.

- Szene 1

Sie gehen mit Ihrem deutschen Freund in ein deutsches Restaurant „Bayerischer Hof".

- Szene 2

Sie gehen mit Ihrem deutschen Freund in ein China-Restaurant „Zur Großen Mauer".

Bayerischer Hof

Münchener Spezialitäten
Weißwurst mit Senf Stück	4,00 €
Brezel - ofenfrisch Stück	2,00 €
Münchener Wurstsalat	5,90 €

Salate
Tomaten-Paprika-Salat	5,90 €
Grüner Salat mit Orangen	6,80 €

Suppen
Gemüsesuppe	3,50 €
Hühnerbrühe mit Ei	3,80 €

Hauptgerichte
Schweinebraten	10,70 €
Hähnchenbrust vom Grill	12,80 €
Rindersteak mit Grillgemüse	15,40 €
Lachs in Sahne auf Reis	16,80 €

Kuchen und Torten - hausgemacht
Kuchen Stück	3,50 €
Sahnetorten Stück	3,90 €

Zur Großen Mauer

Vorspeisen
3 Frühlingsrollen	4,80 €
6 Jiaozi	3,70 €
Hühnerbrust	6,90 €
Krabbensalat	7,50 €

Fleischgerichte
Schweinefleisch süß-sauer	12,40 €
Gong-Bao-Huhn (scharf)	12,90 €
Mapo Tofu (scharf)	10,40 €
Peking Ente (Bestellung am Vortag)	18,60 €

Fischgerichte
Fischfilet in scharfer Bohnensoße	15,80 €
Tintenfisch mit Knoblauch	16,50 €

Reis und Nudeln
Reis oder Nudeln, gebraten, mit Ei und Gemüse	8,50 €

Suppe Sauer-scharf .... 3,50 €

2 **Essen in Deutschland und ...**

Schreiben Sie T2 weiter und berichten Sie über die Essegewohnheiten in einem anderen Land oder einer anderen Region.

Ähnlich wie in Deutschland / Anders als in Deutschland gibt es in ...

Vokabeln

der **Senf** -e, meist Sg	芥末	der **Tofu** nur Sg	豆腐
frisch	新鲜的	die **Soße** -n	调味汁
der/die **Paprika** -(s)	菜椒，柿子椒	der **Tintenfisch** -e	墨鱼，乌贼
das **Hähnchen** -	童子鸡	der **Knoblauch** nur Sg	大蒜
der **Lachs** -e	鲑鱼	**scharf**	辣的，辛辣的
die **Krabbe** -n	蟹	die **Region** -en	地方，地带；地区，地域

Herzlichen Glückwunsch!

Glückwünsche äußern | Geschenkratschläge in verschiedenen Ländern /
kulturellen Kontexten geben, annehmen und ablehnen | Einladungen,
Zu- und Absagen formulieren | über Erlebnisse bei einer Geburtstagsfeier
sprechen | Geburtstagsfeiern in verschiedenen Ländern vergleichen

Motivieren

1 **Welcher Feieranlass passt zu welchem Bild?**

a) Geburtstag	b) Hochzeit	c) Studienabschluss
d) Abschied	e) Einzug	f) Weihnachten

2 **Was wünscht man zu diesen Anlässen?**

„Herzlichen Glückwunsch zum Geburtstag!"

„Alles Gute und viel Glück zur Hochzeit!"

„Herzliche Glückwünsche zum neuen Heim!"

„Tschüss und alles Gute!"

„Herzlichen Glückwunsch zum Studienabschluss!"

„Frohe Weihnachten!"

Glückwünsche auf Chinesisch
福如东海，寿比南山！
永结同心，百年好合！
毕业快乐，前程似锦！

3 **Ihr deutscher Freund Max lädt Sie zu seiner Geburtstagsfeier ein. Sie fragen Ihren Mitbewohner Leo, welches Geschenk passt und wie man in Deutschland Geburtstag feiert. Spielen Sie den Dialog vor.**

Vokabeln

der **Geburtstag** -e	生日	das **Weihnachten** -	圣诞节
die **Hochzeit** -en	婚礼	der **Glückwunsch** ⸚e	祝愿，祝福
der **Studienabschluss** ⸚e	大学毕业	**herzlich**	衷心的，诚恳的
der **Abschied** -e	告别	**froh**	欢乐的，愉快的
der **Einzug** ⸚e	搬入		

W1 Wortfeld *Geschenke*

1 **Welches Wort passt zu welchem Bild? Ordnen Sie zu und ergänzen Sie Artikel und Plural.**

• Perlenkette	• Schal	• Krawatte	• Parfüm
• Gutschein	• Vase	• Weinglas	• Konzertkarte
• Wein	• Geld	• Scherenschnitt	• Blumenstrauß

2 **Li Tao braucht Geschenke für seine deutschen Freunde.**

1 **Wie finden Sie seine Geschenkideen? Diskutieren Sie in Gruppen.**

Seine Mitbewohnerin Claudia (22, Studentin, liebt Musik) hat Geburtstag.

Sein guter Freund Felix (33, Angestellter, reist gern) feiert Hochzeit.

Sein Tandempartner Tobias (23, Student, lernt gerade Chinesisch) hat eine neue Wohnung.

Seine Nachbarin Frau Kittmann (55, Hausfrau) lädt Li Tao zum Essen nach Hause ein.

Landeskunde

Geschenktipps in Deutschland

- Geschenke dürfen nicht zu teuer sein.
- Zu persönliche Geschenke sind gefährlich.
- Geschenke sollen verpackt werden.
- Als Gast darf man nicht mit leeren Händen kommen. Übliche Gastgeschenke sind Blumen, Wein oder Schokolade.

2 **Spielen Sie Dialoge.**

Li Tao:

> Claudia hat Geburtstag. Ich brauche ein Geschenk für sie. **Wie wäre es mit** einer Perlenkette?

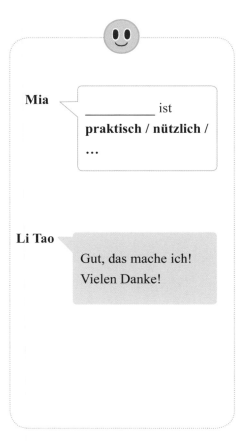

Mia

> _____ ist **praktisch / nützlich / …**

Li Tao

> Gut, das mache ich! Vielen Dank!

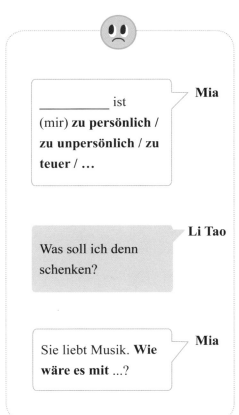

> _____ ist (mir) **zu persönlich / zu unpersönlich / zu teuer / …**

Mia

Li Tao

> Was soll ich denn schenken?

> Sie liebt Musik. **Wie wäre es mit** …?

Mia

---

3 ## Was schenkt man gern in Ihrer Heimat?

Redemittel //

- In meiner Heimat schenkt man zu … gern …
- Zu … soll man am besten / besser … schenken.
- In meiner Heimat darf man zu … keine … schenken.

G1 Verben mit Dativergänzung (D) und Akkusativergänzung (A)

Anna berichtet über eine chinesische Hochzeit.

Zhang Wei und Wu Mei feiern ihre Hochzeit in einem Hotel in Chongqing. Über 100 Verwandte und Freunde kommen zu ihrer Feier. Fast alle **schenken** dem Brautpaar einen Hongbao (einen roten Umschlag mit Geld). Das Brautpaar **gibt** allen Kindern kleine rote Umschläge mit Geld. Ich **bringe** ihnen eine Vase mit. Die wollte ich ihnen schon längst **kaufen**. Ich **wünsche** ihnen alles Gute, viel Glück und ewige Liebe für ihre gemeinsame Zukunft. Nach der Zeremonie kommt das Essen. Beim Essen geht das Brautpaar mit Weingläsern von Tisch zu Tisch und dankt den Gästen für ihr Kommen. Der Fotograf macht viele schöne Fotos für sie. Die wollen sie später online posten und ihren Freunden **zeigen**.

1 Verben mit Dativergänzung (D) und Akkusativergänzung (A)

Subjekt-ergänzung	V1	Dativergänzung	Akkusativergänzung	V2
Fast alle	schenken	_____	einen Hongbao.	
Das Brautpaar	gibt	_____	kleine rote Umschläge mit Geld.	
Ich	bringe	ihnen	_____	mit.
Ich	wollte	_____	die (Vase) schon längst	kaufen.
Ich	wünsche	_____	alles Gute, viel Glück und ewige Liebe.	
Sie	wollen	Ihren Freunden	_____	zeigen.

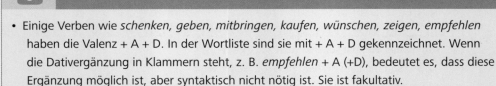

!

- Einige Verben wie *schenken, geben, mitbringen, kaufen, wünschen, zeigen, empfehlen* haben die Valenz + A + D. In der Wortliste sind sie mit + A + D gekennzeichnet. Wenn die Dativergänzung in Klammern steht, z. B. *empfehlen* + A (+D), bedeutet es, dass diese Ergänzung möglich ist, aber syntaktisch nicht nötig ist. Sie ist fakultativ.
  schenken, geben, mitbringen, kaufen, wünschen, zeigen, empfehlen 等动词除主语补足语外要求一个第_____格补足语和一个第_____格补足语，在词汇表中，此类动词以 + A + D。如果 (+D) 在括号里，如 *empfehlen* + A (+D)，则表示第三格补足语为可有补足语，在句法结构上不是必须添补的成分。

2 Stellung der Dativ- und Akkusativergänzung

		Dativergänzung	**Akkusativergänzung**
Ich	schenke	meinem Freund	ein Buch.
Ich	schenke	ihm	ein Buch.

		Akkusativergänzung	**Dativergänzung**
Ich	schenke	es	meinem Freund.
Ich	schenke	es	ihm.

4 **Fragen Sie nach der Dativ- und der Akkusativergänzung im Text.**

Beispiel:	
• **Wem** wünscht Anna alles Gute, viel Glück und ewige Liebe?	• **Was** schenkt Anna dem Brautpaar?
☐ Dem Brautpaar / Zhang Wei und Wu Mei. …	☐ Eine Vase. …

5 **Variation**

Frau Meier / eine Perlenkette

• Frau Meier möchte eine Perlenkette. Welche können Sie ihr empfehlen?

☐ Diese hier. Ich zeige sie ihr gleich.

• wir / eine Vase	• meine Frau / ein Parfüm
• Herr und Frau Li / Bücher	• mein Mann / eine Krawatte
• meine Eltern / Weingläser	• Herr Bode / ein Scherenschnitt
• mein Bruder / ein Schal	

6 **Korrigieren Sie.**

a) Der Verkäufer zeigt dem Wein den Kunden.

b) Carola schenkt ihre Freundin Geld zur Hochzeit.

c) Meine Mutter hat Geburtstag. Ich möchte sie einer Perlenkette kaufen.

d) Gib mich dem Gutschein bitte!

e) Wir wünschen Sie eine gute Reise nach Deutschland!

7 **Bilden Sie Sätze.**

a) Uta und Inge möchten dir mailen.

_____! (ihnen / deine Mail-Adresse / bitte / gib)

b) Mutti, ich mag die Puppe sehr.

_____! (zum Geburtstag / mir / kauf / doch / sie)

c) Fabian möchte Rad fahren lernen.

_____. (schenkt / ein Fahrrad / seine Mutter / ihm)

d) Meine beste Freundin feiert in zwei Wochen Hochzeit.

_____. (ich / die Einladung / dir / zeige)

e) Morgen besuche ich Frau Kittmann.

_____? (ich / soll / was / ihr / mitbringen)

8 **Wer, wem, was: Kombinieren Sie und bilden Sie Sätze.**

Beispiel: _Anna schenkt ihrer Mitbewohnerin Scherenschnitte aus China._

Wer	Verben	Wem	Was
• Anna	• schenken	• ich	• Konzertkarten
• Ich	• geben	• ihr Freund	• einen Blumenstrauß
• Frau und Herr Kittmann	• mitbringen	• ihre Mitbewohnerin	• eine Krawatte
• der Chef	• kaufen	• mein Kollege	• schönes Wochenende
• Wir	• zeigen	• sein Sohn	• ein Kochbuch
	• wünschen	• du	• Scherenschnitte aus China
	• empfehlen		• ein gutes China-Restaurant

T1 Was schenke ich?

Dialog 1 Was schenke ich ihr?

Yang Fang studiert in München. Sie spielt gern Tischtennis und kocht gern. Sie lernt gerade backen. Bald wird sie zwanzig. Am Samstag feiert sie ihre Geburtstagsparty.

9 **Lesen Sie Dialog 1 und setzen Sie die folgenden Sätze ein. Dann hören Sie.**

- Vielen Dank für deinen Tipp
- Klingt nicht schlecht
- Eine prima Idee
- Kannst du mir ein paar Tipps geben
- Hast du andere Ideen

Christian: Du, Yang Fang feiert am Samstag Geburtstag. Ich brauche ein Geschenk für sie. _____?

Li Hua: Aber natürlich!

Christian: Sag mal, was macht Yang Fang gern? Du kennst sie schon lange.

Li Hua: Sie spielt besonders gern Tischtennis.

Christian: Tischtennis … Wie wäre es mit Tischtennisschlägern?

Li Hua: _____, aber ich glaube, Tischtennisschläger hat sie schon. Emm, jetzt ist es Winter. Vielleicht kannst du ihr einen Schal schenken. Das ist nützlich.

Christian: Einen Schal? Tja, das ist mir ein bisschen zu persönlich. _____? Was macht sie sonst gern in ihrer Freizeit?

Li Hua: Kochen macht ihr sehr viel Spaß. Zurzeit lernt sie backen. Aber ihr fehlen noch Backrezepte. Ein Backbuch gefällt ihr sicher.

Christian: _____! Dann bringe ich ihr ein Backbuch mit. Ich gehe sofort in die Buchhandlung und kaufe ihr eins.

_____, Li Hua!

Dialog 2 **Was schenke ich ihnen?**

Felix (33) und Tanja (30) feiern nächste Woche den Einzug in ihre neue Wohnung. Sie arbeiten bei einer chinesischen Firma in Düsseldorf. Sie sind an chinesischer Kultur und Kunst interessiert und lernen zurzeit Chinesisch.

10 **Hören Sie Dialog 2 und füllen Sie die Lücken.**

> **Li Tao:** Hallo, Monika, ich brauche deine Ratschläge. Meine Freunde haben eine neue Wohnung und laden mich zu der Einweihungsparty ein. Was schenkt man eigentlich in Deutschland zu diesem Anlass?
>
> **Monika:** Ich kann dir Salz und Brot _____. Damit _____ man Reichtum und Glück.
>
> **Li Tao:** Salz und Brot? Klingt interessant. Ich kann ihnen was _____. Aber ich denke, ich _____ noch etwas für die Wohnung.
>
> **Monika:** Wie wäre es mit einem Toaster? Der ist praktisch.
>
> **Li Tao:** Ja, praktisch ist er schon. Aber ein Toaster ist mir zu teuer. Hast du andere Ideen?
>
> **Monika:** Was machen deine Freunde beruflich?
>
> **Li Tao:** Sie arbeiten beide bei einer chinesischen Firma. Dort mache ich gerade mein Praktikum. Sie helfen mir viel bei der Arbeit.
>
> **Monika:** Etwas typisch Chinesisches _____ ihnen sicher.
>
> **Li Tao:** Ach, ich habe schöne Scherenschnitte aus China. Die können sie in ihrer Wohnung aufhängen.

11 **Geschenkideen**

1. **Füllen Sie die Lücken nach dem Inhalt von Dialog 1.**

   Yang Fang hat bald Geburtstag. Christian möchte ihr etwas schenken und fragt Li Hua nach Geschenkideen. Li Hua sagt, Yang Fang spielt gern _____. Deshalb möchte Christian ihr _____ kaufen. Aber die hat Yang Fang schon. Dann schlägt Li Hua einen _____ vor, aber der ist Christian zu _____. Zum Schluss gibt Li Hua Christian einen guten Tipp: ein _____, denn Yang Fang lernt zurzeit backen.

2. **Schreiben Sie einen Text wie den folgenden nach dem Inhalt von Dialog 2.**

---

12 **Redemittel für Ratschläge und Reaktionen**

Sammeln Sie Redemittel aus dem Text.

Redemittel //

Bitte um Ratschläge	*Was schenke ich ihr?*	
Ratschläge	*Wie wäre es mit Tischtennisschlägern?*	
Reaktion	**Positiv** *Eine prima Idee!*	**Negativ** *Klingt nicht schlecht, aber ...*

13 **Übersetzen Sie.**

费利克斯和塔尼娅在汉堡举办他们的婚礼。大概有 40 位客人参加他们的婚礼，大部分客人送他们钱，一些人给他们买了代金券。我给他们带了中国的瓷器，祝他们一生相爱幸福。婚礼在教堂举行。婚礼后所有人在教堂前拍了合照，我现在给你看我们的合照。

Vokabeln

das	**Geschenk** -e	礼物
die	**Perlenkette** -n	珍珠项链
der	**Schal** -e/-s	围巾
die	**Krawatte** -n	领带
das	**Parfüm** -s	香水
der	**Gutschein** -e	代金券
der	**Scherenschnitt** -e	剪纸
der	**Blumenstrauß** ̈-e	花束
	verpacken +A(+in Akk)	包装
	persönlich	私人的，个人的
	nützlich	有益的，有用的
das	**Brautpaar** -e	新婚夫妇
der	**Umschlag** ̈-e	信封；封皮
	posten (+A)	上传到网络，在网络上发表
	schenken +A(+D)	赠送
	wünschen +A(+D)	要求，祝愿
	feiern	庆祝，庆贺
der	**Tischtennisschläger** -	乒乓球拍
die	**Einweihung** -en	搬入新家；落成典礼
	leer	空的
die	**Hand** ̈-e	手
die	**Heimat** -en	家乡

der/die	**Verwandte** (Dekl. wie Adj.)	亲戚
	längst	早就，好久以来
	ewig	永远的，永恒的
die	**Liebe** nur Sg	爱情
	gemeinsam	共同的，公共的
die	**Zukunft** nur Sg	未来
die	**Zeremonie** -n	典礼，仪式
	online [ˈɔnlaɪn]	线上
der	**Tipp** -s	忠告；好建议，好主意
	klingen +Adj	听起来
	kennen +A	认识，了解
	besonders	特别的，尤其
die	**Firma**, Firmen	公司
	Düsseldorf	杜塞尔多夫
der	**Anlass** ̈-e	动机，理由；时机，机会
der	**Toaster** - [ˈtoːstɐ]	烤面包机
das	**Praktikum** Praktika	实习
	auf/hängen +A	挂起，挂上
	vor/schlagen +A	建议，提议
	backen (+A)	烘焙，烤

G2 Präpositionalergänzung (P)

- von Jiaozi
- auf euch
- um dein Verständnis
- für die Einladung
- zu meiner Geburtstagsfeier
- zum Geburtstag

Einladung

Liebe Freundinnen und Freunde,

nächsten Montag werde ich 20. Ich lade euch herzlich _____ ein! Die Party findet an diesem Samstag um 18.00 Uhr in der Lothstr. 62 statt. Habt ihr Zeit? Bitte antwortet mir bis Donnerstag. Jiaozi und andere chinesische Spezialitäten warten _____.

Liebe Grüße
Yang Fang

Christian

Zusage

Liebe Yang Fang,

danke _____. Ich komme gerne! Schon lange träume ich _____! Was kann ich mitbringen?

Liebe Grüße
Christian

Absage

Liebe Yang Fang,
ich gratuliere dir herzlich _____! Leider kann ich nicht kommen – muss am Wochenende meine Oma besuchen. Sie ist krank. Ich bitte _____.

Liebe Grüße
Monika

Monika

1 Verbvalenz

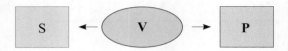

Verb	D / A	Präpositional-ergänzung	Beispiele
an/fangen	-	mit Dat	Die Gäste fangen mit dem Essen an.
antworten	+ D	auf Akk	Er antwortet ihr auf ihre Frage.
berichten	+ D	_____	Er berichtet uns über die Party von gestern.
bitten	+ A	_____	Monika bittet Yang Fang um Verständnis.
beginnen	-	mit Dat	Die Party beginnt mit dem Grillen!
danken	+ D	_____	Alle danken ihr für die Einladung.
denken	-	an Akk	Denk doch mehr an deine Eltern!
ein/laden	+ A	_____	Yang Fang lädt ihre Freunde zum Abendessen ein.
erzählen	+ D	über Akk	Anna erzählt ihren Freunden über eine Hochzeit in China.
fragen	+ A	nach Dat	Er fragt das Geburtstagskind nach seinem Wunsch.
gratulieren	+ D	_____	Alle gratulieren dem Brautpaar zur Hochzeit.
helfen	+ D	_____	Meine Freundin hilft mir beim Kochen.
passen	-	zu Dat	Welcher Wein passt zu welchem Essen?
reden	-	über Akk	Die Gäste reden über Geschenktabus in ihrer Heimat.
sprechen	-	mit Dat über Akk von Dat	Christian spricht mit Li Hua über seine Geschenkideen. Er spricht selten von seinen Problemen.
suchen	-	_____	Er sucht nach passenden Geschenken für seine Freunde.
telefonieren	-	mit Dat	Der Gast telefoniert gerade mit dem Gastgeber.
träumen	-	_____	Sie träumt schon lange von einer Hochzeitsfeier am Meer.
warten	-	_____	Sollen wir auf andere Gäste warten?

2 Fragen nach der Präpositionalergänzung (P)

P = Person			
Auf	**wen**	wartet sie?	Sie wartet auf andere Gäste.
Nach	**wem**	fragt er?	Er fragt nach seiner Freundin.

P = Nicht-Person		
Worauf	wartet sie?	Sie wartet auf den Bus.
Wonach	fragt er?	Er fragt das Geburtstagskind nach seinem Wunsch.

wo + bei → wobei	wo + r + an → woran
wo + für → wofür	wo + r + auf → worauf
wo + mit → womit	wo + r + aus → woraus
wo + von → wovon	wo + r + über → worüber
wo + zu → wozu	wo + r + um → worum

!

- Beginnt die Präposition mit einem Vokal, wird ein *r* eingeschoben.
  如果介词的第一个字母是_____，则在 *wo* 与介词之间加 *r*。

1 **Ergänzen Sie Subjekte und bilden Sie Sätze.**

a) anfangen - mit der Feier

b) antworten - ich - auf meine Fragen

c) berichten - der Freund - über die Hochzeit in Chongqing

d) bitten - der Chef - um Urlaub

e) danken - ihr Freund - für den Blumenstrauß

f) einladen - seine Freundin - zu einer Tasse Kaffee

g) gratulieren - meine Schwester - zum bestandenen Examen

h) helfen - sein Kommilitone - beim Lernen

i) sprechen - mit einem Partner - über einige Probleme

j) suchen - nach einem Ausbildungsplatz

k) träumen - von einer Reise nach Spanien

l) warten - auf den Zug nach Hamburg

Setzen Sie die passenden Präpositionen ein und formulieren Sie dann Fragen zu den Präpositionalergänzungen.

Claudia fliegt bald für ein Auslandssemester nach China. Sie lädt viele Freunde und Mitbewohner _____ ihrer Abschiedsfeier ein. Das Geschenk von ihrer Mitbewohnerin Monika ist eine Teetasse mit ihren Fotos im Studentenwohnheim. Claudia soll oft _____ die schöne Zeit im Studentenwohnheim denken! Die Party beginnt _____ dem Grillen. Claudia dankt allen herzlich _____ ihre Geschenke und Glückwünsche. Sie träumt schon längst _____ dem Studium in China und redet _____ ihren Freunden _____ ihre Pläne im neuen Semester.

Beispiel: *Wozu lädt Claudia viele Freunde und Mitbewohner ein?*

G3 Präteritum von *haben* und *sein*

Felix

Hallo, Lena, wie **war** die Party von gestern? Wie viele Gäste **waren** da? Bis wann **wart** ihr da? Ihr **hattet** sicher viel Spaß dabei …

Hi, Felix. Die Party **war** wunderschön und wir **hatten** über 10 Gäste. Das Essen **war** gut und die Musik **war** auch toll! Alle **hatten** viel Spaß. Wir **waren** bis 2 Uhr dort und ich **war** total müde. Leider **warst** du nicht da …

Lena

Präteritum von *haben*

Ich	hatt _____	keine Zeit.		
Du	hatt _____	Glück.	Sie hatt _____	Glück.
Er / Sie / Es	hatt _____	viel Arbeit.		
Wir	hatt _____	über 10 Gäste.		
Ihr	hatt _____	viel Spaß.	Sie hatt _____	viel Spaß.
Sie	hatt _____	Ferien.		

Präteritum von *sein*

Ich	war	auf der Party.		
Du	war _____	zu Hause.	Sie war _____	zu Hause.
Er / Sie / Es	war	in Urlaub.		
Wir	war _____	in China.		
Ihr	war _____	bei Claudia.	Sie war _____	bei Claudia.
Sie	war _____	draußen.		

3 **Variation**

- Ich habe gehört, **ihr** wart gestern **bei Claudia**.
- ☐ Ja, es war sehr schön. Du warst aber nicht da.
- Nein, ich hatte **Besuch**.

• ihr / beim Tanzen / viel Arbeit	• du / beim Skilaufen / keine Zeit
• Sie / in einem Konzert / Unterricht	• Sie / im Museum / eine Vorlesung
• du / beim Fußballspiel / einen Arzttermin	

4 Füllen Sie die Lücken.

An: Maria

Von: Claudia

Liebe Maria,

vielen Dank für deine Glückwünsche und dein Geschenk! Die Abschiedsfeier

von gestern _____ sehr schön, aber du _____ leider nicht da. Schade! Ich

_____ viel Spaß. Alle Freunde _____ da und meine Eltern und Geschwis-

ter auch. Das Essen _____ toll. Wir _____ sogar Jiaozi von Wang Lan.

Wir _____ bis zwei Uhr zusammen!

Liebe Grüße

Claudia

Senden   A 𝕝 🖼 ☺ 🔗 🗑 | ≡

T2 Vlog von Christian

5 Ordnen Sie zu. Was wird im Text nicht erwähnt?

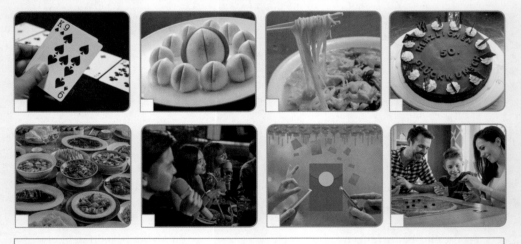

a) Karaoke singen	e) Geburtstagstorte
b) elektronischer Hongbao	f) großes Essen
c) Nudeln für Langlebigkeit	g) Pfirsich für Langlebigkeit
d) Karten spielen	h) Brettspiele spielen

🎧 **6** **Bringen Sie die Textteile in die richtige Reihenfolge. Dann hören Sie.**

☐ Das Essen ist einfach großartig. So viele Gerichte gibt es! Auch Jiaozi und Frühlingsrollen! Davon träume ich schon lange. Und das Gericht heißt Nudeln für Langlebigkeit. Interessant, nicht wahr? Wie schaffen Yang Fang und ihre Freunde das alles? In Deutschland bereiten wir nur Getränke, Salate und einige Kleinigkeiten vor.

☐ Ich bin jetzt bei der Geburtstagsparty von Yang Fang. Das ist unser Geburtstagskind, Yang Fang. Herzlichen Glückwunsch zum Geburtstag! Wow, so viele Gäste sind schon da! Und es ist erst sechs Uhr abends. In Deutschland geht es viel später los. Ach, was machen sie? Sie helfen beim Kochen. Sieht super aus!

☐ Jetzt beginnen wir mit der Feier! Da kommt die Geburtstagstorte mit Kerzen! Ach, so klingt das Geburtstagslied auf Chinesisch! Wunderschön! Dann singen wir das Lied nochmals auf Deutsch? Zum Geburtstag viel Glück, zum Geburtstag viel Glück … Alle gratulieren dem Geburtstagskind zum Geburtstag und gibt ihr viele Geschenke. Sie dankt ihren Gästen für die Glückwünsche und die Geschenke. Aber warum packt sie die Geschenke nicht aus? Worauf wartet sie denn?

☐ Jetzt ist es gegen 22 Uhr. Einige müssen schon weg, andere helfen beim Saubermachen, ich kann auch helfen. Es ist noch relativ früh für mich. Letzte Woche war ich bei der Abschiedsfeier von Claudia. Wir waren bis 2 Uhr bei ihr.

☐ Nun wollen einige Karten spielen. Ähnliche Gesellschaftsspiele sind auch bei deutschen jungen Leuten beliebt, z. B. Brettspiele. Andere trinken Bier und reden über dies und das. Musik und Tanzen gibt es leider nicht.

☺

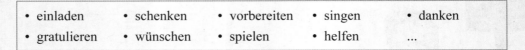

7   **Wer macht was? Ordnen Sie zu und bilden Sie Sätze.**

• einladen	• schenken	• vorbereiten	• singen	• danken
• gratulieren	• wünschen	• spielen	• helfen	...

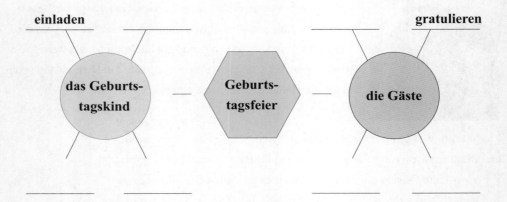

einladen   gratulieren

das Geburts-
tagskind   Geburts-
tagsfeier   die Gäste

Beispiel: *Das Geburtstagskind lädt viele Gäste zu seiner Geburtstagsfeier ein.*

8   **Welche Unterschiede fallen Christian bei der Feier auf?**

	Feier bei Yang Fang	Feier bei den Deutschen
Ankunft der Gäste	Einige Gäste kommen früher an und helfen.	Gäste kommen etwas später an.
Annahme von Geschenken		
Essen und Trinken		
Andere Aktivitäten		
Schluss der Feier		

9 Sehen Sie sich die Bilder an und erzählen Sie über die Feier bei Yang Fang. Benutzen Sie *haben* und *sein* im Präteritum.

Gäste schon da

Essen großartig, Hunger

lecker, viel Spaß haben

Gäste weg, noch zu früh

10 Übersetzen Sie.

在中国，年轻人不太看重生日，通常只和家人或朋友简单庆祝一下，比如自己在家做饭或去餐馆吃饭。过生日的人会得到一碗面条，意味着长寿。一些年轻人会约上朋友玩一些纸牌类的集体游戏。朋友之间会赠送寿星喜欢的东西，长辈也可能会送寿星红包。

1 Kreunzen Sie an. Bei manchen Fragen ist mehr als eine Antwort möglich.

a) Wann findet das Telefongespräch statt?

☐ vor der Feier

☐ bei der Feier

☐ nach der Feier

b) Wofür dankt Yang Fang Christian?

☐ für sein Geschenk

☐ für seine Anwesenheit

☐ für seine Hilfe

c) Wofür dankt Christian Yang Fang?

☐ für das Essen

☐ für die Hilfe

☐ für den schönen Abend

d) Worüber sprechen Yang Fang und Christian am Telefon?

☐ über das Geschenk von Christian

☐ über das Geschenk von Yang Fangs Eltern

☐ über den Termin der Geburtstagsfeier

e) Was wird beim Telefongespräch nicht erwähnt?

☐ elektronischer Hongbao

☐ Nudeln für Langlebigkeit

☐ Pfirsich für Langlebigkeit

2 Welche Unterschiede werden im Telefongespräch thematisiert? Erzählen Sie darüber.

Im Vergleich zu China feiert man in Deutschland erst nach dem Geburtstag …

Anders als in China feiert man in Deutschland erst nach dem Geburtstag …

Vokabeln

	gratulieren +D(+zu)	庆祝
	träumen (+von)	梦想
	elektronisch	电子的
die	**Langlebigkeit** nur Sg	长寿
	aus/packen +A	拆封
das	**Geburtstagskind** -er	寿星，过生日的人
die	**Geburtstagstorte** -n	生日蛋糕
die	**Kerze** -n	蜡烛
der	**Pfirsich** -e	桃子
das	**Gesellschaftsspiel** -e	集体游戏，社交游戏
das	**Brettspiel** -e	棋盘游戏
das	**Karaoke**	卡拉 OK
	großartig	了不起的
die	**Kleinigkeit** -en	小东西
	vor/bereiten +A	准备
die	**Annahme** -n	接受
die	**Aktivität** -en	活动
	zurückhaltend	克制的
die	**Neugier** nur Sg	好奇心
	ein/packen +A(+in Akk)	包装
	überweisen +A	汇款
	leider	可惜，遗憾，不幸
	bitten +A(+um)	请求
das	**Verständnis** nur Sg	理解
	nächst	（时间）紧接着的，下次的

	berichten (+D)+über Akk/von	报告，报道
	danken +D(+für)	感谢
	denken (+an Akk)	想，思考
	erzählen (+D) über Akk/von	讲述，叙述；告诉
	reden (+über Akk/von)	谈论，说
der	**Urlaub** -e	假，假期
das	**Examen** -/Exmina	考试（尤指大学结业考试）
der	**Ausbildungsplatz** ̈e	职业培训岗位
	fliegen (+Dir)	飞，飞往
das	**Semester** -	学期
	draußen	在外面
der	**Besuch** -e	访问，作客，探望；来客
das	**Skilaufen** [ʃiːlaufən]	滑雪
	los/gehen	开始；出发，动身
	weg	离开
	relativ [auch: 'reː...]	相对的
	früh	早的
	beliebt	受欢迎的，受喜爱的
	dies und das	各种事情
die	**Anwesenheit** nur Sg	出席，在场
die	**Hilfe** -n	帮助

Evaluieren

1 **Tipps**

Wählen Sie Szenen aus und spielen Sie Dialoge.

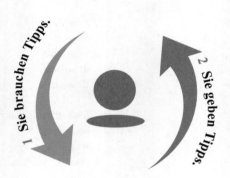

Ihr deutscher
Freund lädt Sie zur
Geburtstagsfeier ein.

Frau Gao hat in
Beijing eine neue
Wohnung und lädt Jonas
zur Einweihung ein.

Ihr Tandem-
partner schließt sein
Studium ab und lädt
Sie zur Abschluss-
party ein.

Zhang
Wei und Wu Mei
feiern ihre Hochzeit in
einem Hotel in Chongqing
und laden Anna zu ihrer
Hochzeitsfeier ein.

Herr Müller, Ihr
Chef, lädt Sie zum
Essen nach Hause
ein.

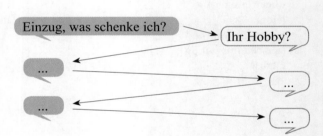

Einzug, was schenke ich?

Ihr Hobby?

2 **Vlog-Text**

Sie studieren in München und gehen zur Geburtstagsparty von Christian. Dabei posten
Sie einen Vlog-Beitrag im Internet. Bereiten Sie den Vlog-Text vor.

Hi, ich bin jetzt bei der Geburtstagsfeier von Christian. ...

Vokabeln

der **Beitrag** ̈-e   稿件，文章；贡献   **ab/schließen** +A   结束

Frohes neues Jahr!

wichtige Feste in verschiedenen Ländern benennen | Sitten und
Gebräuche zu Weihnachten kennen und beschreiben | traditionelle
chinesische Feste mit Essen und kulturellen Aktivitäten vorstellen |
über Sitten und Gebräuche zum Frühlingsfest sprechen | Vergangenes
erzählen

1 **Ordnen Sie zu.**

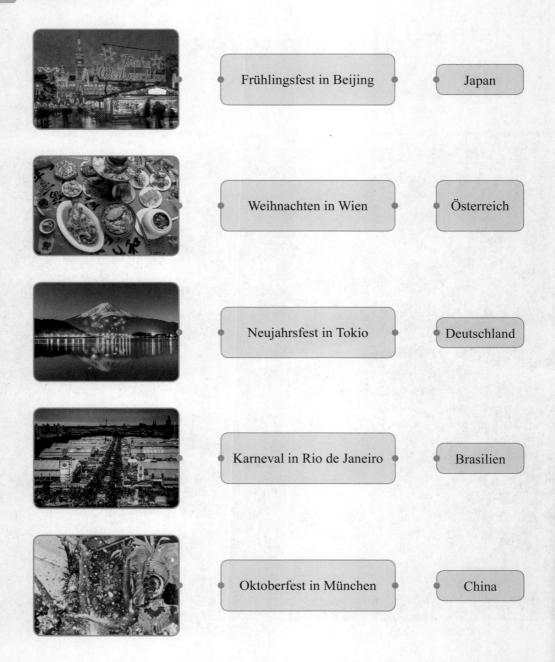

Frühlingsfest in Beijing · · Japan

Weihnachten in Wien · · Österreich

Neujahrsfest in Tokio · · Deutschland

Karneval in Rio de Janeiro · · Brasilien

Oktoberfest in München · · China

2 **Was macht man zu diesen Festen? Bilden Sie Sätze.**

Beispiel: *Zu Weihnachten legt man (in Österreich) Geschenke unter den Weihnachtsbaum.*

rund um den Tisch sitzen und gemeinsam im ganzen Familienkreisessen

zu Weihnachten
zum Frühlingsfest / Neujahrsfest / Oktoberfest / Karneval

in farbenprächtigen Kostümen Samba tanzen

~~Geschenke unter den Weinnachtsbaum legen~~

Lichter und Kerzen anzünden

Neujahrskarten schreiben und Tempel besuchen

ins Bierzelt gehen und Bier trinken

3 **Familienfeste in China und Deutschland**

Anna studiert jetzt in Chongqing und fährt zum Frühlingsfest mit ihrer chinesischen Freundin Gu Hong nach Guangzhou zu ihrer Familie. Unterwegs sprechen sie über die wichtigsten Familienfeste in China und in Deutschland. Spielen Sie die Szene.

Vokabeln

das **Frühlingsfest** -e	春节	
das **Oktoberfest** -e	慕尼黑啤酒节	
der **Karneval** -e/-s, meist Sg		
	狂欢节	
Brasilien	巴西	
Rio de Janeiro	里约热内卢	
der **Weihnachtsbaum** ¨-e		
	圣诞树	

der **Familienkreis** -e	家庭圈子
farbenprächtig	五颜六色的
das **Kostüm** -e	古装；成套女装；戏装
die/der **Samba** -s	桑巴
die **Neujahrskarte** -n	贺卡
der **Tempel** -	神庙，庙宇，寺院
das **Bierzelt** -e	啤酒帐篷

W1 Feste und Feiertage

🎧 **1** **Hören Sie und ordnen Sie die Wörter den Gegenständen im Bild zu.
Ergänzen Sie Artikel und Plural.**

- Adventskalender
- Adventskranz
- Weihnachtsgeschenk
- Weihnachtsmann
- Weihnachtsbaum
- Weihnachtsgans
- Weihnachtslied
- Weihnachtskarte

2 **Wie feiert man Weihnachten? Wann macht man was?**

- Geschenke einkaufen
- Kerzen anzünden
- Geschenke unter den Weihnachtsbaum legen
- Weihnachtslieder singen
- endlich ausruhen
- gut und viel essen
- eine CD auflegen
- einen Kranz mit Kerzen aufstellen

- eine Gans braten
- nichts tun
- viel Stress haben
- den Weihnachtsbaum schmücken
- lange ausschlafen
- Weihnachtskarten schreiben
- ein frohes Fest wünschen

In der Adventszeit	Am Heiligabend	Am Weihnachtsmorgen

3 Weihnachts-Elfchen

Schreiben Sie ein Gedicht mit elf Wörtern über Weihnachten. Gehen Sie dabei nach folgendem Schema vor.

Zeile	Anzahl Wörter	
1	Ein Wort	Weihnachtsbaum
2	Zwei Wörter	bunt geschmückt
3	Drei Wörter	in leuchtenden Farben
4	Vier Wörter	mit Stern und Kugeln
5	Ein Wort	Kinderfreude

4 Feiertage

1 **Wie heißen die Feiertage? Hören Sie und ordnen Sie zu.**

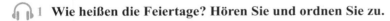

a) Tag der Arbeit   b) Nationalfeiertag   c) Ostern   d) Valentinstag

2 **Notieren Sie Stichpunkte und erzählen Sie über die Feiertage.**

Gibt es ähnliche Feiertage in China?

5 Ordnen Sie die Neujahrswünsche den Karten zu.

Lieber Herr Bode,

_____

_____

_____

Ihre Gao Ming

alles Liebe und Gute im neuen Jahr! Ich wünsche dir Glück im Examen und nicht zu viel Stress, viele nette Freunde und (nicht zu nette) Freundinnen. Uns beiden wünsche ich ein glückliches Wiedersehen!

Sehr geehrter Herr Bode,

_____

_____

_____

Dr. Wang Rongbao
Vorstandsvorsitzender
Sino-tec-Transfer Corp

wir wünschen Ihnen ein gutes neues Jahr und viel Erfolg im Jahr des Hasen!

Lieber Hans,

_____

_____

_____

Viele liebe Grüße, Anna

zum neuen Jahr wünsche ich Ihnen und Ihrer Familie Glück, Erfolg im Beruf und vor allem Gesundheit!

Liebe chinesische Freundinnen und Freunde!

_____

_____

_____

Ruth Schimanowski und die Mitarbeiterinnen und Mitarbeiter der DAAD-Außenstelle Peking

mit Dank für die gute Zusammenarbeit im vergangenen Jahr und den besten Wünschen für das neue Jahr!

G1 Perfekt

Anna erzählt über ihre Weihnachtsfeiertage im letzten Jahr.

Im letzten Jahr habe ich Weihnachten in Deutschland gefeiert. In
der Adventszeit bin ich mehrmals in die Stadt gefahren. Ich habe
viele Weihnachtsgeschenke für meine Familie und Freunde gekauft.
Ich habe auch viele Weihnachtskarten an Freunde geschickt und
ihnen ein frohes Fest gewünscht. Am Heiligabend hat mein Vater
den Weihnachtsbaum sehr schön geschmückt. Dann hat er die
Geschenke unter den Baum gelegt. Die ganze Familie hat neben dem
Baum gesessen. Jeder hat Geschenke bekommen. Wir haben „Stille
Nacht" und andere Weihnachtslieder gesungen. Dann hatten wir ein
großes Festessen. Wir haben die Weihnachtsgans gegessen. Sie hat
allen wunderbar geschmeckt. Nach dem Essen sind wir in die Kirche
gegangen und dort bis Mitternacht geblieben. Um eins sind wir erst
nach Hause gekommen.
Am nächsten Tag haben wir Verwandte besucht. 3 Tage später bin
ich mit Freunden nach Italien gereist. An eine Reise ans Meer habe
ich schon lange gedacht. Am Flughafen haben wir lange gewartet.
Wir sind 2 Stunden geflogen und danach richtig müde geworden.

feiern

_____
_____
_____
_____
_____
_____
_____
_____
_____
_____
_____
_____
_____
_____
_____
_____
_____

1 Bildung des Perfekts

Präsens			Perfekt = haben (Präsens) + Partizip II					
	V			**V1**			**V2**	
Ich	kaufe	Weihnachtsge-schenke.	Ich	habe	Weihnachtsge-schenke	ge	kauf	t.
Du	schickst	Weihnachtskarten.	Du	_____	Weihnachtskarten	ge	schick	t.
Er	wartet	lange am Flugha-fen.	Er	_____	lange am Flugha-fen	ge	wart	et.
Wir	bekommen	Weihnachtsge-schenke.	Wir	_____	Weihnachtsge-schenke	be	komm	en.
Ihr	singt	„Stille Nacht".	Ihr	_____	„Stille Nacht"	ge	sung	en.
Sie	essen	die Weihnachts-gans.	Sie	_____	die Weihnachts-gans	ge	gess	en.
Sie	denken	an eine Reise ans Meer.	Sie	_____	an eine Reise ans Meer	ge	dach	t.
					Satzklammer			

Präsens			Perfekt = sein (Präsens) + Partizip II					
	V			**V1**			**V2**	
Ich	fahre	in die Stadt.	Ich	bin	in die Stadt	ge	fahr	en.
Du	gehst	in die Kirche.	Du	_____	in die Kirche	ge	gang	en.
Er	bleibt	lange dort.	Er	_____	lange dort	ge	blieb	en.
Wir	kommen	nach Hause.	Wir	_____	nach Hause	ge	komm	en.
Ihr	reist	nach Italien.	Ihr	_____	nach Italien	ge	reis	t.
Sie	fliegen	2 Stunden.	Sie	_____	2 Stunden	ge	flog	en.
Sie	werden	müde.	Sie	_____	müde	ge	word	en.
					Satzklammer			

2 Bildung des Partizips II

	Infinitiv	Partizip II	
a) Verben ohne Vorsilbe	kaufen schicken klingeln	gekauft geschickt geklingelt	ge ----- t
	warten baden öffnen	gewartet gebadet geöffnet	ge ----- et
	kommen essen singen	gekommen gegessen gesungen	ge ----- en
	denken wissen	gedacht gewusst	ge ----- t [1]
b) Verben mit unbetonten Vorsilben *be-, ge-, er-, ver-, ent-*	besuchen erklären entschuldigen vermieten	besucht erklärt entschuldigt vermietet	------ t/et
	gefallen beginnen verstehen	gefallen begonnen verstanden	------ en
c) Verben mit *über-, unter-, wieder-* u.a. **(unbetont!)**	übersetzen wiederholen unterrichten	übersetzt wiederholt unterrichtet	------ t / et
	überstehen unterwerfen	überstanden unterworfen	------ en
d) Verben mit *-ieren*	studieren telefonieren fotografieren	studiert telefoniert fotografiert	------ t

[1] einige unregelmäßige Verben haben die Endungen -t.
少量不规则变化动词的第二分词词尾为 -t。

3 Unregelmäßige Verben mit haben-Perfekt

	Infinitiv	Partizip II	Infinitiv	Partizip II
a) Verben ohne Vorsilbe	backen	gebacken h.[2]	rufen	gerufen h.
	braten	gebraten h.	schlafen	geschlafen h.
	bitten	gebeten h.	schieben	geschoben h.
	essen	gegessen h.	schließen	geschlossen h.
	finden	gefunden h.	schreiben	geschrieben h.
	geben	gegeben h.	sehen	gesehen h.
	hängen (+ Sit₁)	gehangen h.	singen	gesungen h.
	heißen	geheißen h.	sitzen	gesessen h.
	helfen	geholfen h.	sprechen	gesprochen h.
	lesen	gelesen h.	stehen	gestanden h.
	liegen	gelegen h.	treffen	getroffen h.
	nehmen	genommen h.	trinken	getrunken h.
	riechen	gerochen h.	waschen	gewaschen h.
b) Verben mit unbetonten Vorsilben	beginnen	begonnen h.	gewinnen	gewonnen h.
	bekommen	bekommen h.	verschlafen	verschlafen h.
	empfehlen	empfohlen h.	verstehen	verstanden h.
	gefallen	gefallen h.		
c) Verben mit Vokalwechsel und -t	bringen	gebracht h.	kennen	gekannt h.
	denken	gedacht h.	wissen	gewusst h.
	nennen	genannt h.		

[2] h. bedeutet *haben-Perfekt*

（续表）

auf/hören	mit/bringen
auf/legen	mit/kommen
auf/machen	los/gehen
auf/passen	um/ziehen
auf/räumen	vor/bereiten
auf/stehen aufgestanden s.	vor/haben
auf/wachen	zurück/schreiben
aus/gehen	

11 **Setzen Sie die Verben im Perfekt ein.**

• aufräumen	• legen	• auflegen	• abschließen	• einziehen
• braten	• vorbereiten	• einkaufen	• ausziehen	• anzünden
• schmücken	• anstellen	• umziehen		

a) Ich _____ die Haustür schon _____. Du musst unten klingeln.

b) Gar kein Chaos mehr in deinem Zimmer, Tom. _____ du _____?

c) • _____ der Freund von Michael schon _____?

   □ Ja. Gestern _____ Hans bei Michael _____.

   • Hans _____ in diesem Jahr schon dreimal _____.

d) Herr Schäfer _____ den Weihnachtsbaum _____ und die Kerzen

   _____. Frau Müller _____ den CD-Spieler _____ und

   Stille Nacht _____. Sie _____ auch eine Gans _____.

   Herr und Frau Müller _____ den Heiligabend lange _____ und

   viele Geschenke _____. Gerade _____ sie die Geschenke unter

   den Baum _____.

12 **Kettenübung**

• am Wochenende	• am Sonntag	• gestern	• heute Vormittag
• in den Ferien	• im Urlaub	…	

• Was hast du **am Wochenende** gemacht?

□ Ich habe / bin **am Wochenende** …

- meine Wäsche waschen
- nur ausruhen
- viele Mails schreiben
- zwei Romane lesen

- mein Zimmer aufräumen
- einen Freund besuchen
- im Park fotografieren
- ...

- fernsehen
- in eine Ausstellung gehen
- Fußball spielen

T1 Weihnachten bei Familie Schäfer

🎧 13 **Hören Sie den Text und füllen Sie die Lücken.**

Dialog a Advent

Herr Schäfer: Wo bist du denn so lange _____?

Frau Schäfer: Natürlich in der Stadt. Ich habe _____.

Herr Schäfer: Und hast du alles _____?

Frau Schäfer: Alles? Eine Mütze und einen Schal habe
ich _____, sonst nichts. In der Stadt herrscht
Chaos. Ich habe noch nie so viele Leute _____.

Herr Schäfer: Typisch Weihnachten. Ich bin heute zu spät ins Büro _____, habe einfach keinen Parkplatz _____.

Frau Schäfer: Ich bin ins Parkhaus _____ und von dort 20 Minuten bis zum Kaufhof zu Fuß _____. Aber das
Computerspiel für Peter gab es nicht mehr. Mit der Mütze
und dem Schal habe ich fast eine halbe Stunde an der Kasse _____.

Herr Schäfer: Hast du an das Buch für Lea _____?

Frau Schäfer: Ja. Ich bin zur Heine-Buchhandlung _____,
aber da war auch so viel los. Das Buch hatten sie nicht.

Herr Schäfer: Und was ist mit dem Hometrainer für Oma?

Frau Schäfer: Also, den kaufst du. Ich mache den Stress nicht mehr mit.

Dialog b Heiligabend

Herr Schäfer: Mhmm, riecht das gut! Wann ist die Gans fertig?

Frau Schäfer: Gleich nach der Feier. Ich _____ sie schon vor drei Stunden in den Ofen geschoben. Ich muss dann nur noch die Klöße kochen und den Rotkohl warm machen.

Herr Schäfer: Komm doch mal ins Wohnzimmer.

Frau Schäfer: Oh, du _____ den Baum schon fertig geschmückt! Er _____ wieder sehr schön geworden.

Herr Schäfer: War auch ziemlich viel Stress. Jetzt zünden wir schnell die Kerzen an.

Frau Schäfer: Erst müssen wir noch die Geschenke unter den Baum legen. – Vorsicht, jetzt _____ du fast den Baum angezündet.

Herr Schäfer: Keine Angst, ich passe schon auf. Stellst du den CD-Spieler an?

Frau Schäfer: Ich _____ „Stille Nacht" aufgelegt. In Ordnung?

Herr Schäfer: Nein, du weißt doch, die Kinder hören lieber „Jingle Bells".

Frau Schäfer: So, jetzt kannst du sie rufen.

Herr Schäfer: Kommt, Kinder, der Weihnachtsmann war da!

Alle Schäfers: Fröhliche Weihnachten!

Dialog c Weihnachtsmorgen

Frau Schäfer: Schon 10 Uhr! Ich habe _____!

Herr Schäfer: Aber heute ist doch Feiertag. Frohe Weihnachten! Ich bin auch gerade erst _____. Endlich haben wir mal _____.

Frau Schäfer: Frohe Weihnachten. Und was machen wir heute?

Herr Schäfer: Nichts. Ich muss nach dem Weihnachtsstress mal richtig ausruhen.

Frau Schäfer: Gute Idee. Aber gestern Abend haben wir doch nett gefeiert.

14 **Weihnachtsfeier**

1. **Füllen Sie die Lücken nach dem Inhalt von Dialog a.**

In der Adventszeit _____ Herr und Frau Schäfer viel Stress. Herr Schäfer ist heute _____ ins Büro gekommen. Denn er hat keinen _____ gefunden. Frau Schäfer hat in der Stadt _____. Es hat in der Stadt sehr viele Leute _____. Sie ist zuerst ins _____ gefahren und von dort bis zum _____ gelaufen. Sie hat eine Mütze und einen Schal bekommen und dafür fast eine _____ Stunde an der _____ gestanden. Das Buch für Lea hat sie nicht _____. Frau Schäfer _____ den Stress nicht mehr mitmachen. Den Hometrainer für Oma _____ Herr Schäfer kaufen.

2. Schreiben Sie nach dem Inhalt von Dialog b und c jeweils einen Text.

15 **Übersetzen Sie.**

今年米勒一家好好庆祝了圣诞节。在基督降临节期间，米勒太太买了圣诞花环，给孩子们买了圣诞倒数日历，还有许多圣诞礼物。平安夜那天米勒太太做了烤鹅和土豆丸子。米勒先生装饰了圣诞树，在树上挂了许多装饰球。他把礼物放到圣诞树下，点燃了蜡烛。米勒太太喊孩子们过来。全家人围坐在圣诞树旁边，打开礼物，一起唱圣诞歌。圣诞大餐非常美味。之后他们一起去了教堂。

第二天米勒夫妇10点才睡醒。他们终于能够好好休息下了，于是睡了个够。圣诞节是个家庭节日，米勒一家还拜访了祖父母和叔叔阿姨们。

G3 Präteritum der Modalverben

Was war mit Jonas los?

Gestern hatte ich Pech. Ich **wollte** mit einem chinesischen Freund mit dem Hochgeschwindigkeitszug nach Tianjin fahren und mit seiner Familie das Frühlingsfest feiern. Mein Freund und ich **sollten** um 8 Uhr am Pekinger Hauptbahnhof Süd sein. Ich bin um 7 Uhr losgegangen. Aber an der U-Bahn-Station **konnte** ich meinen Ausweis nicht finden. Ohne Ausweise **durfte** ich nicht mit dem Zug fahren. Ich **musste** wieder zum Studentenwohnheim zurückfahren und meinen Ausweis holen. Dann war ich natürlich zu spät. Wir **konnten** den geplanten Zug nicht mehr erreichen und **mussten** den nächsten Zug nehmen. Zum Glück gab es zwischen Beijing und Tianjin sehr viele Züge. Das war sehr praktisch.

Infinitiv	können	müssen	dürfen	sollen	wollen / möchten
ich	konnte	musste	durfte	sollte	wollte
du					
er / sie / es	konnte	musste	durfte	sollte	wollte
wir					
ihr					
sie		mussten		sollten	
Sie					

4 **Füllen Sie die passenden Modalverben ein.**

Jonas ruft an der U-Bahn-Station seinen chinesischen Freund an:

„Hallo, ich bin jetzt an der U-Bahn-Station und _____ mit der U-Bahn zum Bahnhof fahren. Aber ich _____ meinen Ausweis nicht finden. Ohne Ausweis _____ ich ja nicht in den Zug einsteigen. Ich _____ jetzt wieder zurück zum Studentenwohnheim. _____ du auf mich warten oder _____ ich alleine nach Tianjin fahren? Das wäre für mich auch gar kein Problem.“

5 **Formen Sie um.**

Wie sagt man einen Tag später?

Beispiel:

Heute haben wir das Qingming-Fest. Wir wollen eigentlich ins Grüne gehen. Aber das Wetter ist leider nicht gut.

→ *Gestern hatten wir das Qingming-Fest. Wir wollten eigentlich ins Grüne gehen. Aber das Wetter war leider nicht gut.*

Frohes neues Jahr! **359**

a) Zum Chongyang-Fest soll Gu Hong eigentlich mit seinen Freunden das Altenheim besuchen. Aber sie kann leider nicht und muss nach Hause fahren, denn ihre Großmutter ist krank.

_____

b) Jonas und sein Freund wollen heute Abend zur Laternenfest-Feier fahren. An einem Stand muss Jonas auf seinen Freund warten, denn er kann ein Laternenrätsel nicht lösen.

_____

c) Heute bin ich begeistert. Denn ich darf bei dem Drachenbootrennen mitmachen.

_____

d) Heute ist Silvester. Kinder müssen nicht früh ins Bett gehen. Sie können Feuerwerkskörper anzünden und dürfen bis 12 Uhr spielen.

_____

T2 Mein Frühlingsfest in China

6 **Minidialoge**

1 **Welche Überschrift passt? Ordnen Sie zu.**

a) Das Zeichen „fu" verkehrt herum
Dialog _____

b) Überall Jiaozi essen?
Dialog _____

c) Die letzte Nacht durchgewacht
Dialog _____

d) Geld in einem roten Umschlag
Dialog _____

2 Richtig oder falsch?

	richtig	falsch
a) „Chuchen" bedeutet: den Staub vom alten Jahr entfernen und das neue Jahr willkommen heißen.		
b) „Fu" hat dieselbe Aussprache wie „ankommen". Das verkehrt herum angeklebte Zeichen „fu" bedeutet: Das Glück möge ankommen.		
c) Tangyuan steht für Geld und Glück im neuen Jahr. Jiaozi symbolisiert das Zusammenkommen der ganzen Familie.		
d) „Shousui" heißt auf Deutsch „die letzte Nacht des Jahres wird durchgewacht". In Deutschland gibt es auch eine ähnliche Tradition.		
e) Hongbao (roter Umschlag mit Geld) bedeutet wohlbehütetes Aufwachsen. Ähnlich wie in China bekommen in Deutschland auch nur auch kleine Kinder zu Weihnachten Geschenke von ihren Eltern und Großeltern.		

3 Welche Glückwünsche passen zusammen?

Eine weitere reiche Ernte und günstiges Wetter im kommenden Jahr

Möge es Jahr für Jahr Überschuss geben.

Möge dir gelingen, was du erreichen möchtest.

Glück und Segen

Hören Sie den Text und füllen Sie die Lücken.

Anna hat dieses Jahr zum ersten Mal das Frühlingsfest in einer chinesischen Familie gefeiert und hat danach einen neuen Blogbeitrag „Mein Frühlingsfest in der Blumenstadt" gepostet.

Das Frühlingsfest ist das wichtigste Familienfest in China. Es ist das chinesische Neujahr nach dem Mondkalender. Eine Woche vor dem Frühlingsfest bin ich mit Gu Hong zu ihren Eltern nach Guangzhou gefahren. Sie _____ eigentlich fliegen, aber ich _____ lieber mit dem Hochgeschwindigkeitszug (auf Chinesisch: gaotie) fahren. Unterwegs _____ ich die schöne Landschaft genießen. Die Reise hat zwar mehr als 7 Stunden gedauert, aber es war sehr angenehm, ich _____ sogar ein bisschen schlafen.

Ab dem 23. Tag des 12. Monats nach dem Mondkalender hat man schon mit der Vorbereitungsarbeit angefangen. Zuerst musste man die Wohnung _____. Ich habe auch mitgeholfen. Wir haben Frühlings-Spruchpaare (auf Chinesisch: chunlian) und Neujahrsbilder _____. Ich habe gelernt, man sollte das Glückszeichen „fu" verkehrt herum auf die Türen und Fenster _____.

Am Silvesterabend ist die ganze Familie zusammengekommen. Es gab ein reichliches _____. Wir haben _____ gegessen. Das hat mich gewundert, denn ich habe vorher gedacht, alle Chinesen essen am Silvesterabend _____. Jetzt weiß ich, in Nordchina isst man gewöhnlich Jiaozi und in Südchina Tangyuan. Nach dem Essen haben wir Karten gespielt, über Pläne für das neue Jahr gesprochen und natürlich auch die _____ zum Frühlingsfest (auf Chinesisch: chunwan) angeschaut. Ich habe auch einen _____ von Gu Hongs Großeltern bekommen. Das war total lieb! In China schenken Großeltern, Eltern oder Verwandte Kindern oft Geld in einem roten Umschlag. Um Mitternacht haben wir _____ angezündet. Das darf man in vielen Großstädten nicht mehr, aber auf dem Land ist es noch möglich. Alle sind sehr spät ins Bett gegangen. Auch Kinder durften bis nach zwölf Uhr aufbleiben. Die Chinesen

sprechen von „shousui", das bedeutet „die letzte Nacht des Jahres wird durchgewacht".
Am nächsten Morgen hatte die ganze Familie zusammen das erste kantonesische Frühstück (auf Chinesisch: zaocha) im neuen Jahr. Wir haben Tee getrunken und Dim-Sum
gegessen. Es hat mir wunderbar geschmeckt. Danach sind Gu Hong und ich zu ihren
Verwandten und Freunden zum _____ gegangen. Man wollte einander alles Gute
für das neue Jahr wünschen. Es hat noch zahlreiche traditionelle Kulturveranstaltungen
gegeben, z. B. _____, _____ usw. Den bekannten Blumenmarkt in Guangzhou musste ich natürlich auch besuchen. Die familiäre und festliche Atmosphäre
hat mich sehr beeindruckt.

8 **Welche Sitten und Bräuche gibt es? Welche kulturellen Bedeutungen haben sie?**

1 Schreiben Sie Stichpunkte und erzählen Sie.

	Welche Sitten und Bräuche? Was macht man?	Kulturelle Bedeutung
Ab dem 23. Tag des 12. Monats	*die Wohnung putzen*	*den Staub vom alten Jahr entfernen*
Am Silvesterabend		
Am 1. Tag des chinesischen Neujahrs		

2 Fragen Sie und antworten Sie mit Modalverben im Präteritum.

Annas Schwester Linda ist sehr neugierig auf die chinesischen Sitten und Bräuche zum Frühlingsfest. Nach den Feiertagen fragt sie Anna und Gu Hong danach.

Beispiel:	
Linda: *Warum musste / sollte man die Wohnung putzen?* **Anna:** *Man wollte den Staub vom alten Jahr entfernen.*	**Linda:** *Warum musstet / solltet ihr die Wohnung putzen?* **Gu Hong:** *Wir wollten den Staub vom alten Jahr entfernen.*

9 Übersetzen Sie.

约纳斯今年在中国过春节。他跟他的朋友杨林一起从北京坐高铁到天津，路上大约半个小时，非常方便。杨林是天津人，他的父母、祖父母和许多亲戚都住在那里。从农历腊月二十三开始，大家就开始为过年作准备了。首先要除尘，意味着"除陈迎新"，因为"尘"与"陈"谐音。除夕那天下午他们在门旁边贴春联，在墙上贴年画，还倒着贴上"福"字，祈求"福到"。除夕夜有丰盛的团圆饭。他们吃饺子、看春晚、放烟花。杨林的祖父母还给约纳斯发了一个红包。他们一起守岁到 12 点。大年初一早晨全家一起吃饺子，走亲访友，互相拜年。春节期间还有许多传统活动，例如舞狮舞龙等。庆祝活动一直持续到正月十五元宵节。

Vokabeln

die **Laterne** -n	灯笼，提灯
das **Drachenboot** -e	龙舟
der **Klebreis** nur Sg	糯米
das **Bällchen** -	丸子
die **Füllung** -en	填充物，馅
das **Klößchen** -	小丸子，小圆子
die **Paste** -n	膏，软膏；糊，糊酱
der **Bambus** -se, meist Sg	竹，竹子
vielfältig	各式各样的，多种多样的，形形色色的，五花八门的
das **Spruchpaar** -e	对联
auf/hängen +A(+Sit₁)	挂起，挂上
der **Feuerwerkskörper** -	爆竹
Drachen steigen lassen	放风筝
bewundern +A	惊叹，欣赏，钦佩
die **Duftblüte** -n	桂花
die **Chrysantheme** -n	菊花
besteigen +A	登高，登上，乘上
das **Rennen** -	比赛
veranstalten +A	举办，组织
bunt	多彩的，五彩缤纷的
das **Laternenrätsel** -	灯谜
lösen +A	解开，解答
das **Pech** nur Sg	不幸，倒霉
der **Hochgeschwindigkeitszug** ¨e	高速列车
der **Ausweis** -e	证件
das **Wetter** -	天气
das **Altenheim** -e	养老院
verkehrt herum	颠倒地
durch/wachen	坚持不睡
der **Staub** nur Sg	灰尘，尘土
entfernen	移开，挪开；清除，去除
willkommen	受欢迎的；令人愉快的
die **Aussprache** -n	发音；语音
derselbe/dasselbe/dieselbe	同一（个）的
symbolisieren +A	象征

die **Tradition** -en	传统，习惯，风俗，惯例
bedeuten +A	意思是，表示……的意思
ähnlich	相似的，类似的
der **Segen** -	祈祷，祝福，祝愿
reich	富有的；富裕的，丰富的
die **Ernte** -n	收成，收获
günstig	有利的，有益的，良好的
der **Überschuss** ¨e	过量，过剩，盈余
gelingen (+D)	成功
erreichen +A	伸手碰到，取到；到达，抵达；赶上，赶到；实现
der **Mondkalender** -	阴历，农历
die **Landschaft** -en	风景，景色，风光
genießen +A	享受
angenehm	愉快的，适度的
die **Vorbereitung** -en	准备，预备；准备工作，准备措施
an/kleben +A	粘住，贴上
zusammen/kommen	聚会，集合
wundern (+A)	使惊奇，使惊讶
gewöhnlich	通常的，平常的，一般的；通常，照例，一般
die **Fernsehgala** -s	电视联欢晚会
lieb	亲爱的，可爱的，心爱的
das **Land** nur Sg	农村
auf/bleiben	不睡，熬夜
die **Dim-Sum** Pl	点心
einander	互相，彼此
zahlreich	很多的，数目多的
traditionell	传统的，习惯的
die **Kulturveranstaltung** -en	文化活动
der **Löwentanz** ¨e	舞狮
der **Drachentanz** ¨e	舞龙
familiär	家庭的；亲密的，知己的；不拘的，随便的
festlich	节日的，隆重的，盛大的
die **Atmosphäre** -n	气氛，氛围
beeindrucken +A	给……留下深刻印象

Evaluieren

1 Weihnachten in Deutschland, Österreich und der Schweiz

Szene 1: Dieses Jahr bleibt Yang Fang über Weihnachten in Deutschland. In der Adventszeit hat sie viel Stress. Sie telefoniert mit ihrer Freundin Laura aus der Schweiz und spricht mit ihr über die Adventszeit in Deutschland und in der Schweiz.

Szene 2: Am Heiligabend war Li Tao bei seinem Freund Lukas zu Hause. Die ganze Familie hat ein traditionelles Weihnachtsfest gefeiert. Am Weihnachtsmorgen telefoniert Li Tao mit seinem Freund Noah aus Österreich und spricht mit ihm über die Feier.

2 Frühlingsfest – andere Regionen, andere Sitten

Für die Veranstaltung „Internationale Kulturwoche" an Ihrer Universität schreiben Sie einen Aufsatz auf Deutsch darüber, wie man in Ihrer Heimat das Frühlingsfest feiert. Fügen Sie auch Fotos hinzu.

Denkstation 4

Familienweihnacht
macht satt
laut, fröhlich, fürchterlich
ich bin gern dabei
seltsam

Eiersuche
Unter Buche
In allen Ecken
Etwas versteckt in Hecken?
Entdecken!

Neujahr
gruselig verheißungsvoll
unberechenbar voller Hoffnung
das wünsch ich dir:
Lebensfeuerwerk

Karneval
kostümierte Prinzessin
bunt verzierte Faschingswagen
wunderschönste Zeit im Jahr
Kamelle

Laternenfest
(Nach der Melodie Qing yu an)

Xin Qiji

Im Ostwind nachts sind tausendfach
die Bäume aufgeblüht,
und Sterne sind herabgestürzt,
als hätte sie ein Regen ausgesät,
die Straßen voll der prächtigen Karossen
vom Duft durchweht.
Der Phönixflöte Töne heben an,
im Jadekrug entbrennt der Glanz,
die ganze Nacht lang währt
der Fische und der Drachen Tanz.

Kopfputz im Haar,
mit goldenen Fäden reich geschmückt
gehn plaudernd, scherzend sie einher –
ein dunkler Duft, der jedermann berückt.
In dieser Menschenmenge hab ich tausend Male
Ausschau nach ihr gehalten.
Plötzlich hab ich den Kopf gewendet:
Da stand sie doch – an einem Ort,
der vor dem Schein der Lampions
noch Schatten spendet.

青玉案·元夕

辛弃疾

东风夜放花千树。　　蛾儿雪柳黄金缕。
更吹落、星如雨。　　笑语盈盈暗香去。
宝马雕车香满路。　　众里寻他千百度。
凤箫声动，　　　　　蓦然回首，
玉壶光转，　　　　　那人却在，
一夜鱼龙舞。　　　　灯火阑珊处。

Das Frühlingsfest gilt als der wichtigste traditionelle Feiertag in China. Es ist das Neujahr nach dem chinesischen Mondkalender. Dieses Neujahrsfest feiert man auch in vielen anderen Ländern, besonders in Ländern, wo seit langer Zeit viele Chinesen leben, z. B. in Thailand, Singapur, Malaysia, Indonesien und auf den Philippinen.

Etwa 15 Prozent der Bürger in Thailand sind chinesischer Abstammung. Und gerade in Bangkok, Chiang Mai und anderen Gegenden mit einer großen chinesisch-thailändischen Bevölkerung feiert man das chinesische Neujahr am kräftigsten. Man reinigt alle Häuser und schenkt Familienmitgliedern rote Umschläge mit Bargeld. Viele Familien gehen in die Tempel. So verbringt man die ersten drei Tage des Neujahrsfestes im engsten Familienkreis. Später finden dann große Straßenfeste mit Feuerwerk und Paraden statt. Viele tragen große bunte Löwen- oder Drachenmasken, tanzen und schlagen auf Becken und Trommeln.

Außerhalb Asiens feiert man heute auch gern das Neujahrsfest, vor allem in den sogenannten Chinatowns. Die Chinatown in San Francisco ist die größte Chinatown außerhalb Asiens. Das chinesische Neujahrsfest bedeutet hier nicht nur Festwagen, Akrobaten, Stelzenläufer, Trommeln und Feuerwerk, sondern auch typische chinesische Straßenküche. Von alten Rezepten bis zum sogenannten Fusion-Streetfood kann man dort alles finden.

Auch in Deutschland gibt es immer wieder einmal Veranstaltungen zum chinesischen Frühlingsfest. Die festlichen Veranstaltungen mit Liedern und Tänzen ziehen viele Besucher an. Die Aufführungen sind dann oft eine Kombination von chinesischer Kultur und westlicher Kultur. Das Publikum kann sowohl traditionelle chinesische Oper, Kung-Fu oder eine Qipao-Modenschau als auch klassische Musik und modernen Tanz auf derselben Bühne genießen.

1 **Wie heißt das?**

Schauen Sie sich die folgenden Bilder an und finden Sie ihre deutschen Bezeichnungen im Text.

_____ _____ _____

_____ _____ _____

2 Bräuche und Feiern zum Neujahrsfest

1 Ordnen Sie zu.

Achtung: Einige Bräuche und Feiern kommen mehrmals vor.

* Häuser reinigen
* auf Trommeln schlagen
* Akrobaten
* Stelzenläufer
* Qipao-Modenschau
* klassische Musik
* rote Umschläge mit Bargeld schenken
* Straßenfest mit Feuerwerk und Paraden
* Tanz mit Löwen- oder Drachenmasken
* traditionelle chinesische Oper
* gut essen
* Tempel besuchen
* Festwagen
* Streetfood
* Kung-Fu
* moderner Tanz

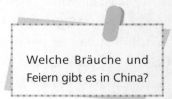

Welche Bräuche und Feiern gibt es in China?

Thailand

Amerika

Deutschland

2 Vergleichen Sie.

Beispiel:	
Wie in China schenkt man in Thailand auch rote Umschläge mit Bargeld.	*Anders als in China gibt es in Deutschland bei Feierveranstaltungen auch klassische Musik und modernen Tanz.*

3 ## Wie feiert man das Frühlingsfest in anderen Ländern?

Recherchieren Sie in Gruppen im Internet und sammeln Sie Informationen über die Feier in anderen Ländern, z. B. in Malaysia, in Vietnam oder in Frankreich. Präsentieren Sie die Ergebnisse in der Klasse.

In welchem Land feiert man auch das Frühlingsfest?

Was macht man?

Mit wem feiert man?

Wo feiert man?

…

Vokabeln

	Thailand	泰国
	Singapur	新加坡
	Malaysia	马来西亚
	Indonesien	印度尼西亚
die	**Philippinen** Pl	菲律宾
die	**Abstammung** -en	出身；来源
	Bangkok	曼谷
	Chiang Mai	清迈
	thailändisch	泰国的
die	**Bevölkerung** -en	居民，人口
	kräftig	强烈的，猛烈的
	reinigen +A	打扫，使洁净
das	**Straßenfest** -e	街头庆祝活动
das	**Feuerwerk** -e, meist Sg	烟火，烟花
die	**Parade** -n	游行
die	**Maske** -n	面具
	schlagen +Dir	敲，击，拍
das	**Becken** -	钹
die	**Trommel** -n	鼓
	außerhalb +Gen	在……之外
das	**Asien**	亚洲
die	**Chinatown** -s ['tʃaɪnətaʊn]	
		唐人街
	San Francisco [sæn fræn'sɪskəʊ]	
		旧金山

der	**Festwagen** -	花车，彩车
der	**Akrobat** -en	杂技演员
der	**Stelzenläufer** -	踩高跷的人
das	**Rezept** -e	（食物）烹调法
die	**Fusion** -en [fu'zioːn]	合并，联合
das	**Streetfood** -s, Pl selten ['striːtfuːd]	
		路边摊，街边小吃
die	**Veranstaltung** -en	活动，聚会
der	**Tanz** ¨-e	舞，舞蹈，跳舞
die	**Kombination** -en	联合，组合
	westlich	西方的
das	**Publikum** Publika, Pl selten	
		观众，听众；
		公众
	sowohl … als auch …	不仅……而且……
die	**Oper** -n	歌剧；歌剧院
die	**Mode(n)schau** -en	时装展览，时装
		表演
die	**Bühne** -n	舞台
der	**Brauch** ¨-e	风俗，习惯

Grammatik

G1 Pronomen im Nominativ, Akkusativ und Dativ (Zusammenfassung)

1 Personalpronomen

		Nominativ	Akkusativ	Dativ
Singular	1. Person	ich	mich	mir
	2. Person	du	dich	dir
		Sie	Sie	Ihnen
	3. Person	er	ihn	ihm
		sie	sie	ihr
		es	es	ihm
Plural	1. Person	wir	uns	uns
	2. Person	ihr	euch	euch
		Sie	Sie	Ihnen
	3. Person	sie	sie	ihnen

2 Definitpronomen: *der / das / die / die*

	Nominativ	Akkusativ	Dativ
m	der	den	dem
n	das	das	dem
f	die	die	der
Pl	die	die	denen

3 Indefinitpronomen: *ein- / kein- / welch-*

zählbar

	Nominativ		Akkusativ		Dativ	
m	einer	keiner	einen	keinen	einem	keinem
n	eins	keins	eins	keins	einem	keinem
f	eine	keine	eine	keine	einer	keiner
Pl	welche	keine	welche	keine	welchen	keinen

unzählbar

	Nominativ		Akkusativ		Dativ	
m	welcher	keiner	welchen	keinen	welchem	keinem
n	welches	keins	welches	keins	welchem	keinem
f	welche	keine	welche	keine	welcher	keiner

1 Setzen Sie die passenden Formen der Personalpronomen ein.

Maria mietet ein Zimmer bei Frau Kant. Jetzt schreibt sie viele Nachrichten:

- Hallo, liebe Freunde! _____*Ich*_____ möchte _____ herzlich zu meiner Silvesterparty am Freitagabend um 18.00 Uhr einladen. Habt _____ da Zeit?
- Hi, Sarah! Komm doch um vier zu _____ und hilft _____ bei den Vorbereitungen.
- Hi, Max, Hilfe! Wo ist meine neue CD? Hast _____ _____? Und _____ fehlen noch Getränke. Kannst _____ welche mitbringen? Ruf _____ bitte gleich an!
- Guten Tag, liebe Frau Kant. Ich möchte _____ sagen, _____ wird bei _____ am Freitagabend etwas lauter sein, denn _____ feiere mit Freunden den Silvesterabend.
- Tag, Vati. Wo ist der CD-Spieler? Ich kann _____ nicht finden.
- Hallo, Mutti. Komm mit Vati am Freitag zu meiner Silvesterparty. Ich möchte gern mit _____ und meinen Freunden zusammen feiern.

2 Setzen Sie die passenden Personalpronomen, Definitpronomen und Idefinitpromen ein.

- Guten Tag, kann ich _____ helfen?
- Ja, ich suche einen Schreibtisch. Können Sie _____ bitte _____ zeigen?
- Gern. Hier habe ich _____ für 125,90 Euro. _____ kann ich _____ sehr empfehlen. _____ ist gut und nicht so teuer.
- Ja, _____ ist nicht schlecht. Aber _____ gefällt _____ nicht.
- Und _____ hier? Wie gefällt _____ _____?
- Ganz gut. Was kostet _____ denn?
- 256,90 Euro.
- Das ist _____ zu teuer.
- Wir haben hier noch _____ für 142,90 Euro.
- _____ finde ich sehr schön. _____ nehme ich. Haben Sie hier auch Tischlampen?
- Nein, leider habe ich _____. Da vorn bekommen _____ _____ bei meinem Kollegen.

G2 Verben und Vergangenheit

1 Perfekt: Hilfsverb und Partizip II

Hilfsverb

haben	Ich habe Musik gehört.
	Die Kinder haben Lieder gesungen.
sein	Er ist ins Kino gegangen.
	Anna ist heute erst um 10 Uhr aufgewacht.
	Wir sind zu Hause geblieben.

Partizip II

	Regelmäßige Verben	Unregelmäßige Verben	Mischverben
PII	gekauft	gesungen	gebracht
	eingekauft	aufgeschrieben	mitgebracht
	verkauft	bekommen	verbracht
	telefoniert		

2. Präteritum von *haben, sein* und Modalverben

	sein	haben	können
ich	war	hatte	konnte
du	warst	hattest	konntest
er / sie / es	war	hatte	konnte
wir	waren	hatten	konnten
ihr	wart	hattet	konntet
sie/Sie	waren	hatten	konnten

3 Ein Tag von Herrn Schmidt

Setzen Sie die Verben im Perfekt oder im Präteritum ein.

- machen
- aufstehen
- wecken
- anziehen
- frühstücken
- weggehen
- bringen
- fahren (×2)
- beantworten
- telefonieren
- treffen
- essen
- trinken
- spazieren gehen
- haben
- warten
- abholen
- sagen
- sein
- gehen
- kaufen
- helfen
- spielen
- aufräumen
- fernsehen

Herr Schmidt _____ heute viel _____. Er _____ sehr früh
_____. Um 7.00 Uhr _____ er seine Tochter Nina _____ und
_____. Um 7.30 Uhr _____ er _____. Um 7.45 Uhr _____ er
von zu Hause _____. Zuerst _____ er seine Tochter zur Schule
_____. Dann _____ er ins Büro _____. Von 8.30 Uhr bis 12.00 Uhr
_____ er E-Mails _____, _____ und Kunden _____. Um
12.15 Uhr _____ er zu Mittag _____ und Kaffee _____. Um 13.00
Uhr _____ er im Park _____. Um 14.00 _____ er einen Termin beim
Arzt. Er _____ lange im Wartezimmer _____. Um 16.30 Uhr _____
er Nina _____ und _____ dann nach Hause _____. Zu Hause
_____ seine Frau _____: „Wo _____ du denn so lange? Wir haben
keine Eier mehr." Da _____ er schnell in den Supermarkt _____ und
_____ Lebensmittel _____. Um 18.00 Uhr _____ er seiner Frau
beim Kochen _____. Nach dem Abendessen _____ er mit Nina _____
und dann das Kinderzimmer _____. Dann _____ er _____.

4 Marias Silvesterparty

Schreiben Sie Sätze mit *haben, sein* oder Modalverben im Präteritum.

• sein • haben • wollen • können • sollen • müssen • dürfen

eine Silvesterparty bei Ma-ria | Gestern Abend *war bei Maria eine Silvesterparty* und
mit Eltern und Freunden feiern | Maria *wollte mit ihren Eltern und Freunden feiern*. Aber
nicht zur Party kommen | ihre Eltern _____
zu Hause bleiben | und _____, denn ihre Mut-
Grippe haben | ter _____.
schon die Party vorbereiten | Am Vormittag _____ Maria _____.
mit Max zusammen einkau-fen gehen | Nach dem Frühstück hat sie das Zimmer aufgeräumt
sehr viel los sein | und ein wenig geschmückt. Dann _____ sie _____
lange an der Kasse stehen | _____. Im Supermarkt _____
bis 22 Uhr feiern | _____. Maria und Max _____
Popmusik auflegen | _____.
den CD-Spieler nicht finden | Eigentlich muss Maria bei Frau Kant immer leise sein,
ihren Vater anrufen und um Hilfe bitten | aber gestern _____ sie _____.

Auf der Party _____ Maria _____,
aber sie _____. Da _____ sie
_____.

G3 Satzklammer (Zusammenfassung)

1 Satzklammer mit Modalverben, Perfekt, trennbaren Verben oder mit Verb + Infinitivergänzung

			V1		V2
Modalverb +	*können / müssen*	Ich	kann	leider nicht	kommen.
Infinitivergänzung	*... + Vollverb*		Müssen	Sie noch	arbeiten?
Verb +	*gehen / kommen ...*	Er	geht	gern allein	einkaufen
Infinitivergänzung	*+ Infinitiv*		Komm	uns mal	besuchen!
Perfekt	*haben / sein + PII*		Hat	es ihnen gut	gefallen?
		Max	ist	nach China	gereist.
trennbare Verben	*auf/stehen,*	Lea	steht	heute früh	auf.
	ab/holen ...		Holst	du mich	ab?

Satzklammer

2 Satzklammer aus festen Verbindungen

			V1		Zusatz
Feste Verbindungen	*Platz nehmen*		Nehmen	Sie bitte	Platz!
	Pause machen	Jetzt	machen	wir	Pause.
	Spaß machen	Wem	macht	die Party	keinen Spaß?
	Tennis spielen	Peter	spielt	sehr gut	Tennis.
	Schi laufen		Läufst	du gut	Schi?
	auf die Nerven gehen	Diese Musik	geht	mir	auf die Nerven.

Satzklammer

5 **Schreiben Sie die Sätze in die folgende Satzklammer-Tabelle.**

1. Studentenwohnheim / im / **gewohnt** / früher / **hat** / Peter
2. **konnte** / zusammen / er / mit / nicht / **wohnen** / anderen / aber
3. **ist** / vor kurzem / er / eine Zwei-Zimmer-Wohnung / in / **umgezogen**
4. jetzt / **zufrieden** / Peter / Wohnung / mit / **ist** / seiner / sehr

5. **wohnen** / Alice / nicht / lange / bei / **will** / ihren / Eltern

6. selbstständig / sie / gern / **sein** / **möchte**

7. immer / WG / **leben** / Rebekka / einer / **will** / in

8. **ist** / viel / da / **los** / denn / immer

9. **stehen** / später / samstags / alle / **auf**

10. **machen** / Badezimmer / oft / Rebekka / die / und / Sarah / Küche / das / **sauber**

11. **einkaufen** / Claudia / und / **gehen** / oft / Alex

12. Abendessen / **vor** / **bereiten** / alle / das / zusammen

13. **Tischtennis** / sie / oft / Hobbyraum / **spielen** / im

14. sehr / für / **wichtig** / sie / die Freundschaft / **ist**

	V1 / V	V2 / Zusatz
1.		
2.		
3.		
4.		
5.		
6.		
7.		
8.		
9.		
10.		
11.		
12.		
13.		
14.		
	Satzklammer	

G4 Satzbaupläne (Verben und Ergänzungen)

6 Ergänzen Sie die fehlenden Satzbaupläne.

Beispiele	Satzbaupläne
1. Frau Schäfer ist Zahnarzthelferin.	S + V + N
2. In vielen Ländern feiert man das chinesische Frühlingsfest.	S + V + A
3. Er denkt oft an die Menschen dort.	
4. Max und Maria möchten im Sommer nach China reisen.	
5. Sie wollte ein WG-Zimmer mieten.	
6. Aber das Zimmer war klein und dunkel.	S + V + Adj.
7. Das Mädchen ist groß.	
8. Wir haben Freunde um Hilfe gebeten.	S + V + A + P
9. Das Bild hängt an der Wand über dem Bett.	S + V + Sit$_l$
10. Frau Meier hat einen Sohn bekommen.	
11. Anna hat das Buch auf den Tisch gelegt.	S + V + A + Dir
12. Die Eltern haben ihre Tochter Mia genannt.	S + V + A + N
13. Der Junge ist Sarahs Bruder.	
14. Maria darf im Zimmer keine Musik machen.	
15. Ihm fehlen seine Eltern sehr.	S + V + D
16. Der Rotwein passt sehr gut zu meinem Schweinebraten.	
17. Er hat uns oft von seiner Chinareise erzählt.	S + V + D + P
18. Die Bedienung hat die Gäste zu ihrem Tisch geführt.	
19. Alle Freunde haben Maria Geschenke gebracht.	
20. Der Frühling dauert von März bis Mai.	S + V + Sit$_t$
21. Wir haben lange auf dich gewartet.	
22. Herr Schmidt hat seiner Frau beim Kochen geholfen.	
23. Der Mann hat uns gerade nach dem Weg gefragt.	

7 Fragen, Fragen und noch mal Fragen

Bilden Sie Fragen und machen Sie eine Kettenübung.

Beispiel:

● *Wem haben alle Freunde Geschenke gebracht?*

□ *Von wann bis wann dauert der Frühling?*

...

Vokabeln

die **Nachricht** -en	消息	**weg/gehen**	离去，离开；外出
der **Kollege** -n	同事，同僚，同行		
wecken +A	唤醒	die **Freundschaft** -en, meist Sg	友谊，友情
		führen +A(+Dir)	带领，引导

In vielen Ländern feiert man Volksfeste, z. B. das Oktoberfest in Deutschland oder die San-Fermines-Feier in Spanien. Erstellen Sie in Gruppen ein Poster und berichten Sie von einem Volksfest.

Wörterverzeichnis

das	Apartment	-s	L 6		auf/wachen		L 9
der	Apfel	⸚e	L 4	der	August	-e	L 2
der	Apfelessig	nur Sg	L 5		aus		V 2
die	Apfelschorle	-n	L 7		aus aller Welt		V 2
die	Apotheke	-n	L 5		aus/geben		S 3
der	April	-e	L 2		aus/gehen		L 3
die	Arbeit	-en	L 2		aus/packen		L 8
	arbeiten		V 4		aus/ruhen		L 9
das	Arbeitszimmer	-	L 6		aus/schauen		L 6
	ärgern		S 2		aus/schlafen		L 9
der	Arm	-e	L 5		aus/sehen		L 5
der	Arzt	⸚e	L 3		aus/stellen		L 5
die	Arzthelferin	-nen	L 5		aus/ziehen		L 6
die	Ärztin	-nen	V 4	der	Ausbildungsplatz	⸚e	L 8
das	Asien	nur Sg	S 4	der	Ausflug	⸚e	L 2
der	Assistent	-en	L 1	die	Ausgabe	-n	S 3
die	Assistentin	-nen	L 1	der	Ausgang	⸚e	L 2
	Athen		V 2		ausgezeichnet		L 7
die	Atmosphäre	nur Sg	L 9	das	Ausland	nur Sg	S 1
	auch		V 2	das	Auslandssemester	-	L 3
	auf		L 2		ausreichend		L 5
	auf dem Kalsplatz		L 1		außerdem		S 3
	Auf Wiedersehen!		V 1		außerhalb		S 4
	auf/bleiben		L 9	die	Aussprache	-n	L 9
	auf/hängen		L 8	die	Ausstellung	-en	L 3
	auf/hängen		L 9	der	Austauschstudent	-en	S 2
	auf/hören		L 9	das	Austauschstudium	nur Sg	S 3
	auf/legen		L 9	der	Ausweis	-e	L 9
	auf/machen		L 5		auswendig		S 3

B

	auf/passen		L 9		backen		L 8
	auf/räumen		L 3	der	Bäcker	-	L 3
	auf/stehen		L 3				

die	Bäckerei	-en	L 4
die	Backware	-n meist Pl	L 4
das	Bad	⸚er	L 5
	baden		L 9
die	Bahn	-en	L 2
der/ die	Bahnbeamte	(Dekl. Wie Adj.)	L 2
die	BahnCard	-s	L 2
der	Bahnhof	⸚e	L 2
der	Balkon	-s/-e	L 6
das	Bällchen	-	L 9
der	Bambus	-se, meist Sg	L 9
die	Banane	-n	L 4
die	Band	-s	S 1
	Bangkok		S 4
die	Bank	-en	L 1
die	Bankkarte	-n	L 1
das	Bankkonto	...kon- ten	L 1
das	Baozi	-s	L 7
das	Bargeld	nur Sg	S 3
	Basel		L 2
der	Bauch	⸚e	L 5
	beantworten		L 1
das	Becken	-	S 4
	bedeuten		L 9
die	Bedeutung	nur Sg	S 2
	beeindrucken		L 9

	beginnen		L 2
das	Behandlungszim- mer	-	L 5
	bei		S 1
das	Bein	-e	L 5
der	Beitrag	⸚e	S 3
der	Beitrag	⸚e	L 8
	bekannt		L 7
	bekommen		L 1
	beliebt		L 8
der	Berg	-e	S 1
	berichten		L 8
	Berlin		V 2
	Bern		S 1
der	Beruf	-e	V 4
	... ist von Beruf ...		V 4
	beruflich		S 2
	berühmt		S 2
	beschreiben		L 2
die	Beschwerden	Pl	L 5
	besichtigen		L 6
die	Besichtigung	-en	S 3
	besonders		L 8
	besser		L 5
das	Besteck	-e, meist Sg	L 7
	besteigen		L 9
	bestellen		L 7
	bestimmt		L 1
der	Besuch	-e	L 8
	besuchen		L 2

das	Bett	-en	L 6
der	Bettler	-	L 7
die	Bevölkerung	-en	S 4
	bewundern		L 9
	bezahlen		L 6
die	Bibliothek	-en	L 1
das	Bier	-e	L 4
das	Bierzelt	-e	L 9
	billig		L 3
	bis		L 2
	Bis bald!		V 4
	Bist du …?		V 1
	bitten		L 8
das	Blatt	⸚er	L 4
	bleiben		L 5
der	Blumenstrauß	⸚e	L 8
die	Bohne	-n	L 7
	Brasilien		L 9
der	Braten	-	L 7
	braten		L 9
die	Bratwurst	⸚e	L 4
der	Brauch	⸚e	S 4
das	Brautpaar	-e	L 8
das	Brettspiel	-e	L 8
die	Brezel	-n	L 7
der	Brief	-e	L 1
die	Briefmarke	-n	L 1
	bringen		L 7
das	Brot	-e	L 4
das	Brötchen	-	L 4
der	Bruder	⸚	V 4
die	Brühe	-n	L 7

die	Brust	nur Sg	L 5
das	Bücherregal	-e	L 1
die	Buchhandlung	-en	L 2
	buchstabieren		V 3
die	Bühne	-n	S 4
	bunt		L 9
der	Bürger	-	L 7
das	Büro	-s	L 6
der	Bus	-se	L 2
die	Bushaltestelle	-n	L 6
die	Butter	nur Sg	L 4

C

die	Cafeteria	-s/ …rien	L 1
der	Campus	-/-se	L 1
die	CampusCard	-s	L 1
die	Campuskarte	-n	L 1
der	CD-Spieler	-	L 9
der	Cent	-(s)	L 4
das	Chaos	nur Sg	L 9
der	Chef	-s	S 3
	Chiang Mai		S 4
	China		V 2
die	Chinatown	-s	S 4
der	Chinese	-n	L 1
das	Chinesisch		V 2
die	Chrysantheme	-n	L 9
die	Cola	-s	L 4
die	Couch	-s/-en	L 6
der	Couchtisch	-e	L 6

D

	da		V 3

	danach		L 6
	Danke schön!		V 1
	danken		L 8
	dann		S 2
	das		V 1
	das ist ...		V 1
das	Datum	Daten	V 3
	dauern		L 2
	dauernd		L 5
	dein, deine		V 1
	denken		L 8
	denn		S 2
	derselbe/dasselbe/dieselbe		L 9
	deshalb		S 3
das	Deutsch	nur Sg	V 1
der/die	Deutsche	(Dekl. wie Adj.)	L 3
	Deutschland		V 2
der	Dezember	-	L 2
der	Dialog	-e	L 3
	die Nase putzen		L 5
der	Dienstag	-e	L 3
	dies und das		L 8
	dieser, diese, dieses		L 4
die	Dim-Sum	Pl	L 9
die	Dolmetscherin	-nen	V 4
der	Döner	-	L 7
der	Donnerstag	-e	L 3
das	Dorf	̈er	S 1
	dort		L 1

die	Dose	-n	L 4
der	Dozent	-en	L 1
die	Dozentin	-nen	L 1
	Drachen steigen lassen		L 9
das	Drachenboot	-e	L 9
der	Drachentanz	̈e	L 9
	draußen		L 8
der	Drehstuhl	̈e	L 6
	drei		V 3
	dreimal		L 5
das	Drei-Schluchten-Museum		L 3
	du		V 1
die	Duftblüte	-n	L 9
	dunkel		L 6
	durch/wachen		L 9
der	Durchfall	̈e, meist Sg	L 5
	durchschnittlich		S 3
	dürfen		L 5
das	Durian-Gebäck		L 7
der	Durst	nur Sg	L 7
die	Dusche	-n	L 6
	Düsseldorf		L 8
	E		
die	Ecke	-n	L 6
das	Ei	-er	L 4
	eigen		L 6
	eigentlich		L 5
	ein Bad nehmen		L 5

	ein bisschen		V 2
	ein Rezept ausstellen		L 5
	ein/kaufen		L 3
	ein/laden		L 7
	ein/nehmen		L 5
	ein/packen		L 8
	ein/schlafen		L 9
	ein/ziehen		L 6
	einander		L 9
das	Einfamilienhaus	¨er	L 6
die	Eingangstür	-en	L 6
der	Einkaufszettel	-	L 4
die	Einladung	-en	L 7
die	Einrichtung	-en	L 1
die	Einrichtung	nur Sg	L 6
	eins		V 3
der	Eintopf	¨e	L 7
der	Eintritt	-e, meist Sg	L 3
	eintrittsfrei		L 3
die	Einweihung	-en	L 8
der	Einwohner	-	S 1
das	Einwohnermeldeamt	¨er	V 3
das	Einzelzimmer	-	S 3
der	Einzug	¨e	L 8
das	Eis	nur Sg	L 7
	elegant		L 4
	elektronisch		L 8
	elf		V 3

die	Eltern	Pl	V 4
die	E-Mail	-s	V 3
	empfehlen		L 7
	endlich		L 6
	eng		L 4
der	Engländer	-	L 1
das	Englisch		V 2
die	Ente	-n	L 7
	entfernen		L 9
die	Entschuldigung	-en	V 1
die	Entzündung	-en	L 5
das	Erdgeschoss	-e	L 6
	erkältet		L 5
die	Erkältung	-en	L 5
	erklären		L 9
	erledigen		S 2
die	Ernte	-n	L 9
	erreichen		L 9
	erst		L 3
	erzählen		L 8
	es geht		V 2
	Es geht nicht.		L 3
	es gibt		L 1
	essen		L 2
das	Essstäbchen	-, meist Pl	L 3
das	Esszimmer	-	L 6
	etwa		L 2
	euer, eure		V 4
der	Euro	-(s)	L 4
(das)	Europa		S 1

die	Eurozone	-n	L 4
	ewig		L 8
das	Examen	-/Ex-mina	L 8
die	Exkursion	-en	S 3

F			
das	Fach	¨er	V 4
der	Facharzt	¨e	L 5
die	Fachärztin	-nen	L 5
	fahren		L 2
die	Fahrkarte	-n	L 2
der	Fahrkartenschalter	-	L 2
die	Fahrkosten	Pl	S 3
der	Fahrplan	¨e	S 2
das	Fahrrad	¨er	L 2
die	Fahrt	-en	L 2
die	Fahrtdauer	nur Sg	L 2
die	Fakultät	-en	L 1
	familiär		L 9
die	Familie	-n	V 4
das	Familienfoto	-s	V 4
der	Familienkreis	-e	L 9
der	Familienname	-n	V 1
der	Familienstand	nur Sg	V 4
die	Farbe	-n	L 4
	farbenprächtig		L 9
	faul		L 5
der	Februar	-e	L 2
	fehlen		L 5
die	Feier	-n	L 7
	feiern		L 6
der	Feiertag	-e	L 5

das	Fenster	-	L 2
	fern/sehen		L 3
der	Fernbus	-se	L 2
der	Fernseher	-	L 6
die	Fernsehgala		L 9
	fertig		L 6
das	Festessen	-	L 9
der	Festwagen	-	S 4
das	Feuerwerk	-e, meist Sg	S 4
der	Feuerwerkskörper	-	L 9
das	Fieber	nur Sg	L 5
das	Filet	-s	L 7
der	Film	-e	L 2
	finden		L 1
die	Firma	Fir-men	L 8
der	Fisch	-e	L 7
das	Fischfilet	-s	L 7
die	Flasche	-n	L 4
das	Fleisch		L 7
der	Fleischer	-	L 4
die	Fleischerei	-en	L 4
	fliegen		L 8
der	Flughafen	¨	L 9
der	Flur	-e	L 6
die	Forschung	-en	L 1
	fotografieren		V 4
	fragen		V 3
der	Franken	-	L 4
	Frankfurt		V 2

das	Französisch		V 2
die	Frau	-en	V 1
	frei		L 5
die	Freiheit	nur Sg	L 6
der	Freitag	-e	L 3
die	Freizeit	nur Sg	S 1
die	Fremdsprache	-n	V 4
die	Freude	nur Sg	L 9
der	Freund	-e	V 2
die	Freundin	-nen	V 2
die	Freundschaft	-en, meist Sg	S 4
	Freut mich!		V 1
	frisch		L 7
	froh		L 8
	früh		L 8
das	Frühlingsfest	-e	L 9
die	Frühlingsrolle	-n	L 7
das	Frühstück	-e	L 4
	frühstücken		L 3
	führen		S 4
die	Füllung	-en	L 9
	fünf		V 3
	für		L 1
die	Fusion	-en	S 4
der	Fuß	̈e	L 2
der	Fußball	̈e	L 2

G

die	Gabel	-n	L 6
der	Gang	̈e	L 2
die	Gans	̈e	L 9

	ganz		V 3
die	Garage	-n	L 6
der	Garten	̈	L 6
der	Gast	̈e	S 3
der	Gaumen	-	L 5
das	Gebäude	-	L 1
	geben		L 1
der	Geburtstag	-e	L 8
das	Geburtstagskind	-er	L 8
die	Geburtstagtorte	-n	L 8
	gefallen		L 4
	gegen		L 3
	gehören		L 7
das	Geld	nur Sg	L 2
	gelingen		L 9
	gemeinsam		L 8
die	Gemeinschaftskü-che	-n	L 6
das	Gemüse	-	L 4
	genau		L 6
	Genf		V 2
	genießen		L 9
	genug		L 4
	geradeaus		L 2
die	Germanistik	nur Sg	V 4
die	Germanistin	-nen	V 4
das	Germanistische Seminar		L 1
der	Geschäftsmann	…leu-te	V 4
das	Geschenk	-e	L 8
	geschieden		V 4

die	Geschwister	Pl	V 4
das	Gesellschaftsspiel	-e	L 8
das	Gespräch	-e	L 6
	gesund		L 5
die	Gesundheit	nur Sg	L 5
das	Getränk	-e	L 4
das	Getreideprodukt	-e	L 7
	gewinnen		L 9
die	Gewohnheit	-en	L 4
	gewöhnlich		L 9
die	Gitarre	-n	S 1
das	Glas	¨er	L 4
	gleichfalls		L 7
das	Glück	nur Sg	L 4
	Glück haben		L 4
der	Glückwunsch	¨e	L 8
der	Glühwein	-e	L 9
das	Gramm	-	L 4
	gratulieren		L 8
	Griechenland		L 4
	grillen		L 6
die	Grippe	-n	L 5
	groß		L 1
	großartig		L 8
	Großbritannien		V 2
die	Größe	-n	L 4
die	Große Mauer		L 3
die	Großeltern	Pl	V 4
die	Großmutter	¨	V 4
der	Großvater	¨	V 4
	grün		L 4

die	Grundversicherung	-en	S 3
	grüßen		S 3
das/ der	Gulasch	-s/-e	L 4
	günstig		L 9
	gut		V 1
	Gute Besserung!		L 5
	Guten Abend!		V 1
	Guten Appetit !		L 7
	Guten Morgen!		V 1
	Guten Tag!		V 1
der	Gutschein	-e	L 8

H

	haben		V 4
das	Hähnchen	-	L 7
	halb		L 3
	Hallo!		V 1
der	Hals	¨e	L 5
	Halt!		L 6
die	Hand	¨e	L 8
das	Handy	-s	V 3
die	Handynummer	-n	V 3
	hängen ①		L 6
	hängen ②		L 6
	häufig		S 2
das	Hauptgericht	-e	L 7
die	Hauptstadt	¨e	V 2
das	Haus	¨er	V 3
der	Hausarzt	¨e	L 5
die	Hausärztin	-nen	L 5
die	Hausaufgabe	-n	L 3
die	Hausfrau	-en	V 4

der	Haushalt	-e meist Sg	L 6
der	Hausmeister	-	V 3
das	Hausmittel	-	L 5
die	Hausnummer	-n	V 3
die	Hausordnung	nur Sg	L 6
das	Haustier	-e	S 1
die	Heft	-e	L 2
	Heidelberg		V 2
der	Heiligabend	-e	L 9
die	Heimat	-en	L 8
die	Heimatstadt	̈e	L 3
	heißen		V 1
	Heißen Sie ···?		V 1
die	Heizung	nur Sg	S 3
	helfen		L 4
	hell		L 6
das	Hemd	-en	L 4
	her		L 2
der	Herd	-e	L 6
die	Herkunft	̈e	V 2
der	Herr	-en	V 1
	herzlich		L 8
	Hessen		S 1
	heute		L 1
	hier		V 2
die	Hilfe	-n	L 8
der	Himbeersaft	̈e	L 5
der	Himmel	nur Sg	L 7
	hin		L 2
	hinten		L 2

das	Hobby	-s	V 4
der	Hochgeschwindig-keitszug	̈e	L 9
das	Hochhaus	̈er	L 6
die	Hochschule		L 1
die	Hochzeit	-en	L 8
der	Hof	̈e	L 6
der	Hometrainer	-	L 9
	hören		V 4
der	Hörsaal	Hör-säle	L 1
die	Hose	-n	L 4
	hübsch		L 5
die	Hühnerbrühe	-n	L 7
die	Hühnersuppe	-n	L 5
	hundert		V 3
der	Hunger	nur Sg	S 2
der	Husten	nur Sg	L 5
der	Hustensaft	̈e	L 5
der	Hustentee	-s	L 5

I

der	ICE	-s	L 2
	ich		V 1
	Ich heiße…		V 1
die	Idee	-n	L 3
	ihr		V 2
	Ihr, Ihre		V 1
	ihr, ihre		V 3
	im Angebot		L 4
	im Durchschnitt		S 3
der	Imbissstand	̈e	L 7
	immer		L 3

die	Immobilie	-n, meist Pl	L 6
	in		L 2
	in der Nähe		L 6
	individuell		S 3
	Indonesien		S 4
die	Information	-en	L 2
der	Ingenieur	-e	V 4
der	Ingwer	nur Sg	L 5
	insgesamt		S 3
das	Institut	-e	L 1
	interessant		L 3
das	Internet	nur Sg	L 4
	irgendwo / irgend-wann ist viel / we-nig / (et)was / nichts los		L 9
	Ist hier noch frei?		V 2
	Italien		L 4
das	Italienisch		V 2

J			
	ja		V 1
die	Jacke	-n	L 5
das	Jahr	-e	V 3
die	Jahreszeit	-en	L 2
der	Januar	-e	L 2
das	Japanisch		V 2
der	Jazz	nur Sg	S 1
	jede		L 6
	jetzt		V 2
das	Jiaozi	-s	L 7

	jobben		L 3
	joggen		V 4
der/das	Joghurt	-s	L 7
der	Juli	-s	L 2
der	Junge	-n	V 1
der	Juni	-s	L 2

K			
der	Kaffee	nur Sg	V 2
	kalt		L 5
die	Kaltmiete		L 6
der	Kamillentee	-s	L 5
	Kanada		V 2
	kaputt/gehen		S 2
das	Karaoke		L 8
der	Karneval	-e/-s, meist Sg	L 9
der	Karpfen	-	L 9
die	Karte	-n	L 7
die	Kartoffel	-n	L 4
der	Käse	nur Sg	L 4
das	Käsebrot	-e	L 7
die	Kasse	-n	L 9
die	Kassiererin	-nen	L 3
die	Katze	-n	L 2
das	Kaufhaus	̈er	L 4
der	Kaufhof	̈e	L 9
die	Kaution	-en	L 6
der	Keller	-	L 6
der	Kellner	-	L 7
	kennen		L 8

	kennen lernen		L 3
die	Kerze	-n	L 8
das	Kilo	-/-s	L 4
das	Kind	-er	V 4
der	Kinderarzt	¨e	L 5
die	Kindergärtnerin	-nen	S 1
das	Kino	-s	L 3
die	Kirche	-n	L 9
die	Kirsche	-n	L 7
die	Kirschtorte	-n	L 7
das	Kissen	-	L 6
	klassisch		S 1
das	Klavier	-e	S 1
der	Klebreis	nur Sg	L 9
	klein		L 1
die	Kleinigkeit	-en	L 8
	klingeln		L 3
	klingen		L 8
der	Kloß	¨e	L 9
das	Klößchen	-	L 9
das	Knie	-	L 5
der	Knoblauch	nur Sg	L 7
der	Koch	¨e	L 7
	kochen		S 3
die	Kochnische	-n	L 6
der	Kollege	-n	S 4
	Köln		V 2
die	Kombination	-en	S 4
	kommen		V 2
der	Kommilitone	-n	V 1
die	Kommilitonin	-nen	V 1
die	Kommode	-n	L 6

die	Kommunikation	-en meist Sg	S 3
	können		L 6
der	Kontakt	-e	L 6
das	Konzert	-e	L 3
der	Kopf	¨e	L 5
der	Körper	-	L 5
	kosten		L 2
die	Kosten	Pl	S 3
	kosten		L 7
das	Kostüm	-e	L 9
die	Krabbe	-n	L 7
	kräftig		S 4
	krank/schreiben		L 5
das	Krankenhaus	¨er	L 5
die	Krankenkasse	-n	L 1
die	Krankenversiche- rung	-en	L 1
die	Krawatte	-n	L 8
die	Kreuzung	-en	L 2
die	Küche	-n	L 6
der	Kuchen	-	L 4
die	Kugel	-n	L 9
der	Kugelschreiber	-	L 2
die	Kuh	¨e	S 1
der	Kühlschrank	¨e	L 4
die	Kultur	-en	L 3
die	Kulturveranstal- tung	-en	L 9
der	Kunde	-n	L 2
die	Kundin	-nen	L 4

die	Kunst	¨e	L 3
der	Kurs	-e	V 1
der	Kursraum	¨e	V 1
	kurz		L 4
das	Kurzporträt	-s	V 4

L

der	Lachs	-e	L 7
die	Lage	-n	L 6
die	Lampe	-n	L 6
das	Land	¨er	V 2
das	Land	nur Sg	L 9
die	Landschaft	-en	L 9
	lang		L 4
die	Langlebigkeit		L 8
	langsam		V 3
	längst		L 8
der/ das	Laptop	-s	L 6
das	Latein	nur Sg	S 1
die	Laterne	-n	L 9
das	Laternenrätsel	-	L 9
	laufen		L 2
die	Lebensgefahr	nur Sg	L 5
das	Lebensmittel	Pl	L 3
der	Lebkuchen	-	L 9
	lecker		L 3
	ledig		V 4
	leer		L 8
	legen		L 6
der	Lehrer	-	V 1
die	Lehrerin	-nen	V 1

	leicht		L 5
	leicht/nehmen		L 5
	leider		L 8
	leise		L 6
	lernen		V 2
das	Lernmittel	-, meis Pl	S 3
	lesen		V 4
	leuchtend		L 9
die	Leute	Pl	V 4
	lieb		L 9
die	Liebe	nur Sg	L 8
	lieben		S 1
	lieber		L 4
das	Lied	-er	S 1
	liegen		L 5
die	Linguistik	nur Sg	S 1
	links		L 1
der/ das	Liter	-	L 4
die	Literaturwissen- schaft	-en	L 1
	locker		S 2
der	Löffel	-	L 7
das	Lokal	-e	L 7
	London		V 2
	los/gehen		L 8
	lösen		L 9
der	Löwentanz	¨e	L 9
	Ludwig van Beet- hoven		L 3
	lüften		L 5

die	Lust	nur Sg	L 3

M			
	machen		L 1
	Macht nichts.		V 3
das	Mädchen	-	V 1
der	Magen	∺ / -	L 7
die	Mahlzeit	-en	L 7
der	Mai	-e	L 2
	Malaysia		S 4
	malen		L 3
	man		V 3
der	Mantel	∺	L 4
der	Markt	∺e	L 4
der	Marktplatz	∺e	L 2
die	Marmelade	-n	L 4
der	März	-e	L 2
die	Maske	-n	S 4
die	Masterarbeit	-en	L 5
das	Masterprogramm	-e	L 5
die	Mathematik	nur Sg	L 1
die	Maultasche	-n	L 7
das	Medikament	-e	L 5
die	Medizin	nur Sg	V 4
das	Meer	-e	L 9
die	Meeresfrüchte	Pl	L 7
	Meine Uhr geht nach.		L 3
	Meine Uhr geht nicht.		L 3
	Meine Uhr geht vor.		L 3
	Meine Uhr steht.		L 3

	meinen		S 1
	meistens		L 3
die	Mensa	...sen	L 1
	messen		L 5
das	Messer	-	L 6
die	Miete	-n	L 6
die	Milch	nur Sg	L 4
das	Milchprodukt	-e	L 4
die	Milliarde	-n	L 4
die	Million	-en	L 4
das	Mineralwasser	∺	L 4
das	Miniprogramm	-e	L 5
der	Minirock	∺e	L 4
die	Miso-Suppe	-n	L 7
	mit/bringen		L 5
	mit/helfen		L 9
	mit/kommen		L 7
	mit/nehmen		L 7
der	Mitarbeiter	-	S 2
der	Mitbewohner	-	L 5
	miteinander		L 6
der	Mittag	-e	L 2
	mittags		L 2
der	Mittagsschlaf	nur Sg	L 3
die	Mitte	-n	L 2
die	Mitternacht	nur Sg	L 9
der	Mittwoch	-e	L 3
das	Möbel	- meist Pl	L 6
das	Möbelstück	-e	L 6
die	Mode(n)schau	-en	S 4
	modern		L 1

	mögen		L 7
	mögen (er möchte)		L 4
der	Moment	-e	L 4
	monatlich		S 3
der	Mondkalender	-	L 9
der	Montag	-e	L 3
	Montreal		V 2
der	Morgen	-	V 1
	morgen		L 1
	morgens		L 2
	müde		S 2
der	Mund	¨er	L 5
das	Museum	Muse-en	L 2
die	Musik	nur Sg	V 4
das	Müsli	-s	L 4
	müssen		L 6
die	Mutter	¨	V 4
die	Mütze	-n	L 9

N

	nach		L 2
der	Nachmittag	-e	L 3
	nachmittags		L 2
die	Nachricht	-en	S 4
die	Nachspeise	-n	L 7
	nächst		L 8
die	Nacht	¨e	L 3
der	Nachteil	-e	L 6
der	Nachtisch	nur Sg	L 7
	nachts		L 2
das	Nahrungsmittel	-meist Pl	L 7

der	Name	-n	V 1
die	Nase	-n	L 5
der	Nationalfeiertag	-e	L 9
	natürlich		L 3
die	Nebenkosten	Pl	L 6
	nehmen		V 3
	nehmen		L 4
	Nehmen Sie bitte Platz!		V 2
	nein		V 1
	nennen		L 9
	nervös		L 5
	nett		V 2
	neu		V 3
die	Neugier	nur Sg	L 8
die	Neujahrskarte	-n	L 9
	neun		V 3
	nicht		V 2
	nicht mehr		V 4
	nichts		L 5
	nie		L 3
	niemand		S 2
	niesen		L 5
der	November	-	L 2
die	Nudel	-n meist Pl	L 7
	null		V 3
die	Nummer	-n	V 3
	Nürnberg		L 6
	nützlich		L 8

	O		
	oben		L 1
der	Ober	-	L 7
das	Obergeschoss	-e	L 6
das	Obst	nur Sg	L 4
	oder		V 2
der	Ofen	··	L 9
	öffnen		L 5
die	Öffnungszeit	-en	L 3
	oft		L 3
der	Oktober	-	L 2
das	Oktoberfest	-e	L 9
der	Olympiapark	-s	L 3
der	Onkel	-	V 4
	online		L 8
die	Oper	-n	S 4
die	Orange	-n	L 4
	ordnen		L 9
die	Ordnung	nur Sg	L 6
der	Ort	-e	V 3
das	Ostern	-	L 9
	Österreich		V 2
die	Österreicherin	-nen	S 1
	P		
die	Packung	-en	L 4
das	Papier	nur Sg	L 4
der/ die	Paprika	-(s)	L 7
die	Parade	-n	S 4
das	Parfüm	-s	L 8
	Paris		V 2
der	Park	-s	L 3

das	Parkhaus	··er	L 9
der	Parkplatz	··e	L 9
die	Party	-s	V 3
der	Pass	··e	V 1
	passen		L 3
	passen		L 4
die	Paste	-n	L 9
der	Patient	-en	L 5
die	Pause	-n	L 3
das	Pech	nur Sg	L 9
	perfekt		V 4
die	Perlenkette	-n	L 8
	persönlich		L 8
der	Pfandautomat	-en	L 4
der	Pfefferminztee	-s	L 5
der	Pfirsich	-e	L 8
das	Pfund	-/-e	L 4
die	Philippinen	Pl	S 4
die	Physik	nur Sg	L 1
die	Pizza	-s / Pizzen	L 7
der	Plan	··e	S 1
der	Platz	··e	V 3
das	Plätzchen	-	L 9
der	Platztanz	··e	L 3
die	Pommes	Pl	L 7
die	Pommes frites	Pl	L 7
das	Porträt	-s	V 4
	Portugal		L 5
das	Porzellan	-e	L 3
	positiv		L 5
die	Post	nur Sg	L 1

	posten		L 8
die	Postkarte	-n	L 2
die	Postleitzahl	-en	V 3
das	Praktikum	Prak-tika	L 8
	praktisch		L 6
die	Praxis	Pra-xen	L 5
	prima		L 3
der	Prinz	-en	L 7
	privat		S 2
	pro		L 6
	probieren		L 7
	Probieren geht über Studieren.		L 6
das	Problem	-e	L 2
der	Professor	Pro-fesso-ren	L 1
die	Professorin	-nen	L 1
das	Publikum	Publi-ka, PL selten	S 4
der	Pudding	-e/-s	L 7
der	Pullover	-	L 4
	Punkt sieben		L 3
	pünktlich		S 2
die	Pünktlichkeit	nur Sg	S 2

Q

der/das	Quadratmeter	-	L 6

R

der	Rappen	-	L 4

der	Ratschlag	¨e	L 5
	rauchen		L 5
der	Raum	¨e	L 6
	recherchieren		L 5
	rechnen		L 6
	rechts		L 1
	reden		L 8
	regelmäßig		L 5
die	Region	-en	L 7
die	Regionalbahn	-en	L 2
	reich		L 9
der	Reichtum	¨er	L 5
das	Reihenhaus	¨er	L 6
	reinigen		S 4
der	Reis	nur Sg	L 4
der	Reisbrei	-e	L 7
die	Reise	-n	L 2
	reisen		V 4
	relativ		L 8
das	Rennen	-	L 9
der	Rentner	-	V 4
	reservieren		L 2
die	Reservierung	-en	L 2
das	Restaurant	-s	S 3
das	Rezept	-e	L 5
der	Rezept	-e	S 4
	richtig		L 6
	riechen		L 9
das	Rind	-er	L 7
der	Rinderbraten	-	L 7
das	Rindfleisch	nur Sg	L 4
	Rio de Janeiro		L 9

der	Rock	⸚e	L 4
	Rom		V 2
die	Rostbratwurst	⸚e	L 7
	rot		L 7
der	Rotkohl	nur Sg	L 9
der	Rücken	-	L 5
	rufen		L 9
die	Ruhe	nur Sg	L 6
das	Russisch		S 1
	Russland		L 5

S			
die	Sache	-n	S 1
der	Saft	⸚e	L 7
	sagen		S 1
die	Sahne	nur Sg	L 7
der	Salat	-e	L 7
	Salzburg		S 2
das	Salzgemüse	-	L 7
die/der	Samba	-s	L 9
der	Samstag	-e	L 3
	San Francisco		S 4
	satt		L 7
der	Satz	⸚e	L 2
	sauer		L 7
das	Sauerkraut	nur Sg	L 7
der	Schal	-e / -s	L 8
	scharf		L 7
der	Schatz	⸚e	L 4
	schenken		L 8
der	Scherenschnitt	-e	L 8
	schicken		L 9

	schieben		L 6
das	Schinken	-	L 4
	schlafen		L 2
die	Schlaftablette	-n	L 5
das	Schlafzimmer	-	L 6
	schlagen		S 4
	schlecht		V 2
	schlimm		L 3
	schmecken		L 7
der	Schmerz	-en, meist Pl	L 5
	schmücken		L 9
der	Schnupfen	nur Sg	L 5
die	Schokolade	-n	L 2
	schön		S 1
die	Schorle	-n	L 7
der	Schrank	⸚e	L 6
	schreiben		V 3
das	Schriftzeichen	-	L 3
der	Schuh	-e	L 4
die	Schule	-n	S 1
die	Schülerin	-nen	V 4
die	Schulter	-n	L 5
	schwarz		L 4
	Schwarzwald		L 7
	Schweden		L 4
das	Schwedisch		S 1
das	Schwein	-e	L 7
der	Schweinebraten	-	L 7
die	Schweinshachse/ Schweinshaxe	-n	L 7

die	Schweiz		V 2
die	Schwester	-n	V 4
	schwimmen		V 4
	sechs		V 3
der	Segen	-	L 9
	sehen		L 2
die	Sehenswürdigkeit	-en	L 3
	sehr		V 2
	sein, seine		V 3
	seit		L 5
der	Sekretär	-e	L 1
das	Sekretariat	-e	L 1
die	Sekretärin	-nen	V 4
	selbstständig		L 6
die	Selbstversicherung	-en	S 3
	selten		L 3
das	Semester	-	L 8
das	Seminar	-e	L 1
der	Seminarraum	¨e	L 1
der	Senf	-e, meist Sg	L 7
der	September	-	L 2
	Servus!		S 3
der	Sessel	-	L 6
	sicher		L 3
	Sie		V 1
	Sie wünschen, bitte?		L 4
	Sie wünschen, bitte?		L 4
	sieben		V 3

	Sind Sie ···?		V 1
	Singapur		S 4
	singen		L 6
die	Sinologie	nur Sg	V 4
die	Sitte	-n	S 2
	sitzen		L 9
der	Sitzplatz	¨e	L 2
das	Skilaufen		L 8
das	Sofa	-s	L 6
	sogar		L 6
der	Sohn	¨e	V 4
	sollen		L 5
das	Sonderangebot	-e	L 4
	sondern		L 3
der	Sonntag	-e	L 3
	sonst		L 4
die	Soße	-n	L 7
	sowohl ··· als auch ···		S 4
die	Sozialwissenschaft	-en	S 1
die	Spaghetti	Pl	L 7
	Spanien		V 2
	sparen		S 3
der	Spaß	nur Sg	L 7
	spazieren gehen		L 5
die	Speise	-n	L 7
die	Speisekarte	-n	L 7
die	Spezialität	-en	L 7
	spielen		V 4
der	Sport	nur Sg	L 3
der	Sportplatz	¨e	L 1
der	Sprachkurs	-e	S 1

die	Sprachwissenschaft	-en	L 1
	sprechen		V 2
die	Sprechstunde	-n	L 3
das	Sprichwort	¨er	S 2
die	Spritze	-n	L 5
das	Spruchpaar	-e	L 9
die	Spüle	-n	L 6
die	Stadt	¨e	V 2
der	Stadtrand	¨er	L 6
das	Stadtzentrum	…tren	L 6
	statt/finden		L 5
der	Staub	nur Sg	L 9
das	Steak	-s	L 7
die	Steckdose	-n	L 6
	stecken ①		L 6
	stecken ②		L 6
der	Stecker	-	L 6
	stehen		L 4
	stellen		L 6
der	Stelzenläufer	-	S 4
der	Stern	-e	L 9
	Stimmt das?		L 1
die	Straße	-n	V 3
die	Straßenbahn	-en	L 2
das	Straßenfest	-e	S 4
das	Streetfood	-s Pl selten	S 4
der	Stress	nur Sg	L 5
der	Strom	nur Sg	S 3
der	Stück	-e	L 4
der	Student	-en	V 2
der	Studentenausweis	-e	L 1

das	Studentenwerk	-e	V 3
das	Studentenwohn-heim	-e	L 1
die	Studentin	-nen	V 2
	studentisch		S 3
der	Studienabschluss	¨e	L 8
	studieren		V 3
der/ die	Studierende	(Dekl. wie Adj.)	S 3
die	Stunde	-n	L 2
	suchen		L 1
der	Supermarkt	¨e	S 1
die	Suppe	-n	L 7
das	Sushi	-s	L 7
	süß		L 7
die	Süßigkeit	-en, meist Pl	L 5
	symbolisieren		L 9
das	Symptom	-e	L 5

T

die	Tablette	-n	L 5
die	Tafel	-n	L 4
der	Tag	-e	V 1
	täglich		L 5
der	Tandempartner	-	V 4
die	Tandempartnerin	-nen	V 4
die	Tante	-n	V 4
der	Tanz	¨e	S 4
	tanzen		V 4
die	Tasche	-n	L 2

die	Tasse	-n	L 1
	tausend		L 4
das	Taxi	-s	L 2
der	Taxifahrer	-	L 3
der	Techniker	-	V 4
der	Tee	-s, meist Sg	V 2
das	Telefon	-e	V 3
	telefonieren		L 1
die	Telefonnummer	-n	V 3
der	Teller	-	L 6
der	Tempel	-	L 9
das	Tennis	nur Sg	V 4
der	Teppich	-e	L 6
der	Termin	-e	L 3
der	Terminkalender	-	L 3
	teuer		L 4
	Thailand		S 4
	thailändisch		S 4
das	Theater	-	S 3
die	Theateraufführung	-en	L 5
das	Ticket	-s	L 2
der	Tintenfisch	-e	L 7
der	Tipp	-s	L 8
das	Tischtennis	nur Sg	V 4
der	Tischtennisschläger	-	L 8
der	Toaster	-	L 8
die	Tochter	¨	V 4
der	Tofu	nur Sg	L 7
die	Toilette	-n	L 6
	toll		L 6

die	Tomate	-n	L 4
die	Torte	-n	L 7
	total		S 3
die	Tour	-en	L 1
die	Tradition	-en	L 9
	traditionell		L 9
	Traditionelle Chinesische Medizin		L 5
die	Tram	-s	S 3
die	Traube	-n	L 7
der	Traum	¨e	S 1
	träumen		L 8
	traurig		L 7
	treffen		L 2
	treiben		L 3
die	Treppe	-n	L 6
das	Treppenhaus	¨er	L 6
	trinken		V 2
das	Trinkgeld	-er	L 7
die	Trommel	-n	S 4
	Tschüss!		V 1
	tun		S 3
die	Tür	-en	L 2
die	Türkei		V 2
	Tut mir leid.		L 3
die	Tüte	-n	L 4
	typisch		L 9

U

die	U-Bahn	-en	L 2
die	U-Bahn-Station	-en	L 6
	üben		L 3
	überlegen		S 3

der	Überschuss	̈e	L 9
	übersetzen		L 9
	überweisen		L 8
die	Überweisung	-en	L 5
die	Uhr	-en	L 3
die	Uhrzeit	-en	V 3
	um		L 2
	um/ziehen		L 6
die	Umfrage	-n	L 7
	umgehen		S 2
der	Umschlag	̈e	L 8
	und		S 2
	ungefähr		S 3
	ungesund		L 7
die	Universität	-en	L 1
	unmöbliert		L 6
	unser, unsere		V 4
	unten		L 1
die	Unterkunft	̈e	L 6
der	Unterricht	nur Sg	L 1
	unterrichten		L 1
das	Unterrichtsgebäude	-	L 1
die	Unterrichtsstunde	-n	L 3
	untersuchen		L 5
	unterwegs		L 2
der	Urlaub	-e	L 8

	V		
der	Valentinstag	-e	L 9
die	Vase	-n	L 6
der	Vater	̈	V 4
	verabreden		S 2

die	Verabredung	-en	L 3
die	Verabredung	-en	S 2
	veranstalten		L 9
die	Veranstaltung	-en	S 4
die	Verbindung	-en	L 6
die	Verbotene Stadt		L 3
	verheiratet		V 4
	verkaufen		L 9
der	Verkäufer	-	L 4
die	Verkäuferin	-nen	L 4
der	Verkehr	nur Sg	S 3
	verkehrt herum		L 9
	verlassen		S 3
	vermieten		L 6
	vermissen		S 1
	verpacken		L 8
	verschlafen		L 9
	verschreiben		L 5
die	Versichertenkarte	-n	L 5
die	Verspätung	-en	S 2
das	Verständnis	nur Sg	L 8
	verstehen		L 9
der	Vertrag	̈e	S 3
der/ die	Verwandte	(Dekl. wie Adj.)	L 8
	verwitwet		V 4
	viel		L 2
	Viele Grüße!		V 2
	vielfältig		L 9
	vier		V 3
das	Viertel	-	L 3

die	Viertelstunde		S 2
die	Villa	Villen	L 6
das	Vitamin	-e, oft Pl	L 5
das	Volk	¨er	L 7
das	Vollkornbrot	-e	L 7
	von wann bis wann		L 3
	vor		L 3
	vor allem		S 2
	vor/bereiten		L 8
	vor/haben		L 3
	vor/lesen		L 3
	vor/schlagen		L 8
	vorbei		L 5
die	Vorbereitung	-en	L 9
die	Vorlesung	-en	L 3
der	Vormittag	-e	L 3
	vormittags		L 2
	vorn		L 2
der	Vorname	-n	V 1
die	Vorspeise	-n	L 7
der	Vorteil	-e	L 6

W

die	Wahrheit	-en	L 7
	wahrscheinlich		L 5
die	Währung	-en	L 4
	warm		L 5
	warten		S 1
das	Wartezimmer	-	L 5
	was		V 2
	Was fehlt ihnen?		L 5
	Was ist los?		L 5

das	Waschbecken	-	L 6
die	Wäsche	nur Sg	S 3
	waschen		S 3
die	Waschmaschine	-n	L 6
	wecken	+A	S 4
der	Wecker	-	L 3
	weg		L 8
der	Weg	-e	L 2
	weg/gehen		S 4
	weh/tun		L 5
das	Weihnachten	-	L 8
der	Weihnachtsbaum	¨e	L 9
der	Weihnachtsmann	¨er	L 9
der	Weihnachtsmarkt	¨e	L 9
der	Wein	-e	L 7
	weiß		L 7
die	Weißwurst	¨e	L 7
	welcher, welches, welche		L 4
die	Welt	nur Sg	S 1
	weltweit		L 7
	wer		V 1
	Wer ist das?		V 1
	werden		L 9
	westlich		S 4
das	Wetter	nur Sg	L 9
	wichtig		S 2
	wie alt		V 3
	Wie bitte?		V 1
	Wie geht es Ihnen/ dir?		V 2
	Wie heißen Sie?		V 1

	Wie ist Ihr Name?		V 1
	Wie spät ist es?		L 2
	wie viel		V 3
	Wie viel Uhr ist es?		L 2
	wiederholen		V 3
	willkommen		L 9
	wir		V 2
	wo		V 3
die	Woche	-n	L 9
das	Wochenende	-n	L 3
	Woher kommen Sie?		V 2
	Woher kommst du?		V 2
	wohin		L 2
	wohnen		V 3
die	Wohngemeinschaft	-en	L 6
das	Wohnheim	-e	L 1
das	Wohnzimmer	-	L 6
	wollen		L 4
das	Wörterbuch	¨er	L 2
	wunderbar		L 6
	wundern		L 9
	wunderschön		L 6
	wünschen		L 6
	wünschen		L 8
die	Wurst	¨e	L 4
das	Wurstbrot	-e	L 7

	Y		
das/ der	Yoga	nur Sg	S 1

	Z		
die	Zahl	-en	V 3
	zahlen		S 3
	zahlreich		L 9
	zehen		V 3
	zeigen		V 4
die	Zeit	nur Sg	L 2
der	Zeitplan	¨e	S 2
die	Zeitung	-en	L 2
das	Zentrum	Zent-ren	L 6
die	Zeremonie	-n	L 8
	ziemlich		L 5
	zu		L 2
	zu/stimmen		L 3
	zuerst		L 6
	zufrieden		S 2
der	Zug	¨e	L 2
die	Zukunft	nur Sg	L 8
	Zum Wohl!		L 7
	zurück		L 4
	zurück/schreiben		L 3
	zurückhaltend		L 8
	zusammen		V 2
	Zusammen oder getrennt?		L 7
	zusammen/halten		L 7
	zusammen/kom-men		L 9
	zwei		V 3
	zweimal		V 2
die	Zwiebel	-n	L 4

Starke und unregel-
mässige Verben

INFINITIV	(3. PERS. PRÄS.)	PRÄTERIUM		PARTIZIP II
an/fangen	(fängt an)	fing an		angefangen
backen	(bäckt/backt)	backte		gebacken
beginnen		begann		begonnen
bitten		bat		gebeten
bleiben		blieb	ist	geblieben
braten	(brät)	briet		gebraten
bringen		brachte		gebracht
denken		dachte		gedacht
dürfen	(darf)	durfte		gedurft
ein/laden	(lädt ein)	lud ein		eingeladen
empfehlen	(empfiehlt)	empfahl		empfohlen
essen	(isst)	aß		gegessen
fahren	(fährt)	fuhr	hat/ist	gefahren
finden		fand		gefunden
fliegen		flog	hat/ist	geflogen
geben	(gibt)	gab		gegeben
gefallen	(gefällt)	gefiel		gefallen
gehen		ging	ist	gegangen
gelingen		gelang	ist	gelungen
genießen		genoss		genossen
gewinnen		gewann		gewonnen
haben	(hat)	hatte		gehabt
halten		hielt		gehalten
hängen		hing		gehangen

heißen		hieß		geheißen
helfen	(hilft)	half		geholfen
kennen		kannte		gekannt
kommen		kam	ist	gekommen
können	(kann)	konnte		gekonnt
laufen	(läuft)	lief	ist	gelaufen
lesen	(liest)	las		gelesen
liegen		lag		gelegen
mögen	mag	mochte		gemocht
müssen	(muss)	musste		gemusst
nehmen	(nimmt)	nahm		genommen
nennen		nannte		genannt
riechen		roch		gerochen
rufen		rief		gerufen
schieben		schob		geschoben
schlafen	(schläft)	schlief		geschlafen
schließen		schloss		geschlossen
schreiben		schrieb		geschrieben
schwimmen		schwamm	hat/ist	geschwommen
sehen	(sieht)	sah		gesehen
sein	(ist)	war	ist	gewesen
singen		sang		gesungen
sitzen		saß		gesessen
sollen	(soll)	sollte		gesollt
sprechen	(spricht)	sprach		gesprochen
stehen		stand		gestanden
steigen		stieg	ist	gestiegen
treffen		trief		getroffen
treiben		trieb		getrieben
trinken		trank		getrunken
waschen	(wäscht)	wusch		gewaschen
wenden		wandte (wendete)		gewandt (gewendet)

werden	(wird)	wurde	ist	geworden
wissen	(weiß)	wusste		gewusst
wollen	(will)	wollte		gewollt
ziehen		zog		gezogen